Excel & VBAで学ぶ ファイナンスの数理

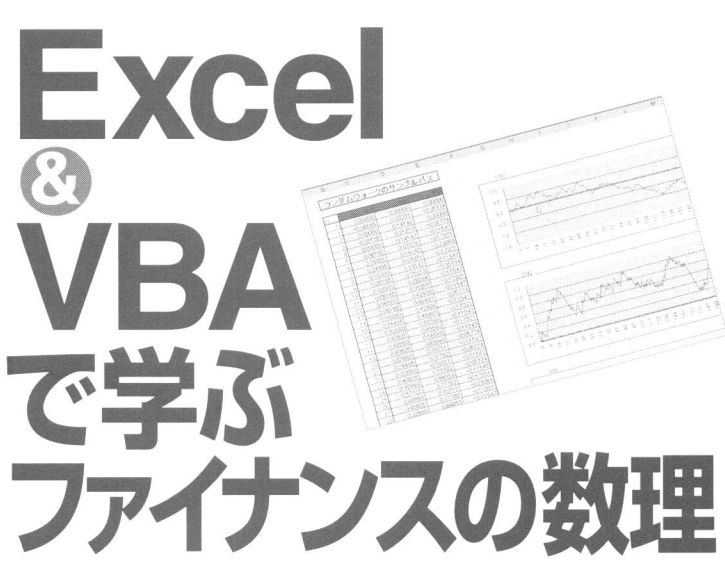

木島正明／青沼君明 [著]

社団法人 金融財政事情研究会

はしがき

　本書は Excel を使った金融数学の入門書である。日常業務で金融新商品の開発に携わっている実務家および金融工学をしっかり学びたいと考えている経済経営系学部の学生を想定して執筆した。入門書とはいえ、金融工学が企業において一般的なツールになってきている現状を考慮して、実際に業務で使えるレベルを心がけた。

　著者の一人である木島が『Excel で学ぶファイナンス：金融数学と確率統計』という本を出版してから10年間が過ぎようとしている。この間、日本経済はバブル崩壊の後遺症に苦しみ続けているが、企業における金融テクノロジーの重要性の認識は確実に増大してきていると思う。そういった要求に呼応するように、多くの金融工学関連の図書が書店に並び、企業で働く実務家や金融工学を学びたい学生の需要に応えている。

　ところで、前著『金融数学と確率統計』を執筆した目的の一つは、金融機関で働く実務家に、Excel という表計算ソフトを利用して、確率統計の概念をわかりやすく説明することであった。当時は、現在に比べると金融工学の初学者が多く、文系学部出身者のために金融テクノロジーの基礎である確率統計をわかりやすく説明する必要があったからである。前著については、幸いにも各方面から好意的な意見を多くいただいたが、金融新商品の開発に直接役に立つレベルの本が欲しいとの声も多かった。実際、著者の一人である青沼は東京三菱銀行で行員教育を行う際、前著の内容を基礎にしつつも、行員が必要としているレベルの内容を独自に追加せざるを得なかったそうである。

　本書では、金融工学で特に重要な内容について、身に付けてほしい基本的な考え方や計算方法を、Excel を利用して解説した。概念の説明に際しては、(1) 標準的な解説、(2) 例題による具体的な説明、(3) 演習による体験、(4) 章末問題による理解の確認、というプロセスをとった。すべての例題と演習は金融工学実務から選ばれた題材を基礎としており、演習の詳細な解説を CD-ROM に納めた。こうすることで、説明を「お話」で終わらせるのではなく、臨場感をもっ

て概念を身に付けることができると考えたからである。企業で働く実務家や最近の学生にとって、Excelなどの表計算ソフトは標準的なツールになってきており、難度の高い内容でも、Excelを利用して実際に計算したりグラフを描いたりすることで、実感を持ちながら感覚的に理解できることと思う。

　本書の内容は、青沼が業務外で作成し、東京三菱銀行での行員教育にも活用した原稿を基礎としている。その原稿を、より広い読者層を想定しながら、章立てを含めた内容全般にわたって書き直した。一方、CD-ROMに納められたプログラム例の作成は青沼が担当した。ただし、本書の目的は金融数学の説明にあるので、プログラムを書くにあたり理解のしやすさを最優先させ、計算速度を上げたり、精度を向上させるための特別な工夫は、あえて避けてある。なお、紙幅の関係で章末問題の解答例は木島のホームページに掲載した。(http://www.econ.kyoto-u.ac.jp/~kijima/)

　本書はExcelの入門書ではないので、Excelの説明については必要最小限にとどめてある。Excelの詳細については専門書を参照していただきたい。また、金融商品（たとえばコール・オプションなど）の説明も省いた。各商品がもつ性質などについては木島著『日経文庫：金融工学』を参照していただきたい。

　本書の執筆にあたり、多くの方々のお世話になった。特に、東京三菱銀行の皆さんからは多くの有益なコメントを頂戴した。本書の出版にご協力をいただいた（社）金融財政事情研究会の谷川治生氏とともに、この場を借りて感謝したい。もちろん、ありうべき誤りはすべて著者の責任に帰する。

2003年3月

著　者

【本書を読まれる前に】

本書および添付された CD-ROM に掲載されたプログラムは本書で説明した内容の理解を助けるためのものであり、実務に直接利用することは避けてください。万一、実際の取引に利用し、そのために損失を被った場合でも、著者および著者の所属する組織、ならびに発行所は一切の責任を負いませんのでご了承ください。

【商標】

・Excel は米国 Microsoft 社の登録商標です。
・Visual Basic は米国 Microsoft 社の登録商標です。

【著者紹介】

木島 正明（きじま・まさあき）

　　1957 年　新潟県糸魚川市に生まれる
　　1980 年　東京工業大学 理学部 情報科学科 卒業
　　1985 年　同大学 大学院理工学研究科 博士課程修了、理学博士
　　1986 年　ロチェスター大学 経営大学院 博士課程修了、Ph.D.
　　1986 年　東京工業大学 理学部 助手
　　1989 年　筑波大学 社会工学系 助教授
　　1997 年　東京都立大学 経済学部 教授
　　2001 年　京都大学 大学院経済学研究科 教授

著書：

Stochastic Processes with Applications to Finance（Chapman & Hall）

日経文庫「金融工学」（日本経済新聞社）

マーケティングの数理モデル（共著、朝倉書店）

期間構造モデルと金利デリバティブ（朝倉書店）

金融リスクの計量化、上下（編著、金融財政事情研究会）

Markov Processes for Stochastic Modeling（Chapman & Hall）

Excelで学ぶファイナンス：金融数学・確率統計（金融財政事情研究会）

ファイナンス工学入門、第Ⅰ部〜Ⅲ部（日科技連出版社）

ファイナンスのための確率過程（共著、日科技連出版社）他、学術論文多数

青沼　君明（あおぬま・きみあき）

1954年　北海道に生まれる

1977年　防衛大学校　電気工学専攻卒業

1977年　ソニー株式会社入社

1990年　三菱銀行（現、東京三菱銀行）入行（現在に至る）

2000年　東京大学大学院　数理科学研究科　博士課程修了、数理科学博士

2003年　三菱証券　商品開発本部　ニュープロダクツ部（出向）

著書：

金融リスクの計量化　クレジット・リスク（共著、金融財政事情研究会）

金利モデルの計量化　（共著、朝倉書店）

クレジット・リスク・モデル（共著、金融財政事情研究会）

Excelで学ぶファイナンス：債券・金利・為替（共著、金融財政事情研究会）他、学術論文多数

訳著：

デリバティブ入門（共訳、金融財政事情研究会)

新フイナンシャル・エンジニアリング４版（共訳、金融財政事情研究会）　他

目　次

第1章　関数の微分と積分

1.1 関数とは 2
   1.1.1 逆関数 4
   1.1.2 関数の極限 6
   1.1.3 多変数関数 7

1.2 関数の微分 8
   1.2.1 合成関数の微分 10
   1.2.2 微分の幾何学的意味と数値微分 13
   1.2.3 高次の導関数 14
   1.2.4 偏微分 16
   1.2.5 テイラー展開 20

1.3 関数の積分 25
   1.3.1 定積分 25
   1.3.2 不定積分 29
   1.3.3 多変数関数の積分 30

章末問題 32

第2章　確率論の基礎

2.1 確率とは 36

2.2 確率変数と確率分布 38
   2.2.1 離散的な確率分布 39
      (1) ベルヌーイ分布 39
      (2) 二項分布 39
      (3) ポアソン分布 41
   2.2.2 連続的な確率分布 42

   (1) 正規分布 43

   (2) 対数正規分布 45

   (3) 一様分布 46

 2.3 期待値 47

  2.3.1 平均 47

  2.3.2 分散と標準偏差 51

  2.3.3 モーメントと積率母関数 56

 章末問題 58

第3章　多変量確率変数とポートフォリオ理論

 3.1 多変量確率変数 62

  3.1.1 条件付き確率 64

  3.1.2 独立 67

  3.1.3 共分散と相関係数 69

  3.1.4 2変量正規分布 73

 3.2 ポートフォリオの最適化 76

  3.2.1 収益率 76

  3.2.2 リスクとリターン 79

  3.2.3 有効フロンティアと資本市場線 81

  3.2.4 リスクの市場価格 84

 3.3 最小2乗法とCAPM 85

  3.3.1 CAPMの導出 85

  3.3.2 最小2乗法 86

 章末問題 89

第4章　行列計算と多変量正規分布

 4.1 行列とは 92

 4.2 行列の演算 96

- 4.2.1 行列の和と差 ... 96
- 4.2.2 行列の実数倍 ... 97
- 4.2.3 行列の積 ... 97
- 4.2.4 内積 ... 100

4.3 行列式 ... 101
- 4.3.1 行列式の性質 ... 102
- 4.3.2 一般の行列式 ... 105
- 4.3.3 余因子展開 ... 108
- 4.3.4 積の行列式 ... 109

4.4 逆行列 ... 110
- 4.4.1 行列を用いた連立1次方程式の解法 ... 110
- 4.4.2 逆行列と行列式 ... 111

4.5 固有値と固有ベクトル ... 113

4.6 多変量正規分布 ... 117

章末問題 ... 122

第5章 統計手法の基礎

5.1 データの整理 ... 126
- 5.1.1 標本平均と標本分散 ... 126
- 5.1.2 標本モーメント ... 127
- 5.1.3 度数分布 ... 129
- 5.1.4 2変量データの整理 ... 132

5.2 基本的な定理 ... 134
- 5.2.1 大数の法則 ... 135
- 5.2.2 中心極限定理 ... 137
- 5.2.3 重要な分布 ... 139
  - (1) カイ2乗分布 ... 139
  - (2) t分布 ... 141

  5.3 回帰モデル 142

    5.3.1 単回帰モデル 143

      (1) 統計量の意味 146

      (2) 推定値の検証 147

      (3) 信頼区間 148

      (4) 残差分析 149

    5.3.2 重回帰モデル 151

  5.4 自己回帰モデル 156

 章末問題 160

第6章　確率過程の基礎

  6.1 ランダムウォークとブラウン運動 164

    6.1.1 二項モデル 166

    6.1.2 ブラウン運動 166

  6.2 確率微分方程式 170

  6.3 マルコフ過程 174

    6.3.1 マルコフ性 174

    6.3.2 推移確率 176

    6.3.3 非斉時的マルコフ連鎖 180

  6.4 ポアソン過程 183

    6.4.1 幾何分布と指数分布 184

    6.4.2 非斉時的ポアソン過程 186

    6.4.3 コックス過程 186

 章末問題 188

第7章　モンテカルロ・シミュレーション

  7.1 乱数の生成 192

    7.1.1 一様乱数 192

7.1.2 正規乱数 196
　　7.1.3 多変量正規乱数 200
　7.2 オプションの評価（満期の分布が既知の場合） 202
　7.3 オプションの評価（満期の分布が未知の場合） 206
　　(1) ルックバック型の最大値オプション 208
　　(2) ルックバック型のアベレージ・オプション 208
　　(3) ルックバック型のデイ・カウント・オプション 209
　7.4 準乱数 211
　章末問題 211

第8章　金融工学の基礎

　8.1 二項モデルによるオプション評価 214
　　8.1.1 １期間モデル 214
　　8.1.2 一般的な二項モデル 221
　　8.1.3 アメリカン・オプションの評価 225
　8.2 ブラック・ショールズの偏微分方程式 227
　8.3 有限差分法 233
　　8.3.1 陽的有限差分法 234
　　8.3.2 陰的有限差分法 237
　　8.3.3 クランク・ニコルソン法 239
　章末問題 240

　付録A．　微分に関する公式 243
　付録B．　積分に関する公式 245
　付録C．　数列の和に関する公式 247
　索引 248
　参考文献 252

第1章

関数の微分と積分

第1章 関数の微分と積分

高校での微分・積分は「むずかしい計算」という側面が強調されるため、解析学はどうも苦手だという人が多いようである。しかし、実際にコンピュータを使って微分や積分を計算するためには、その意味するところを理解しておけば十分である。この章では微分・積分の幾何学的意味とそれらの数値計算法を中心に説明する。

1.1 関数とは

ある変数を別のある変数に対応させる規則を写像といい、特に実数から実数への写像を**関数**と呼ぶ。関数とは、一つの実数 x に一つの実数 y を対応させる規則である。関数 f が対応の規則であることを明示するために

$$y = f(x)$$

と書く。x は独立に動ける変数なので**独立変数**、y は x の動きに従属して変化する変数なので**従属変数**と呼ぶ。また、このとき変数 x と y は**関数関係**にあるという。関数を定義するためには、独立変数が何で従属変数が何であるかをしっかりと明示することが重要である。独立変数と従属変数以外の変数は**パラメータ**として扱われる。

関数 $y = f(x)$ における (x, y) の値を平面上に描くと1本の軌跡が得られるが、この軌跡のことを**グラフ**と呼ぶ。グラフから関数の変化の様子を視覚的に捉えることができる。グラフを描くことの意味については木島（1995）を参照せよ。

例題 1.1

有名な**ブラック・ショールズの公式**によれば、配当のない株式を原証券とするヨーロピアン・タイプのコール・オプションの価格 c は以下の計算式で算出される。

$$c = S\Phi(d) - Ke^{-rT}\Phi\left(d - \sigma\sqrt{T}\right) \tag{1.1}$$

$$d = \frac{\log(S/K) + (r + 0.5\sigma^2)T}{\sigma\sqrt{T}} \tag{1.2}$$

ここで、Sは原証券（株式）の現在の価格、Kは行使価格、rは無リスク金利、Tは満期までの期間（年数）、σはボラティリティ、$\log$は自然対数である。また、$\Phi(x)$は

$$\Phi(x) = \frac{1}{\sqrt{2\pi}} \int_{-\infty}^{x} e^{-u^2/2} du \tag{1.3}$$

で定義される関数で、後述するように標準正規分布の分布関数である。このボラティリティσを独立変数とし、他の変数をパラメータと考えれば、ブラック・ショールズ公式はボラティリティとオプション価格（プレミアム）の関係を表す関数と考えられる。また、他の変数を独立変数とした場合も同様である。

演習 1.2

ボラティリティσを独立変数、ブラック・ショールズ公式によるコール・オプションの価格cを従属変数とした場合のグラフをExcelを用いて描け。ただし、σを5%から50%まで5%刻みで変化させるものとし、パラメータは以下のように与えられるとする。

$S = 1,000$円， $K = 1,000$円， $r = 1\%$， $T = 3$カ月（$= 0.25$年）

ヒント！

☆Excelには、標準正規分布の分布関数の値を計算するNORMSDIST関数が用意されている。=NORMSDIST(x)と入力することで、値xを指定すると標準正規分布の分布関数の値$\Phi(x)$が計算できる。

☆Excelでの対数関数は以下のように定義されている。

LN（数値）　　　：自然対数
LOG（数値，底）：指定された底の対数
LOG10（数値）　：常用対数（底が10の対数）

ただし、Excel-VBAでは

LOG（数値）　　：自然対数

で定義されており、指定された底の対数を計算するためには、底の変換

公式を利用して

　　LOG（数値）／LOG（底）

の形で計算しなければならない。

　☆Excelにおけるもう一つの注意点は、べき乗計算である。例えば、-2^2の答は-4であるが、これをExcelのシート上で、＝－2^2と入力すると、4という結果が返ってくる。これは、Excelでは符号が優先され、数学的な式の意味とは異なる解釈がなされるためである。べき乗の計算処理の場合にはかっこを用いて、＝－(2^2)のように入力する必要がある。

　ブラック・ショールズのモデルでは、プット・オプションの価格は
$$p = -S\Phi(-d) + Ke^{-rT}\Phi\left(-d + \sigma\sqrt{T}\right) \tag{1.4}$$
で与えられる。したがって、例題1.1と同様に、ボラティリティσを独立変数、他の変数をパラメータと考えれば、プット・オプションのプレミアムpはボラティリティσの関数である。

　ところで、(1.1)式と(1.4)式から、ブラック・ショールズ・モデルにおけるコール・オプション価格とプット・オプション価格の間には
$$p = c - S + Ke^{-rT} \tag{1.5}$$
という関係式が常に成立する（証明は章末問題1.6）。このように、変数間で常に成立する関係式を恒等式（パリティ式）と呼ぶので、(1.5)式を**プット・コール・パリティ**と呼んでいる。

1.1.1 逆関数

　すべての$x < y$に対して$f(x) < f(y)$が成立するときfを**増加関数**、$f(x) > f(y)$が成立するとき**減少関数**と呼ぶ[1]。増加または減少する関数を**単調な関数**と呼ぶ。

---

[1] $x < y$に対して$f(x) \leq f(y)$が成立する関数fを増加関数、$f(x) \geq f(y)$が成立するfを減少関数と呼んでいるテキストもある。この場合には、$f(x) < f(y)$が成立する関数を

関数が単調である場合には、一つの x には一つの y しか対応していないので、f の逆の対応、すなわち y を x に対応付ける関数を考えることができる。この関数を f の**逆関数**と呼び、f^{-1} と書く。

関係式 $y = f(x)$ に対して、逆関数による関係式は $x = f^{-1}(y)$ と表されるが、関数においては独立変数として x、従属変数として y を使うのが普通なので、x と y を入れ替えて

$$y = f^{-1}(x)$$

のように書く。この場合、$y = f(x)$ のグラフと、その逆関数 $y = f^{-1}(x)$ のグラフは、直線 $x = y$ に関して対称になる。なぜそうなるのか、各自で確認せよ。

例題 1.3（インプライド・ボラティリティ）

ブラック・ショールズ公式(1.1)から導かれた理論価格と、実勢の市場価格とは一致しないのが普通である。理由はいくつか考えられるが、これでは他の金融商品との整合性などの点において問題があるので、実務では理論価格が市場価格と一致するようにボラティリティを定める。つまり、公式(1.1)において与えられた価格 c に対応するボラティリティ σ を求めるのである。これは c を独立変数、σ を従属変数とする逆関数を求めることにほかならない。こうして得られるボラティリティを**インプライド・ボラティリティ**（implied volatility）と呼び、統計的に得られるヒストリカル・ボラティリティ（historical volatility）と区別する。

一般に、逆関数を定めることはむずかしいので、数値計算によりインプライド・ボラティリティを求めるのが普通である。インプライド・ボラティリティの具体的な計算方法については、例題 1.21 のニュートン・ラプソン法で述べる。

狭義増加関数、$f(x) > f(y)$ が成立する関数を狭義減少関数と呼ぶ。

1.1.2 関数の極限

関数 $y = f(x)$ において、x をある定数 a とは異なる値をとりながら a に限りなく近づけることを考える。この近づけ方には、x を右側（x よりも大きな値）から a に近づける方法と、左側（x よりも小さな値）から近づける方法があり、それぞれ記号で $x \to a+$、$x \to a-$ と表す。近づけ方がどちらでもよい場合には単に $x \to a$ と書く。

$x \to a+$ のとき関数 $f(x)$ がある実数 b に限りなく近づくならば、$f(x)$ は**右極限値** b をもつといい、

$$\lim_{x \to a+} f(x) = b$$

と書く。同様に、$x \to a-$ のとき関数 $f(x)$ がある実数 c に限りなく近づくならば、$f(x)$ は**左極限値** c をもつといい

$$\lim_{x \to a-} f(x) = c$$

と書く。$b = c$ のときは、この極限は x の a への近づけ方に依存しないので、$x \to a$ のとき $f(x)$ は**極限値** b をもつ、または $f(x)$ は b に**収束する**といい、

$$\lim_{x \to a} f(x) = b$$

と表す。関数の極限計算においては以下の公式を利用する。

定理 1.4（極限の公式）

関数 $f(x)$ と $g(x)$ は $x \to a$ のとき極限をもつとする。このとき、以下が成立する。

(a) $\displaystyle \lim_{x \to a} cf(x) = c \lim_{x \to a} f(x)$ 　　（c は定数）

(b) $\displaystyle \lim_{x \to a} \{f(x) \pm g(x)\} = \lim_{x \to a} f(x) \pm \lim_{x \to a} g(x)$ 　　（複号同順）

(c) $\displaystyle \lim_{x \to a} f(x)g(x) = \lim_{x \to a} f(x) \lim_{x \to a} g(x)$

(d) $\displaystyle \lim_{x \to a} \frac{f(x)}{g(x)} = \frac{\lim_{x \to a} f(x)}{\lim_{x \to a} g(x)}$ 　　（ただし $\lim_{x \to a} g(x) \neq 0$）

極限の公式（定理1.4）では、関数$f(x)$と$g(x)$は$x \to a$のとき極限をもつと仮定している。この仮定が満たされない場合には、この定理の結果は使えないことに注意しよう。特に、金融工学では関数の比の極限（定理1.4の(d)）を計算することが多いが、

$$\lim_{x \to a} f(x) = \lim_{x \to a} g(x) = 0$$

の場合や、

$$\lim_{x \to a} f(x) = \lim_{x \to a} g(x) = \infty$$

の場合には、この定理は使えない[2]。このような場合に強力な武器となるのが**ロピタルの定理**である。ロピタルの定理については木島・岩城（1999）の123ページを参照せよ。

1.1.3 多変数関数

実数xとyを実数zへ対応させる写像fを2変数関数と呼ぶ。この対応の規則を明示するために

$$z = f(x, y)$$

と書く。この関数のグラフは3次元空間における点(x, y, z)の軌跡となる。関数$f(x, y)$の極限の概念は、(x, y)が与えられた点(a, b)に限りなく近づくときに、その近づけ方には無関係に、$f(x, y)$がある定数cに限りなく近づくということである。ただし、1変数の場合には点の近づけ方は右側からと左側からだけであるが、2変数の場合には無限の可能性があることに注意しよう。そこで、どのような近づけ方をしても同じ極限値cに収束するとき、関数$f(x, y)$はcに収束するという。

一般に、点$(x_1, x_2, \cdots, x_n)$をある実数に対応させる写像を、n変数関数と呼ぶ。n変数関数の極限の概念は2変数関数の場合の自然な拡張で与えられる。

---

[2] このような$\dfrac{0}{0}$や$\dfrac{\infty}{\infty}$の場合を**不定形**と呼ぶ。

例題 1.5

例題 1.1 で説明したブラック・ショールズの公式

$$c = S\Phi(d) - Ke^{-rT}\Phi(d - \sigma\sqrt{T}) \quad ; \quad d = \frac{\log(S/K) + (r + 0.5\sigma^2)T}{\sigma\sqrt{T}}$$

は、多変数関数と考えることもできる。つまり、コール・オプションの価格 c を従属変数とし、ボラティリティ σ と金利 r を独立変数、他の変数をパラメータとすれば、c は σ と r の2変数関数である。他の変数を独立変数とした場合も同様である。さらに、行使価格 K も独立変数とすれば、ブラック・ショールズ公式は3変数関数と考えられる。

演習 1.6

ボラティリティ σ と金利 r を独立変数とし、ブラック・ショールズ公式のコール・オプション価格 c を従属変数とした場合のグラフを $1\% \leq r \leq 5\%$、$5\% \leq \sigma \leq 25\%$ の範囲で描け。ただし、パラメータは以下のように与えられる。

$S = 1{,}000$ 円 ， $K = 1{,}000$ 円 ， $T = 4$ カ月

1.2 関数の微分

ある関数 $f(x)$ において

$$\lim_{x \to c} f(x) = f(c)$$

が成り立つとき、$f(x)$ は $x = c$ で**連続**であるという。極限の意味は、$x \to c+$ でも $x \to c-$ でも同じ極限値をもつことであったことを思い出そう。したがって、連続とは、x を限りなく c に近づけるとき、$f(x)$ の値は極限において $f(c)$ に一致することを意味している。

関数 $f(x)$ において、極限

$$\lim_{h \to 0} \frac{f(c+h) - f(c)}{h}$$

が存在するとき、この極限値を $f(x)$ の $x=c$ における**微分**と呼び $f'(c)$ で表す。このとき $f(x)$ は $x=c$ で**微分可能**であるという。$f(x)$ が微分可能であれば連続である（なぜそうなるのか、各自で確認せよ）。

定義 1.7（微分の定義）

$$f'(c) = \lim_{h \to 0} \frac{f(c+h) - f(c)}{h} \tag{1.6}$$

関数 $f(x)$ が定義域のすべての x で微分可能なとき、$f(x)$ は微分可能であるという。このとき、各 x における微分 $f'(x)$ を x の関数として見たものを関数 $f(x)$ の**導関数**と呼び、導関数を求めることを**微分する**という。微分に関する重要な公式と金融数学でよく使われる関数の微分を、証明なしに付録Aにまとめた。

$y = f(x)$ において、x が $x+h$ に変化したときの y の変化量を考える。h は負の値でもよいが、この変化量のことを**増分**と呼び、

$$\Delta x = (x+h) - x = h \quad , \quad \Delta y = f(x+h) - f(x) \tag{1.7}$$

と書く。Δ は差を表す記号である。増分は h に依存するので、この依存を明確に表すために Δ_h と書くこともある。

微分の定義(1.6)から、$f(x)$ の微分は

$$f'(x) = \lim_{h \to 0} \frac{\Delta y}{\Delta x} \tag{1.8}$$

で与えられるが、h を固定したとき、$\Delta y / \Delta x$ は x の増分 Δx に対する y の増分 Δy の比を表している。この割合を**変化率**と呼ぶので、微分は「変化率の極限である」ということができる。

$y = f(x)$ が微分可能であれば Δx や Δy は $h \to 0$ のとき 0 に収束するが、「無限小の増分」という気持ちで、これらの極限を形式的にそれぞれ dx, dy と書く。このように考えれば、(1.8)の右辺の極限は dy/dx ということになり、この便法を使えば、

$$dy = f'(x)dx \tag{1.9}$$

が成立する。金融工学では微分としてこの記法を使うことが多い。つまり、$y = f(x)$の微分といえば(1.9)式を指すことにする。

1.2.1 合成関数の微分

$y = f(u)$, $u = g(x)$ とおき、これら二つの関数で合成された関数（**合成関数**と呼ぶ）

$$y = f(u) = f(g(x))$$

を考える。関数 $f(u)$, $g(x)$ が微分可能ならば合成関数も微分が可能であり、その微分は

$$y' = \big(f(g(x))\big)' = f'(g(x))g'(x) \tag{1.10}$$

で与えられる。式(1.10)を合成関数の微分と呼び、以下のように証明できる。すなわち、

$$\lim_{h \to 0} \frac{\Delta y}{\Delta x} = \lim_{h \to 0} \frac{\Delta y}{\Delta u} \frac{\Delta u}{\Delta x}$$

において、右辺の二つの項に極限が存在する（すなわち微分可能）ならば、極限の公式（定理 1.4(c)）から、右辺の極限は $f'(u)g'(x)$ に一致するはずである。これに $u = g(x)$ を代入すれば式(1.10)が得られる。

一方、便法(1.9)を使えば、

$$dy = f'(u)du, \quad du = g'(x)dx$$

なので、これらから直接(1.10)を導くこともできる。

合成関数の微分公式を適用することで、次の重要な結果が得られる。

定理 1.8（対数微分）

$$\big(\log f(x)\big)' = \frac{f'(x)}{f(x)}, \quad f(x) \neq 0 \tag{1.11}$$

[証明] 合成関数の微分公式(1.10)において、

$$y = \log u, \quad u = f(x)$$

とおくと、$y' = \dfrac{1}{u}$ なので(1.11)式が得られる。

対数微分を使うことで、複雑な関数を比較的簡単に微分することができる。例えば、関数

$$y = \frac{f_1 f_2 \cdots f_n}{g_1 g_2 \cdots g_m}, \quad g_1 g_2 \cdots g_m \neq 0$$

を微分することを考える。この場合には、両辺の対数をとれば

$$\log y = \log f_1 + \log f_2 + \cdots + \log f_n - (\log g_1 + \log g_2 + \cdots + \log g_m)$$

となるので、対数微分を行うことで

$$y' = \left\{ \frac{f_1'}{f_1} + \frac{f_2'}{f_2} + \cdots + \frac{f_n'}{f_n} - \left(\frac{g_1'}{g_1} + \frac{g_2'}{g_2} + \cdots + \frac{g_m'}{g_m} \right) \right\} y \tag{1.12}$$

が得られる。

ここで、オプションのポジション評価に用いられる、ブラック・ショールズ公式に基づく**リスク指標**について検討する。リスク指標には、デルタ、ガンマなどがあるが、これらは理論価格を決定する市場条件が微少変化した場合に、価格がどのように変化するのかを見積るものである。まず、リスク指標を計算するうえで有用な結果を与える。

定理1.9

標準正規分布の分布関数の微分において、以下の恒等式が成立する。

$$\Phi'\left(d - \sigma\sqrt{T}\right) = \Phi'(d) \cdot \left(\frac{S}{K}\right) \cdot e^{rT} \tag{1.13}$$

［証明］$\Phi(d)$ は標準正規分布の分布関数であり、$\Phi(d)$ を d に関して微分すると、標準正規分布の密度関数

$$\Phi'(d) = \frac{1}{\sqrt{2\pi}} \exp\left(-\frac{1}{2} d^2 \right)$$

が得られる。ただし、$\exp(z)$ は指数関数 e^z を表す。よって、

$$\Phi'\left(d - \sigma\sqrt{T}\right) = \frac{1}{\sqrt{2\pi}} \exp\left(-\frac{1}{2}\left(d - \sigma\sqrt{T}\right)^2\right)$$

$$= \frac{1}{\sqrt{2\pi}} \exp\left(-\frac{1}{2}d^2\right) \cdot \exp\left(d\sigma\sqrt{T}\right) \cdot \exp\left(-\frac{1}{2}\sigma^2 T\right)$$

$$= \Phi'(d) \cdot \exp\left(d\sigma\sqrt{T}\right) \cdot \exp\left(-\frac{1}{2}\sigma^2 T\right) \tag{1.14}$$

(1.2)式より、

$$d\sigma\sqrt{T} = \log\left(\frac{S}{K}\right) + (r + 0.5\sigma^2)T, \quad \exp\left(d\sigma\sqrt{T}\right) = \left(\frac{S}{K}\right) \cdot \exp(rT) \cdot \exp\left(\frac{1}{2}\sigma^2 T\right)$$

となるので、これを(1.14)式に代入すると、(1.13)式が得られる。

例題 1.10（デルタ）

例題 1.1 で説明したブラック・ショールズ公式において、現在の原証券価格 S を独立変数と考える。このとき、

$$d(S) = \frac{\log(S/K) + (r + 0.5\sigma^2)T}{\sigma\sqrt{T}}$$

とおけば、

$$c(d(S)) = S\Phi(d(S)) - Ke^{-rT}\Phi(d(S) - \sigma\sqrt{T})$$

と書けるので、合成関数の微分公式(1.10)から次式が得られる。

$$\bigl(c(d(S))\bigr)' = \Phi(d(S)) + Sd'(S)\Phi'(d(S)) - Ke^{-rT}d'(S)\Phi'(d(S) - \sigma\sqrt{T})$$

ここで、定理 1.9 を使って整理すると、

$$\bigl(c(d(S))\bigr)' = \frac{dc}{dS} = \Phi(d(S)) \tag{1.15}$$

となる。各自で確認せよ。この微分 dc/dS を**デルタ**と呼び、瞬間的な原資産価格変動 dS に対するオプション価格の変化 dc の割合を表している。つまり、デルタは微小な原資産価格の変化に対してオプション価格がどれくらい変化するかを表しており、原資産価格変化のオプション価格に対するリスク指標として使われている。

1.2.2 微分の幾何学的意味と数値微分

点 A と B を図 1.11 のように定め、点 A の座標を(x, y)、点 B の座標を$(x + \Delta x, y + \Delta y)$とおくと、変化率$\Delta y / \Delta x$は直線 AB の傾きを表していることがわかる。$h \to 0$のとき、点 B は曲線$y = f(x)$に沿って点 A に限りなく近づくので、この直線は$x$における接線に収束する。よって、微分$f'(x)$は$x$における$y = f(x)$の接線の傾きを表していることになる。このことから、次の定理 1.12 は直観的に明らかであろう。

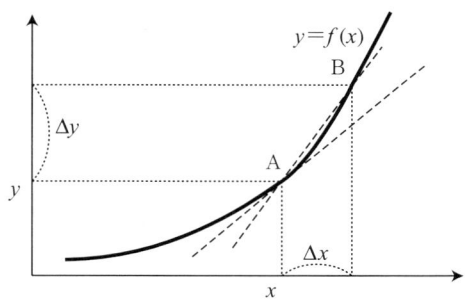

図 1.11 微分の幾何学的な意味

定理 1.12

関数$f(x)$が$x = c$で微分可能とする。このとき、

① $f'(c) > 0$ ⇔ $x = c$でxが増加すれば$f(x)$は増加する状態にある。

② $f'(c) < 0$ ⇔ $x = c$でxが増加すれば$f(x)$は減少する状態にある。

例題 1.10 の結果から、ブラック・ショールズ公式で与えられるコール・オプションの価格は、原資産価格Sに関して単調増加であることがわかる。

さて、解析的に微分が求められない場合には、コンピュータを使って数値的に微分を計算する必要があるが、微分の幾何学的意味を考えることで以下の近似が得られる。すなわち、十分に小さなhに対する変化率を微分の近似値として、

$$f'(c) \approx \frac{f(c+h) - f(c)}{h} \quad , \quad h > 0 \tag{1.16}$$

とする。図 1.11 を参照することで

$$f'(c) \approx \frac{f(c+h) - f(c-h)}{2h} \quad , \quad h > 0 \tag{1.17}$$

という近似も考えられるが、この近似のほうが一般に精度が高いようである。このように微分を数値的に計算することを**数値微分**と呼ぶ。

演習 1.13

例題 1.10 で説明したコール・オプションのリスク指標であるデルタを数値微分を使って計算し、そのグラフを描け。ただし、$h = 10^{-5}$ とし、原資産価格 S を 900～1,080 までの区間で、20 刻みで変化させるものとする。また、パラメータは以下のように与えられる。

$K = 1,000$ 円 , $r = 1\%$, $T = 2$ カ月 , $\sigma = 30\%$

1.2.3 高次の導関数

関数 $f(x)$ の導関数 $f'(x)$ が $x = c$ で微分可能ならば、$f'(x)$ の $x = c$ における微分を考えることができて、これを $f''(c)$ で表す。もし $f'(x)$ がすべての x で微分可能ならば $f'(x)$ の導関数を考えることができて、これを $f''(x)$ で表す。$f''(x)$ は 2 次の導関数と呼ばれる。さらに、もし可能ならば、より高次の導関数を考えることができて、$y = f(x)$ の n 次の導関数を $f^{(n)}(x)$ で表す。$f'(x)$ を 1 次の導関数と呼ぶこともある。以上をまとめると、次のようになる。

$$f^{(n)}(x) = \left(f^{(n-1)}(x)\right)', \quad n = 1, 2, \cdots \tag{1.18}$$

ただし、$f^{(1)}(x) = f'(x)$、$f^{(0)}(x) = f(x)$ とおく。

関数 $f(x)$ において、n 次導関数 $f^{(n)}(x)$ が連続なとき、$f(x)$ は n **回連続微分可能**であるという。また、すべての n に対して $f^{(n)}(x)$ が存在するとき、$f(x)$ は**無限回微分可能**であるといい、$f^{(n)}(x)$ はすべて連続関数である。

1次の微分が関数の増減に関わっていた（定理 1.12）ように、2次の微分は関数の凹凸に関係している。関数 $f(x)$ はある開区間で2回微分可能とし、この区間における曲線 $y = f(x)$ 上の任意の点 P で接線を引いたときに、点 P の十分近くの曲線の部分が常にこの接線よりも上にあるとき、関数 $f(x)$ はこの区間で凸であるという（図 1.14 ①）。逆に、点 P の十分近くの曲線の部分が常にこの接線よりも下にあるとき、関数 $f(x)$ はこの区間で凹であるいう[3]（図 1.14 ②）。関数 $f(x)$ の凹凸に関して定理 1.15 が成立する。

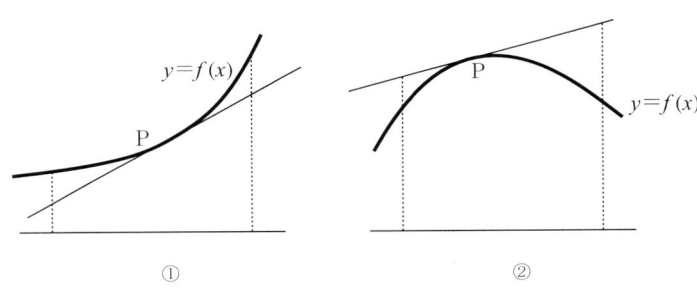

図 1.14　凸関数と凹関数

定理 1.15

関数 $f(x)$ はある開区間で2回微分可能とする。このとき、すべての x に対して $f''(x) \geq 0$ が成立するならば $f(x)$ はこの区間で凸である。この区間で $f''(x) \leq 0$ が成立するならば $f(x)$ は凹である。

定理 1.15 は以下のように解釈される。

2次導関数 $f''(x)$ が非負ならば1次導関数 $f'(x)$ は非減少である。1次導関数 $f'(x)$ は接線の傾きを表しているので、2次導関数 $f''(x)$ が非負の関数は接線の傾きが非減少な関数であり、それは凸関数にほかならない。同様に、凹関数は接線の傾きが非増大な関数、すなわち2次導関数 $f''(x)$ が非正の関数である。

---

[3] 経済学では、凸を下に凸、凹を上に凸と呼ぶことが多い。

なお、2次導関数の近似式は

$$f''(c) \approx \frac{f(c+h) - 2f(c) + f(c-h)}{h^2} \tag{1.19}$$

で与えられる。これは、近似式(1.16)を繰り返し用いることで導かれる。各自で確認せよ。

例題 1.16（ガンマ）

例題 1.10 で説明したデルタは、コール・オプション価格の原資産価格に関する 1 次微分であった。デルタはリスク指標として特に重要なので、原資産価格変化に関するデルタの変化、すなわちコール・オプション価格の原資産価格に関する 2 次微分に注目することが多い。例題 1.10 の結果と合成関数の微分公式から次式が得られる。

$$\left(c(d(S))\right)'' = \frac{1}{S\sigma\sqrt{T}} \Phi'(d(S)) \tag{1.20}$$

各自で確認せよ。この2次微分を**ガンマ**と呼んでいる。ブラック・ショールズ公式におけるガンマは正なので、コール・オプション価格は原資産価格 S に関して凸関数である。

演習 1.17

例題 1.16 で説明したコール・オプションのリスク指標であるガンマを数値微分(1.19)を使って計算し、そのグラフを描け。ただし、$h = 10^{-3}$ とし、原資産価格 S を 900〜1,080 までの区間で 20 刻みで変化させるものとする。また、パラメータは以下のように与えられる。

$$K = 1{,}000 \text{円}, \quad r = 1\%, \quad T = 2\text{カ月}, \quad \sigma = 30\%$$

1.2.4 偏微分

2変数関数 $z = f(x, y)$ において、変数 y をあたかも定数だと思って x について

微分することを、xに関して**偏微分**するという。すべてのxに関して偏微分可能ならば、xの**偏導関数**が存在し、記号で

$$f_x, \quad \frac{\partial f}{\partial x}, \quad \text{または} \quad \frac{\partial}{\partial x}z$$

などと書く。$f(x,y)$のxに関する偏微分は

$$f_x(x,y) = \lim_{h \to 0} \frac{f(x+h,y) - f(x,y)}{h}$$

により定義される。yに関する偏微分も同様である。

また、$f_x(x,y)$がすべてのyに関して偏微分可能であれば、それを

$$f_{xy}, \quad \frac{\partial^2 f}{\partial y \partial x}, \quad \text{または} \quad \frac{\partial^2}{\partial y \partial x}z$$

で表す。添え字の順番が重要で、f_{xy}はまずxで偏微分してから次にyで偏微分することを表している。$\frac{\partial^2 f}{\partial y \partial x}$も同様である。

一般に、f_{xy}とf_{yx}が一致するとは限らないが、f_{xy}とf_{yx}が連続な場合にはこれらは一致する。f_{xx}とf_{yy}も同様に定義されるが、このように合わせて2回偏微分した偏導関数を2次の偏導関数と呼ぶ。さらに高次の偏導関数や、多変数関数における偏導関数も自然な拡張として同様に定義される。偏微分の詳細については木島・岩城（1999）の第10章を参照せよ。

例題 1.18

ブラック・ショールズ公式をS, K, T, r, σの5変数関数と考えれば、デルタは原資産価格Sに関する偏微分、ガンマはSの2次の偏微分である。この例題では、他のリスク指標について説明する。

(1) セータ（θ）

オプション価値は本源的価値と時間価値で構成され、時間価値は時間の経過とともに変化する。現時点で、残存期間が変化したときの理論価格の変化割合を示したリスク指標がセータである。コール価格のセータをθ_cとすると、θ_cは次式で与えられる。

$$\theta_c \equiv -\frac{\partial c}{\partial T}$$

$$= -S \cdot \Phi'(d)\frac{\partial d}{\partial T} - rK \cdot e^{-rT} \cdot \Phi(d - \sigma\sqrt{T}) + K \cdot e^{-rT} \cdot \Phi'(d - \sigma\sqrt{T})\frac{\partial(d - \sigma\sqrt{T})}{\partial T}$$

$$= -rKe^{-rT} \cdot \Phi(d - \sigma\sqrt{T}) - \frac{\sigma S}{2\sqrt{T}}\Phi'(d) \tag{1.21}$$

各自で確認せよ。

一方、プット価格のセータ θ_p は、プット・コール・パリティ(1.5)より、

$$\theta_p \equiv -\frac{\partial p}{\partial T} = -\frac{\partial c}{\partial T} + rKe^{-rT} = \theta_c + rKe^{-rT} \tag{1.22}$$

となる。

(2) ベガ（υ）

ボラティリティ σ の変化が価格に与える感応度であり、コール価格のベガ υ_c は、以下の式で計算される[4]。

$$\upsilon_c \equiv \frac{\partial c}{\partial \sigma}$$

$$= S \cdot \Phi'(d)\frac{\partial d}{\partial \sigma} - K \cdot e^{-rT} \cdot \Phi'(d - \sigma\sqrt{T})\frac{\partial(d - \sigma\sqrt{T})}{\partial \sigma}$$

$$= S\sqrt{T}\Phi'(d) \tag{1.23}$$

各自で確認せよ。一方プット価格のベガ υ_p は、プット・コール・パリティ(1.5)より、

$$\upsilon_p \equiv \frac{\partial p}{\partial \sigma} = \frac{\partial c}{\partial \sigma} = \upsilon_c$$

となる。

(3) オメガ（Ω）

原資産の価格変化率に対する理論価格の変化率の比であり、現代ポートフォリオ理論の β 値と同様の概念であることから、オプション・ベータとも呼ばれる。コール価格のオメガを Ω_c、プット価格のオメガを Ω_p とすると、それぞれ以下の式で計算される。

---

[4] ベガ（υ）はカッパ（κ）と呼ばれる場合もある。

$$\Omega_c \equiv \left(\frac{dc}{c}\right) \bigg/ \left(\frac{dS}{S}\right) = \left(\frac{\partial c}{\partial S}\right) \bigg/ \left(\frac{c}{S}\right) = \Delta_c \frac{S}{c} \tag{1.24}$$

$$\Omega_p \equiv \left(\frac{dp}{p}\right) \bigg/ \left(\frac{dS}{S}\right) = \left(\frac{\partial P}{\partial S}\right) \bigg/ \left(\frac{P}{S}\right) = \Delta_p \frac{S}{p} \tag{1.25}$$

演習 1.19

例題 1.18 で説明したオプションのリスク指標であるコールのセータ θ_c とベガ v_c を、数値微分を使って計算し、そのグラフを描け。ただし、$h = 10^{-5}$ とし、セータ θ_c を計算する場合には、期間 T を 0.5〜5.0 カ月までの区間で 0.5 刻みで変化させ、パラメータは以下のように与えられる。

$S = K = 1{,}000$ 円 , $r = 1\%$, $\sigma = 30\%$

また、ベガ v_c を計算する場合には、ボラティリティ σ を 5.0〜50.0 までの区間で 5 刻みで変化させ、パラメータは以下のように与えられるものとする。

$S = K = 1{,}000$ 円 , $r = 1\%$, $T = 2$ カ月

演習 1.20

ブラック・ショールズ公式によるオプション価格（コールおよびプット）を計算するプログラムを作成せよ。また、リスク指標についても計算できるようにせよ。ただし、セータ（θ_C, θ_P）については、実務で一般的な、残存日数 1 日当たりの変化率で表した以下の式で計算される $\hat{\theta}_C, \hat{\theta}_P$ を用いるものとする。

$$\hat{\theta}_C = \frac{1}{365}\left\{-rK \cdot e^{-rT} \cdot \Phi\left(d - \sigma\sqrt{T}\right) - \frac{\sigma S}{2\sqrt{T}}\Phi'(d)\right\}, \quad \hat{\theta}_P = \frac{1}{365}\left\{\theta_C + K \cdot r \cdot e^{-rT}\right\}$$

また、ベガ（v_C, v_P）とロー（ρ_C, ρ_P）については、1％当たりのプレミアムの変化量を示す次式で計算される値（$\hat{v}_C, \hat{v}_P, \hat{\rho}_C, \hat{\rho}_P$）をそれぞれ用いるものとする。

$$\hat{v}_C = \frac{1}{100}S\sqrt{T}\Phi'(d) \quad , \quad \hat{v}_P = \frac{1}{100}S\sqrt{T}\Phi'(d)$$

$$\hat{\rho}_C = \frac{1}{100} KT \cdot e^{-rT} \cdot \Phi(d - \sigma\sqrt{T}) , \quad \hat{\rho}_P = \frac{1}{100} \{\rho_C - TK \cdot e^{-rT}\}$$

ローについては章末問題1.8を参照せよ。

1.2.5 テイラー展開

関数 $f(x)$ が $n+1$ 回まで微分可能とすると、

$$f(x+h) = f(x) + f'(x)h + \frac{f''(x)}{2!}h^2 + \cdots + \frac{f^{(n)}(x)}{n!}h^n + o(h^n) \tag{1.26}$$

が成立する。(1.26)式は n 次の**テイラー展開**と呼ばれる。ここで $o(h^n)$ は h^n のスモールオーダーで、h^n に比べて無視できる項を表す。具体的には、この項は

$$\frac{f^{(n+1)}(x+\theta h)}{(n+1)!} h^{n+1}, \quad 0 < \theta < 1$$

と表現され、**残差項**と呼ばれている。「無視できる」という意味は

$$\lim_{h^n \to 0} \frac{o(h^n)}{h^n} = 0$$

ということである。テイラー展開(1.26)の証明については木島・岩城（1999）の126ページを参照せよ。

また、**マクローリン展開**とは、テイラー展開において $x=0$ を考えたものであり、f が $x=0$ の近傍で $n+1$ 回微分可能であれば、

$$f(h) = f(0) + f'(0)h + \frac{f''(0)}{2!}h^2 + \cdots + \frac{f^{(n)}(0)}{n!}h^n + o(h^n) \tag{1.27}$$

がマクローリン展開の式となる。

ところで、微分の近似式(1.16)は1次のテイラー展開である。実際、

$$f(x+h) - f(x) = f'(x)h + o(h)$$

において、残差項 $o(h)$ を無視すれば近似式(1.16)が得られる。

金融工学では2次のテイラー展開が頻繁に利用される。すなわち、$y = f(x)$ において

$$\Delta y = f'(x)\Delta x + \frac{f''(x)}{2!}(\Delta x)^2 + o(h^2) \tag{1.28}$$

が成立する。ただし $\Delta x = h$、$\Delta y = f(x+h) - f(x)$ とおいた。

例題 1.21（ニュートン・ラプソン法）

　コール・オプションの価格がブラック・ショールズ公式で決定されているものとすると、その市場価格からインプライド・ボラティリティを計算することができる。具体的には、ある値をインプライド・ボラティリティに当てはめ、その値によってコール・オプションの理論価格を計算し、理論価格と市場価格が一致するまでそうした処理を繰り返す（収束計算する）のである。その収束計算を効率的に行う方法の一つに、ニュートン・ラプソン法がある。

　いま、コール・オプションの市場価格を $\hat{c}$、理論価格を c、これらの値の差を
$$f(\sigma) = c - \hat{c}$$
で表すと、インプライド・ボラティリティ σ は、方程式 $f(\sigma) = 0$ を満たす解となる。ここで、方程式 $f(\sigma) = 0$ を満たす解を $\sigma_0 + h_0$、その近似解を σ_0 とすると、
$$f(\sigma_0 + h_0) = 0$$
であるが、これをテイラー展開すると
$$f(\sigma_0 + h_0) = f(\sigma_0) + h_0 f'(\sigma_0) + \frac{1}{2} h_0^2 f''(\sigma_0) + \cdots , \quad 0 \leq \theta \leq 1$$
となる。h_0 を十分小さくとると h_0^2 以降の項を無視できるから、
$$f(\sigma_0 + h_0) = f(\sigma_0) + h_1 f'(\sigma_0) = 0$$
を満たす h_1 を求めると、
$$h_1 = -\frac{f(\sigma_0)}{f'(\sigma_0)} \tag{1.29}$$
が得られる。よって、最初の近似解を
$$\sigma_1 = \sigma_0 + h_1 = \sigma_0 - \frac{f(\sigma_0)}{f'(\sigma_0)}$$
とし、2回目以降の近似解を
$$\sigma_{n+1} = \sigma_n + h_{n+1} = \sigma_n - \frac{f(\sigma_n)}{f'(\sigma_n)} , \quad n = 1, 2, \cdots \tag{1.30}$$

と定義する。

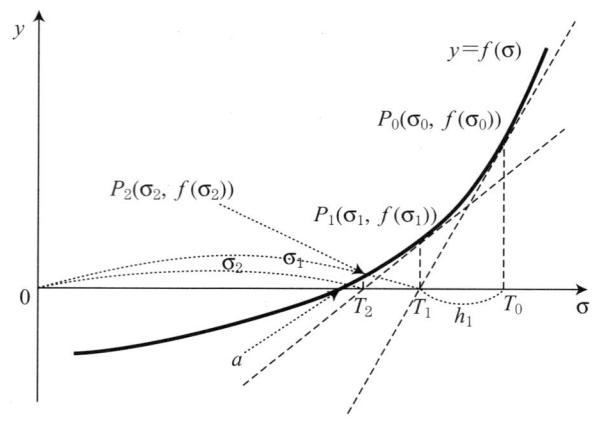

図1.22 ニュートン・ラプソン法

　以上の議論を図示すると図1.22のようになる。図上T_0の座標を$(\sigma_0, 0)$とし、曲線$y = f(\sigma)$上の点$P_0(\sigma_0, f(\sigma_0))$における接線と軸$\sigma$との交点を$T_1$とする。さらに、$T_1$からの垂線と曲線$y = f(\sigma)$との交点を$P_1$とすると、接線$P_0T_1$の傾きは$f'(\sigma_0)$であるから、

$$f(\sigma_0) = T_0T_1 \times f'(\sigma_0) \quad , \quad T_0T_1 = \frac{f(\sigma_0)}{f'(\sigma_0)}$$

となる。(1.29)式より、$T_0T_1 = h_1$であるから、T_1のσ座標は$\sigma_0 + h_1 = \sigma_1$である。同様に、$P_2, P_3, \cdots, P_n$および$T_2, T_3, \cdots, T_n$を定めれば、$T_n$の$\sigma$座標は$\sigma_n$であるから、図1.22から、$n$を大きくするほど、$\sigma_n$は真の値に収束することがわかる。

　次に、どこまで近似を行うかという問題がある。(1.30)式の終了点σ_{n+1}を決めるためにはいくつかの方法があるが、インプライド・ボラティリティなどの計算をする場合には、

$$|\sigma_{n+1} - \sigma_n| < \varepsilon$$

のように、近似解の差異が一定基準εより小さくなるという条件で十分と思われる。なお、ニュートン・ラプソン法を用いる際には、次の2点に注意を払う必要がある。

(1) $f'(\sigma)$ が 0 に近いとき、すなわち図 1.22 の点 a の近傍で $f(\sigma)$ の傾きが水平に近い場合には、計算できないことがある。
(2) $f''(\sigma)$ の符号が一定でないとき、すなわち近似計算をする区間内に変曲点がある場合には、近似解が収束しない可能性があるので、初期の近似解 (σ_0) の設定には注意が必要である。

演習 1.23

演習 1.20 で作成したブラック・ショールズ公式によるオプション価格を算出するプログラムを修正して、コール・オプションの市場価格から、インプライド・ボラティリティを計算するプログラムを作成せよ。

ヒント！

☆Excel には収束計算を行う「ゴールシーク」というツールが用意されているので、メニューバーから[ツール(T)]⇒[ゴールシーク(G)…]を選択する。コール・オプションの市場価格と理論価格の差を計算し、その式が登録されているセルが例えば E16 の場合には、ゴールシークの指定画面で、数式入力セルに E16、市場価格と理論価格の差を最小化するために目標値に 0、変化させるセルにボラティリティの値が入っている場所（例えば C16）を指定し[OK]ボタンを押す。

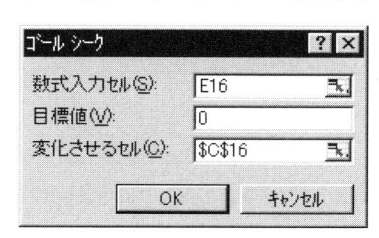

テイラー展開の公式は、多変数関数にも容易に拡張できる。例えば、2 変数関数 $y = f(x,t)$ が 2 次の連続な偏導関数をもつならば、1 変数の場合(1.28)の自然な拡張として

$$\Delta y = f_x(x,t)\Delta x + f_t(x,t)\Delta t + \frac{f_{xx}(x,t)(\Delta x)^2 + 2f_{xt}(x,t)\Delta x\Delta t + f_{tt}(x,t)(\Delta t)^2}{2!} + R$$
(1.31)

が得られる。ただし R は残差項で、

$$\Delta y = f(x+\Delta x, t+\Delta t) - f(x,t)$$

とおいた。この公式はおそらく金融工学において最も重要な公式である。この式から次の伊藤の公式が導かれる。

例題 1.24（伊藤の公式）

関係式 $y = f(x,t)$ を考える。x を時間 t とノイズ $z(t)$ の関数とし、x の増分に関して

$$\Delta x = \mu\Delta t + \sigma\Delta z \tag{1.32}$$

が成立し、Δt と Δz の間には

$$\Delta t = (\Delta z)^2 \tag{1.33}$$

という関係が存在するとする。これが伊藤の公式のセッティングである。

十分小さな $\Delta t > 0$ に対して、関係式(1.32)と(1.33)から

$$(\Delta x)^2 = \mu^2(\Delta t)^2 + 2\mu\sigma\Delta t\Delta z + \sigma^2\Delta t$$

が得られるが、右辺の最初の2項は、Δt に比べて無視できる値なので（なぜか）、次式が成立する。

$$(\Delta x)^2 = \sigma^2\Delta t + o(\Delta t)$$

ここで、2次のテイラー展開の公式(1.31)から

$$\Delta y = f_t(x,t)\Delta t + f_x(x,t)\Delta x + \frac{1}{2}f_{xx}(x,t)(\Delta x)^2 + R$$

ただし無視できる項は残差項 R にまとめた。この式に(1.32)式を代入することで次式を得る。

$$\Delta y = \left(f_t(x,t) + \mu f_x(x,t) + \frac{\sigma^2}{2}f_{xx}(x,t)\right)\Delta t + f_x(x,t)\sigma\Delta z + o(\Delta t)$$

最後に $\Delta t \to 0$ として極限をとることで、形式的に次式を得る。

$$dy = \left(f_t(x,t) + \mu f_x(x,t) + \frac{\sigma^2}{2} f_{xx}(x,t)\right)dt + f_x(x,t)\sigma\, dz \tag{1.34}$$

ここで、dt は時間 t の無限小増分、dz はノイズ $z(t)$ の無限小増分を表す。式(1.34)を**伊藤の公式**と呼んでいる。

1.3 関数の積分

積分は微分と逆の演算であり、関数 $f(x)$ の積分を微分すると関数 $f(x)$ が得られる。幾何学的には、定積分とは関数で囲まれた部分の面積のことである。

1.3.1 定積分

区間 $[a,b]$ において $f(x) \geq 0$ とする。このとき x 軸と $f(x)$ で囲まれた部分の面積 S（図 1.25 ①）を計算する。このために、区間 $[a,b]$ を n 個の小区間に分割し（等間隔である必要はない）、その分点の x 座標を

$$a = x_0 < x_1 < \cdots < x_{n-1} < x_n = b$$

とする。$\Delta x_i = x_i - x_{i-1}$ $(i = 1, 2, \cdots, n)$ とおき、その小区間 $[x_{i-1}, x_i]$ 内の任意の x 軸上の点を c_i とすると、x 軸と $f(x)$、区間 $[a,b]$ で囲まれた面積 S は

$$S_n \approx \sum_{i=1}^{n} f(c_i)\Delta x_i \tag{1.35}$$

により近似される（図 1.25 ②）。

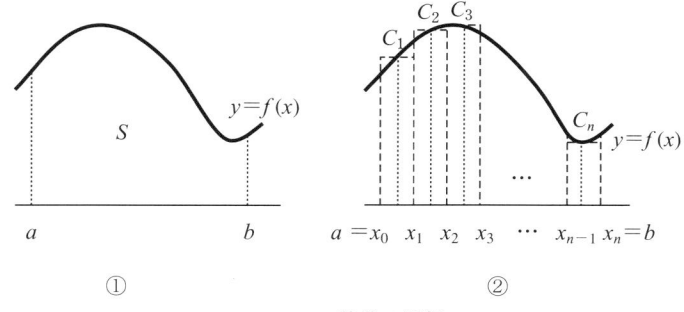

図 1.25 積分の近似

分割を限りなく細かくした（すなわち $\max_{1\le i\le n}\{|\Delta x_i|\}\to 0$）ときに、(1.35)式における S_n の値が分割の仕方に依存しないである極限値に収束するならば、関数 $f(x)$ は**積分可能**であるという。この極限値を $f(x)$ の区間 $[a,b]$ における**定積分**と呼び、

$$\int_a^b f(x)dx$$

で表す。積分の定義より明らかに

$$\int_a^a f(x)dx = 0$$

また、便宜上

$$\int_b^a f(x)dx = -\int_a^b f(x)dx$$

と定義する。一般の関数 $f(x)$ の定積分 $\int_a^b f(x)dx$ は、図 1.26 における A の部分の面積と、B の部分の面積の差として与えられる。積分に関する重要な公式と性質について、付録 B にまとめた。

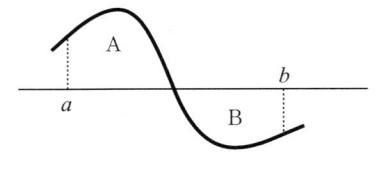

図 1.26 面積と積分

定積分 $\int_a^b f(x)dx$ を数値的に計算するためには、区間 $[a,b]$ を十分に細かく分割し、(1.35)式に基づいて面積を求めればよい。通常は区間を n 等分し、小区間 $[x_{i-1}, x_i]$ における面積を台形の面積

$$\frac{f(x_{i-1})+f(x_i)}{2}\Delta x \ , \quad \Delta x = x_i - x_{i-1}$$

で近似する。このとき定積分 $\int_a^b f(x)dx$ の近似は

$$\int_a^b f(x)dx \approx \sum_{i=1}^n \frac{f(x_{i-1})+f(x_i)}{2}\Delta x$$

$$= \frac{y_0 + 2(y_1+y_2+\cdots+y_{n-1})+y_n}{2}\Delta x \ , \qquad y_i = f(x_i) \tag{1.36}$$

で与えられる。図 1.27 を参照せよ。(1.36)式を**台形公式**と呼ぶ。

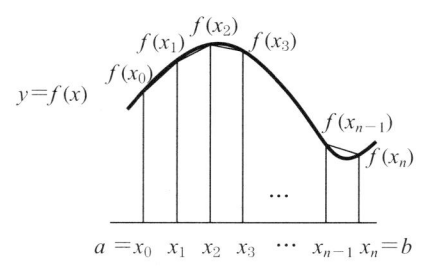

図 1.27 台形公式

台形公式よりも精度の高い数値積分に次の**シンプソンの公式**がある。この公式では積分しようとする関数を局所的に3次式で近似する。つまり、

$$f(x) = a + bx + cx^2 + dx^3$$

とおき、これを区間$[-h, h]$で積分すると、

$$\begin{aligned}
\int_{-h}^{h} f(x)dx &= \left[ax + \frac{b}{2}x^2 + \frac{c}{3}x^3 + \frac{d}{4}x^4 \right]_{-h}^{h} \\
&= 2h\left[a + \frac{ch^2}{3} \right] \\
&= \frac{(f(-h) + 4f(0) + f(h))h}{3}
\end{aligned} \tag{1.37}$$

となるが、区間$[a, b]$をn個の偶数区間に等分割し、

$$h = \frac{b - a}{n}$$

とおいて(1.37)式を順次適用すれば

$$\begin{aligned}
\int_{-h}^{h} f(x)dx \approx \frac{h}{3} \big(&f(x_0) + 4f(x_1) + f(x_2) \\
&+ f(x_2) + 4f(x_3) + f(x_4) \\
&+ f(x_4) + 4f(x_5) + f(x_6) \\
&+ \cdots + f(x_{n-2}) + 4f(x_{n-1}) + f(x_n) \big)
\end{aligned}$$

$$= \frac{h}{3}\left(f(x_0) + 4\sum_{i=1}^{n/2} f(x_{2i-1}) + 2\sum_{i=1}^{n/2-1} f(x_{2i}) + f(x_n) \right) \tag{1.38}$$

が得られる。詳細は木島・長山・近江（1996）の第2.4節を参照せよ。

例題 1.28

第8章で示すリスク中立化法を使えば、ブラック・ショールズ式のコール・オプション価格は以下の積分を評価することと同じである。

$$c = e^{-rT} \int_{-\infty}^{\infty} \max\left\{Se^{vT+\sigma\sqrt{T}z} - K, 0\right\} \phi(z) dz \quad, \quad v = r - \frac{\sigma^2}{2} \tag{1.39}$$

ただし、$\max\{x,0\}$はxと0の大きいほうを与える関数、$\phi(z)$は標準正規分布の密度関数で

$$\phi(x) = \frac{1}{\sqrt{2\pi}} \exp\left\{-\frac{x^2}{2}\right\} \quad, \quad -\infty < x < \infty \tag{1.40}$$

で与えられる。$\max\{x,0\}$の定義から、式(1.39)における積分範囲を変えると

$$c = e^{-rT} \int_{-d+\sigma\sqrt{T}}^{\infty} \left(Se^{vT+\sigma\sqrt{T}z} - K\right) \phi(z) dz$$

が得られる。ただし、dは(1.2)式で計算される。この式をさらに計算するとブラック・ショールズ公式(1.1)－(1.2)が導かれる。計算方法については木島（1994b）の第3.1節を参照せよ。

演習 1.29

正規分布の分布関数$F(x;\mu,\sigma)$と密度関数$f(x;\mu,\sigma)$のグラフを表示させるプログラムを作成せよ。なお、平均を$\mu=100$、標準偏差を$\sigma=10$、グラフを描く区間を$[50,150]$とする。正規分布については本書の第2.2.2節(1)項を参照せよ。

ヒント!

☆Excelには、正規分布の分布関数を計算するNORMDIST関数が用意されている。平均μと標準偏差σを指定すると値xに対する正規分布の分

布関数値

$$F(x;\mu,\sigma) = \int_{-\infty}^{x} \frac{1}{\sqrt{2\pi}\sigma} \exp\left\{-\frac{(u-\mu)^2}{2\sigma^2}\right\} du$$

が計算できる。正規分布の分布関数 $F(x;\mu,\sigma)$ の値を計算するためには =NORMDIST(x,μ,σ,TRUE)、もしくは =NORMDIST(x,μ,σ,1) と入力する。

演習 1.30

台形公式(1.36)を使って(1.39)式を数値積分することで、ブラック・ショールズ公式によるコール・オプション価格を算出せよ。ただし、パラメータを

$S = K = 1,000$ 円 , $r = 1\%$, $T = 3$ カ月 , $\sigma = 20\%$

とし、この結果を演習 1.2 の結果と比較せよ。なお、積分区間は $[-0.9, 9.9]$、刻み幅は 100 分割するものとして計算せよ。

1.3.2 不定積分

最初に「積分は微分と逆の演算である」と書いたが、このことを示そう。

いま、

$$F(x) = \int_c^x f(t)dt \;,\quad x > c \tag{1.41}$$

とおく。このとき

$$F(x+h) - F(x) = \int_c^{x+h} f(x)dx - \int_c^x f(x)dx = \int_x^{x+h} f(x)dx$$

であり（付録 B.5 を参照）、十分小さな $|h|$ に対して、積分の定義から

$$\int_x^{x+h} f(x)dx \approx f(x)h$$

と近似されるので、

$$F'(x) = \lim_{h \to 0} \frac{F(x+h) - F(x)}{h} = f(x)$$

が成立する。(1.41)式のように、それを微分すれば関数 $f(x)$ が得られるという関

数 $F(x)$ のことを $f(x)$ の**不定積分**と呼んで、記号で

$$\int f(x)dx$$

と表す。例えば $f(x) = x^2$ の不定積分は $F(x) = x^3/3$ である。なぜならば微分すれば $F'(x) = x^2$ となるからである。(1.41)式において $F(x)$ に任意の定数 C を加えたものも $f(x)$ の不定積分となることに注意しよう。したがって、より正確には、$f(x) = x^2$ の不定積分は

$$\int x^2 dx = \frac{x^3}{3} + C$$

と書くべきである。上式の C は**積分定数**と呼ばれる。

$f(x)$ の不定積分の一つが与えられれば、それから任意の区間における定積分を計算することができる。いま $F(x)$ を $f(x)$ の一つの不定積分としよう。

$$\int_a^b f(x)dx = \int_a^c f(x)dx + \int_c^b f(x)dx = \int_c^b f(x)dx - \int_c^a f(x)dx$$

であり、不定積分 $F(x)$ は (1.41) 式のように書けるので

$$\int_a^b f(x)dx = F(b) - F(a)$$

が成立する。したがって、不定積分の一つがわかれば、定積分（面積）が計算できる。

不定積分に関する重要な公式については、付録Bを参照せよ。

1.3.3 多変数関数の積分

1 変数関数 $f(x)$ の定積分 $\int_a^b f(x)dx$ が面積として定義されたように、2 変数関数 $f(x, y)$ の領域 A における定積分は曲線 $z = f(x, y)$ と領域 A で囲まれた体積として定義され、この値を

$$\iint_A f(x, y)dxdy$$

で表す。

領域 A が長方形 $[a, b] \times [c, d]$ のときには[5]、この定積分を

---

5 $[a, b] \times [c, d] = \{(x, y) : x \in [a, b],\ y \in [c, d]\}$ を**直積集合**という。

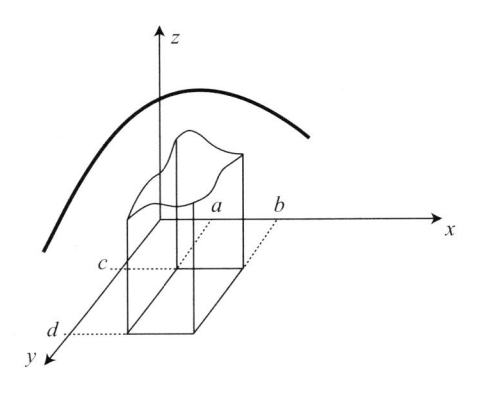

図1.31 体積と積分

$$\int_c^d \int_a^b f(x,y)dxdy$$

と書く(図1.31を参照)。

2変数関数$f(x,y)$の積分は、どちらの変数で先に積分するかという問題が出てくるが、これには次の重要な定理(フビニの定理)がある。

定理 1.32(フビニの定理)

$$\int_c^d \left\{ \int_a^b |f(x,y)|dx \right\} dy \quad , \quad \int_a^b \left\{ \int_c^d |f(x,y)|dy \right\} dx$$

のうちのいずれか一つが有限ならば

$$\int_c^d \left\{ \int_a^b f(x,y)dx \right\} dy = \int_a^b \left\{ \int_c^d f(x,y)dy \right\} dx \tag{1.42}$$

が成立する。$f(x,y) \geq 0$ の場合には、両辺の積分値が∞の場合も含めて、常に積分の順序交換が可能である。

面積計算の基本が長方形であったように、直方体が体積計算の基本となる。与えられた関数$z = f(x,y)$を矩形$D = [a,b] \times [c,d]$上で定積分することを考えよう。積分領域Dが矩形でない場合にはDを覆う矩形を考えてD以外では

$f(x, y) = 0$ と定義すればよいので、積分領域を矩形に限定しても一般性は失われない。このため、領域 D を有限個の点で $n \times m$ 個のセル $[a_i, a_{i+1}] \times [c_j, c_{j+1}]$ に分割できる。ただし

$$a = a_0 < a_1 < \cdots < a_n = b, \quad c = c_0 < c_1 < \cdots < c_m = d$$

とする。各セル内の任意の点 (x_i, y_j) を適当に選んで高さ $f(x_i, y_j)$ の直方体を作れば、領域 D における体積 S はこれらの直方体により

$$S \approx \sum_{i=0}^{n-1} \sum_{j=0}^{m-1} f(x_i, y_j) \Delta_{ij}, \quad \Delta_{ij} = (a_{i+1} - a_i)(c_{j+1} - c_j)$$

と近似される。ただし Δ_{ij} はセル $[a_i, a_{i+1}] \times [c_j, c_{j+1}]$ の面積である。

3変数以上の多変数関数の積分には面積や体積といった意味付けはできないが、2変数の場合の自然な拡張として理解すればよい。数値計算法のアイデアも1変数の場合と同様である。ただし、必要なセルの数は次元数に関して指数的に増大するので、変数が3を超える場合には数値積分はあまり役に立たない。この場合には、後で説明するモンテカルロ・シミュレーションを使ったほうが効率的である。

章末問題

1.1 $0 \leq x \leq 10$ の範囲において、$y = e^{rx}$ と $y = e^{-rx}$ のグラフを作成し、その特徴について検討せよ。なお、$r = 0.05$ とする。

1.2 例題1.1で示したブラック・ショールズ公式において、コール・オプションの価格 c を行使価格 K に関して数値微分せよ。ただし、$S = K = 1000$ 円、$r = 1\%$、$T = 2$ カ月、$\sigma = 20\%$ とする。

1.3 $r(t) = 0.05 + 0.03 \sin t$ とする。$\exp\left\{-\int_0^5 r(t) dt\right\}$ をシンプソンの公式を用いて計算せよ。ただし、刻み幅を $h = 0.05$ とする。

1.4 利回りを r とすると、クーポン債の価格は一般に

$$f(r) = \sum_{i=1}^{n} \frac{C_i}{(1+r)^i}$$

で与えられる。この公式を使って「利回りが高くなると債券価格が低くなる」という関係が成立することを示せ。また、$n=5$、$C_1 = \cdots = C_4 = 5$ 円、$C_5 = 105$ 円、$f(r) = 100$ 円のときの利回り r を数値計算によって求めよ。

1.5 指数関数 $y = e^x$ において

$$e^{x+y} = e^x e^y \quad , \quad \left(e^x\right)^y = e^{xy}$$

が成立する。一方、対数関数 $y = \log x$ は指数関数 $y = e^x$ の逆関数である。これらの事実だけを使って、対数関数において次式が成立することを示せ。

$$\log xy = \log x + \log y \quad , \quad \log x^y = y \log x$$

1.6 プット・コール・パリティ(1.5)が成立することを確認せよ。

1.7 ブラック・ショールズ公式において、プット・オプションのデルタとガンマを計算せよ。

1.8 無リスク金利 r の変化に対する感応度をロー（ρ）と呼ぶ。コールとプットのローが次式で与えられることを示せ。

$$\rho_c = KTe^{-rT}\Phi\left(d - \sigma\sqrt{T}\right) \quad , \quad \rho_p = \rho_c - TK \cdot e^{-rT}$$

1.9 指数関数と対数関数のマクローリン展開が次式で与えられることを示せ。

$$e^x = \sum_{n=0}^{\infty} \frac{x^n}{n!} = 1 + x + \frac{x^2}{2!} + \cdots + \frac{x^n}{n!} + \cdots$$

$$\log(1+x) = \sum_{n=1}^{\infty} (-1)^{n-1} \frac{x^n}{n} = x - \frac{x^2}{2} + \frac{x^3}{3} - \frac{x^4}{4} + \cdots$$

1.10 例題 1.24 において

$$dx = x(\mu dt + \sigma dz)$$

とする。伊藤の公式(1.34)を使って、$y = \log x$ が次式を満たすことを示せ。

$$dy = \left(\mu - \frac{\sigma^2}{2}\right)dt + \sigma dz$$

1.11 演習 1.30 において、台形公式(1.36)の代わりにシンプソンの公式(1.38)を利用することで、コール・オプションの価格を数値計算せよ。

第2章

確率論の基礎

第2章　確率論の基礎

確率論では、実験や観察の結果のすべてを代表する変数を利用する。例えば、「サイコロ投げの実験で出た目」や、「ある株式の明日の株価」を表す変数などである。実際にサイコロを投げてみないと結果はわからないし、明日になってみなければ明日の株価はわからないので、このような変数を確率変数と呼ぶ。確率変数は確率論における最も重要な概念の一つである。本章では確率論の基礎として、特に確率変数とその特性値の計算方法について説明する。

2.1 確率とは

現代の確率論は、以下の二つの数学公理から出発している。数学公理とは、数式で記述された約束のことである。以下では$P(A)$を事象Aの確率とする。事象とは実験や観察の結果で、例えば「コインを投げて表が出る」や「サイコロを振って偶数の目が出る」などである。また、Ωを全事象とする。全事象とは「何かが生起する」という事象のことである。便宜上、「何も起こらない」という事象も考えて、それを空事象と呼び、ϕで表す。事象は集合なので、事象の演算は集合の演算と同じである。詳細は木島（1994a）を参照せよ。

公理 2.1（確率の公理）

① $0 \leq P(A) \leq 1$, $P(\Omega) = 1$, $P(\phi) = 0$
② 事象AとBが排反（すなわち$A \cap B = \phi$）ならば
$$P(A \cup B) = P(A) + P(B)$$

公理 2.1①では、確率は0と1の間の値をとり、何かが起こるという全事象の確率は1、何も起こらないという空事象の確率は0と約束する。実験の結果として何かは起こるので、これは当然の約束であろう。

公理 2.1②が重要で、事象AとBが**排反**とは、これらの事象に交わりがないことをいう。記号$A \cup B$は「AまたはB」を表し、公理 2.1②では、排反な事象の和の確率は各事象の確率の和になることを約束している。

公理 2.1 ②は、物の大きさ（この場合は事象の起こりやすさ）を測る際の基本的な約束を表している。物の広さを測る場合を考えれば、ある領域 X の広さは、X を交わらない領域 Y と Z に分けて、Y の広さと Z の広さの合計として計算してよいというわけである。以下、本書では、確率を面積にたとえて説明する。

次の例で示すように、確率はこれら二つの公理に基づいて計算される。

例題 2.2

事象 A と B には交わりがある、すなわち $A \cap B \neq \phi$ とする。これを視覚的に表すと図 2.3 のようになる。この図から、事象 $A \cup B$ は二つの排反な事象 A と $C = B \cap A^c$ に分解されることがわかるので、公理 2.1 ②より

$$P(A \cup B) = P(A) + P(C)$$

が成立する。一方、事象 B も二つの排反な事象 C と $A \cap B$ に分解され

$$P(B) = P(C) + P(A \cap B)$$

となるので、結局、

$$P(A \cup B) = P(A) + P(B) - P(A \cap B) \tag{2.1}$$

が得られる。この公式は確率論における最も基本的な公式であるが、確率 $P(A \cup B)$ を事象 $A \cup B$ の面積と考えれば、事象 $A \cup B$ の確率は事象 A の確率と B の確率の和から、足しすぎた部分 $A \cap B$ の確率を引けばよいということである。

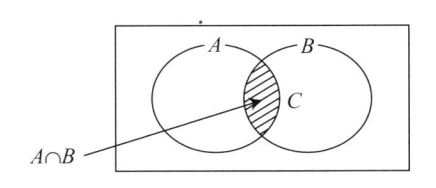

図 2.3 事象の分解

現代確率論では、確率は二つの公理を満たしていれば何でもよいと考える。例えば、コイン投げの実験では、表の出る確率が p ならば、裏の出る確率が $1-p$ でさえあれば p は何でもよいのである。もちろん、場合によっては確率 p を正確に推定する必要もあるであろうが、公理さえ満たしていれば（たとえ不正確でも）確率の議論はできるのである。

ところで、確率$P(A)$は事象Aの起こりやすさの尺度であるが、$P(A)$を「事象Aに確率という実数値を対応させる関数」と捉えることもできる。事象Aは集合であるから、このような関数を集合関数と呼び、特に上述の公理2.1②を満たす集合関数を**測度**という。公理2.1②が物の大きさを測る際の基本的な約束であったことを思い出そう。このため、数学者は確率Pを**確率測度**と呼んだりする。

2.2 確率変数と確率分布

Xをある株式の明日の株価を表す確率変数とする。確率は事象に対して定義されるものなので、確率変数と事象の関係を明らかにしておく必要がある。

確率変数Xに関係する事象の例として$\{X \leq x\}$がある。これは言葉で表せば「明日の株価Xがx円以下になる」という事象であるが、数式$\{X \leq x\}$のほうが簡潔で便利である。$\{X > x\}$や$\{a < X \leq b\}$なども事象であるが、これらの意味も明らかであろう。

このように、確率変数Xに関係する事象はいくつも考えられるが、事象の確率は二つの公理を満たしている必要があった。逆にいえば、これらの公理を満たさないような確率変数では困るというわけである。確率変数に要求される数学的性質はこれだけであるが、実務上のほとんどの問題では確率変数はこれらの公理を満たすのが普通なので、この点について心配する必要はない。

事象$\{X \leq x\}$の確率を$P(\{X \leq x\})$と記すべきであるが、記号を簡単にするために$P\{X \leq x\}$と書いて、「Xがx以下になる確率」と読むことにする。他の事象の確率$P\{X > x\}$や$P\{a < X \leq b\}$なども同様である。

確率$P\{X \leq x\}$においてxを独立変数と考えれば、
$$F(x) = P\{X \leq x\} \tag{2.2}$$
はxの関数となり、この$F(x)$を確率変数Xの**分布関数**と呼ぶ。分布関数がわかれば確率変数Xの確率がすべてわかる。例えば、事象$\{a < X \leq b\}$の確率は分布関数を使えば
$$P\{a < X \leq b\} = P\{X \leq b\} - P\{X \leq a\} = F(b) - F(a) \tag{2.3}$$

で与えられる。他の事象の確率計算も同様であるが、重要なことは、この計算も公理2.1②に基づいて行われているということである。各自で確認せよ。

分布関数$F(x)$は「Xがx以下の確率」を表すが、これよりも「Xがxになる確率」のほうが直観的に理解しやすいであろう。このため、実務では分布関数よりも、以下で説明する密度関数や確率関数を使うことのほうが多い。分布関数や密度関数、確率関数を総称して**確率分布**と呼ぶ。

確率分布には2種類あって、それぞれ取扱い方が異なるので注意が必要である。

2.2.1 離散的な確率分布

一つめの種類は離散的な確率分布（**離散分布**）で、この場合には分布関数よりも「Xがxになる確率」を表す**確率関数**

$$p(x) = P\{X = x\}$$

を考える。この際、$p(x) = 0$となるxは考えないのが普通で、離散分布では、正の確率で生起する**実現値**xの集合を定義し、その値が起こる確率を考えることになる。

(1) ベルヌーイ分布

最も基本的な離散分布が**ベルヌーイ分布**で、確率関数は

$$p(1) = p \quad , \quad p(0) = 1 - p \tag{2.4}$$

で与えられる。これは$x = 1$を「成功」、$x = 0$を「失敗」と考えれば、確率pで成功し確率$1 - p$で失敗する試行を表現する確率分布である。確率関数(2.4)をもつベルヌーイ分布を$Be(p)$で表す。ベルヌーイ分布は単純であるが、これを組み合わせることで他の離散分布を作ることができる。詳細は岡太・木島・守口 (2001) の第1章を参照せよ。

(2) 二項分布

金融工学で最も利用される離散分布が**二項分布**である。ベルヌーイ分布は1回だけの試行であったが、確率pで成功し確率$1 - p$で失敗する試行を独立にn回繰り返して得られる離散分布が二項分布である。二項分布の確率関数は

$$p(k) = {}_nC_k \, p^k (1-p)^{n-k}, \qquad k = 0, 1, \cdots, n \tag{2.5}$$

で与えられ、これは n 回中 k 回成功する確率を表す。ただし

$$_nC_k = \frac{n!}{k!(n-k)!}, \qquad k! = \prod_{i=1}^{k} i = 1 \times 2 \times \cdots \times k$$

は二項係数と呼ばれ（$k!$ を k の**階乗**と呼ぶ）、n 回の試行で k 回成功する場合の数を表す。確率関数 (2.5) で定義される二項分布を $B(n, p)$ で表す。

例題 2.4（二項モデル）

金融工学では、株価の上昇を $x = 1$（成功）、下落を $x = 0$（失敗）と考えて、株価過程を表すために二項分布を利用する。例えば、ある株価は各期間において確率 p で上昇し u 倍になり、確率 $1-p$ で下落し d 倍になるとする。ただし $d < 1 < u$ とする。金融工学では、この 1 期間の動きを図 2.5 ①のように図示するのが通常である。ただし S はこの期間の期首における株価を表す。

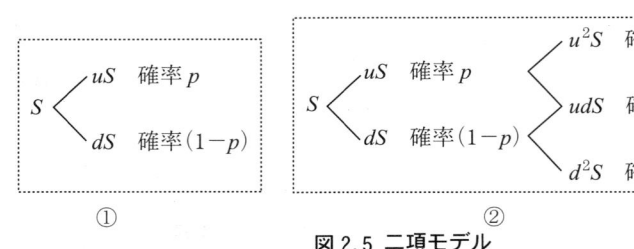

図 2.5 二項モデル

2 期間では、1 期間モデルをつなげることで図 2.5②のように表される。二項分布の確率関数 (2.5) から、2 度続けて上昇する確率は p^2、2 期間で 1 度上昇する確率は $2p(1-p)$、2 度続けて下落する確率は $(1-p)^2$ で与えられる。一般に T 期間のうち k 回価格が上昇する（残りの $T-k$ 回は価格が下落する）確率は、

$$p(k) = {}_TC_k \, p^k (1-p)^{T-k}$$

で与えられる。このとき、期間 T における株価は $Su^k d^{T-k}$ となる。

演習 2.6

株価過程を二項モデルで表したとき、t 期間後（$t = 1, 2, \cdots, T$）の株価とその確率を計算せよ。ただし、パラメータは以下のように与えられる。

$$S = 1{,}000\text{円}, \quad u = 1.03, \quad d = 0.98, \quad p = 0.5, \quad T = 12$$

(3) ポアソン分布

二項分布(2.5)において $\lambda = np$ を固定し $n \to \infty$ とする。このとき、

$$P\{X = k\} = {}_nC_k \left[\frac{\lambda}{n}\right]^k \left[1 - \frac{\lambda}{n}\right]^{n-k}$$

$$= \frac{\lambda^k}{k!}\left[1 - \frac{\lambda}{n}\right]^n \prod_{i=1}^{k-1}\left[1 - \frac{i}{n}\right]\left[1 - \frac{\lambda}{n}\right]^{-k}$$

であるから、$n \to \infty$ とすると

$$\lim_{n \to \infty}\left[1 - \frac{\lambda}{n}\right]^n = e^{-\lambda}$$

であり、また残りの項は $n \to \infty$ のとき 1 に収束するので、

$$p(k) = \frac{\lambda^k}{k!}e^{-\lambda}, \quad k = 0, 1, 2, \cdots \tag{2.6}$$

が得られる。つまり、二項分布において試行回数 n を大きくし、同時に $\lambda = np$ を満たすように成功確率 p を小さくすると(2.6)の確率分布が得られるのである。確率分布(2.6)をパラメータ λ の**ポアソン分布**と呼び $Po(\lambda)$ で表す。

例題 2.7

ポアソン分布は、一つ一つの生起確率が小さい多くの事象が足し合わさった結果として得られる確率分布である。例えば、ある基準でグループ化された企業群を考え、これらの企業は確率的に同様であるとする。この企業群の構成企業数を n、各企業の 1 年以内の倒産確率を p とすれば、1 年以内に倒産する企業数が k である確率はポアソン分布(2.6)で近似される。ただし $\lambda = np$ とし、n は十分大きく p は小さいとする。

演習 2.8

例題 2.7 において $\lambda = 5$ とする。$n = 10, 50, 100, 300$ に対して、二項分布を仮定した場合の確率 $p(k)$ ($k = 0, 1, \cdots, 10$) とポアソン分布を仮定した場合の確率を計算し、比較せよ。

> **ヒント!**
> ☆Excelには階乗の関数が用意されている。kの値が入力されているセルをA1とすると、$k!$を計算するには=FACT(A1)と指定すればよい。

2.2.2 連続的な確率分布

二つめは連続的な確率分布（**連続分布**）で、その代表例は金融工学でしばしば登場する正規分布である。連続分布の特徴は分布関数を微分できるということで、分布関数を微分した関数

$$f(x) = F'(x)$$

を**密度関数**と呼ぶ。

分布関数 $F(x)$ は「X が x 以下になる確率」であったが、それを微分した密度関数 $f(x)$ は確率を表していない。密度関数から確率を計算するためには、それを**積分**する必要がある。「微分と積分は逆の関係」にあることを思い出してほしい。例えば、(2.3)式から

$$P\{a < X \le b\} = \int_a^b f(x)dx \qquad (2.7)$$

が得られるので、確率 $P\{a < X \le b\}$ を求めるためには、密度関数 $f(x)$ を区間 $[a,b]$ で積分すればよいことになる。積分は面積なので、確率 $P\{a < X \le b\}$ は密度関数 $f(x)$ と x 軸の区間 $[a,b]$ で囲まれた部分の面積ということである（図1.25①を参照）。

密度関数は確率ではないが、確率を「巧く」表現している関数である。(2.7)式において $b - a = h$ が十分に小さいとすれば、面積（確率）は

$$P\{a < X \le a+h\} = \int_a^{a+h} f(x)dx \approx f(a)h \qquad (2.8)$$

と近似される（記号 $\approx$ は近似を表す）。したがって、密度関数の値 $f(a)$ は「X が a 付近の値をとる率」を表すと考えられる。確率ではなく「率」と表現したのは、区間の幅 h がかけられているからである。

(2.8)式において幅 h がゼロのとき、確率 $P\{X = a\}$ もゼロになることに注意しよう。したがって、連続分布では確率変数 X がちょうどある値 x をとる確率 $P\{X = x\}$ に注目しても意味がなく、ある区間 $[a,b]$ に入る確率 $P\{a \le X \le b\}$ を考

える必要がある。ここで$P\{X=x\}=0$なので、
$$P\{a\leq X\leq b\}=P\{a<X\leq b\}=P\{a\leq X<b\}=P\{a<X<b\}$$
であることに注意しよう。

(1) 正規分布

金融工学で最も重要な確率分布は**正規分布**である。正規分布は連続分布で、その密度関数は、

$$f(x)=\frac{1}{\sqrt{2\pi}\sigma}\exp\left\{-\frac{(x-\mu)^2}{2\sigma^2}\right\}, \quad -\infty<x<\infty \tag{2.9}$$

で与えられる。この正規分布をパラメータ(μ,σ^2)をもつ正規分布といい、記号$N(\mu,\sigma^2)$で表す。密度関数(2.9)の定義域はすべての実数、すなわち正規分布に従う確率変数の実現値はすべての実数値になることに注意してほしい。後述するように、パラメータμは平均、σ^2は分散を表す。

特に、正規分布$N(0,1)$を**標準正規分布**といい、標準正規分布の密度関数を

$$\phi(x)=\frac{1}{\sqrt{2\pi}}e^{-x^2/2}, \quad -\infty<x<\infty \tag{2.10}$$

分布関数を

$$\Phi(x)=\int_{-\infty}^{x}\frac{1}{\sqrt{2\pi}}e^{-u^2/2}du, \quad -\infty<x<\infty \tag{2.11}$$

で表す。ただし、(2.11)式の積分はこれ以上解析的に計算できない、すなわち密度関数(2.10)の不定積分は存在しないことが知られている。

標準正規分布は正規分布の議論において中心的な役割を果たす。理由は、$X\sim N(\mu,\sigma^2)$に対して[1]

$$Y=\frac{X-\mu}{\sigma} \tag{2.12}$$

とおくと、確率変数Yが標準正規分布に従うからである。変換(2.12)を**標準化**という。

逆に、標準正規分布$N(0,1)$に従う確率変数Yに対して

$$X=\mu+\sigma Y \tag{2.13}$$

---

[1] 確率変数Xが分布Aに従うとき$X\sim A$と書く。

とおけば、確率変数 X は平均 μ と分散 σ^2 をもつ正規分布 $N(\mu,\sigma^2)$ に従う。これらの結果は、正規分布を扱う際にきわめて重要である。

標準正規分布の密度関数 $\phi(x)$ は $x=0$ に関して対称（図 2.9 を参照）、すなわち $\phi(x)=\phi(-x)$ が成立するので、$Y \sim N(0,1)$ の**生存関数**を

$$L(x) = P\{Y > x\} \tag{2.14}$$

とおけば、対称性から

$$L(x) = \Phi(-x) \tag{2.15}$$

が成立する。標準正規分布の密度関数 $\phi(x)$ を図 2.9 に描いた。分布関数と生存関数の値は密度関数の面積を計算することで得られる。関係式(2.15)は図 2.9 から明らかであろう。

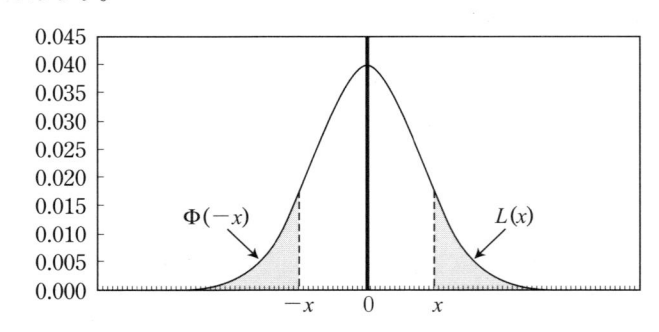

図 2.9 標準正規分布の密度関数 $\phi(x)$

例題 2.10

正規分布の確率計算は標準正規分布の分布関数または生存関数の計算に帰着される。このため、標準的な確率統計のテキストには、標準正規分布の生存関数の表が掲載されている。$X \sim N(\mu,\sigma^2)$ に対して標準化(2.12)を施せば、標準化された確率変数は標準正規分布に従うので、

$$P\{X \le x\} = P\left\{\frac{X-\mu}{\sigma} \le \frac{x-\mu}{\sigma}\right\} = \Phi\left(\frac{x-\mu}{\sigma}\right) \tag{2.16}$$

が成立する。ここで、標準化は X だけでなく右辺の x にも施されていることに注意しよう。これは、不等式 $X \le x$ を同値な不等式に変換するためである。この計算は正規分布を扱う際に頻繁に利用されるので、必ずマスターしてほしい。

演習 2.11

$X \sim N(0.2, 0.15)$ のとき、確率 $P\{-0.25 < X \leq 0.35\}$ を Excel の NORMDIST を使って計算せよ。

(2) 対数正規分布

確率変数 X は正規分布 $N(\mu, \sigma^2)$ に従っているとし、

$$Y = e^X$$

とおく。確率変数 Y は対数をとると正規分布に従うので、Y の従う確率分布を**対数正規分布**と呼ぶ。対数正規分布の分布関数と密度関数を求めよう。

$x > 0$ に対して、事象 $\{Y \leq x\}$ と事象 $\{X \leq \log x\}$ は等しいので

$$P\{Y \leq x\} = P\{X \leq \log x\}$$

が成立する。したがって、対数正規分布の分布関数は

$$F(x) = \int_{-\infty}^{\log x} \frac{1}{\sqrt{2\pi}\sigma} \exp\left\{-\frac{(y-\mu)^2}{2\sigma^2}\right\} dy, \quad x > 0 \tag{2.17}$$

で与えられる。密度関数は分布関数を x に関して微分することで

$$f(x) = \frac{1}{\sqrt{2\pi}\sigma x} \exp\left\{-\frac{(\log x - \mu)^2}{2\sigma^2}\right\}, \quad x > 0 \tag{2.18}$$

となる。

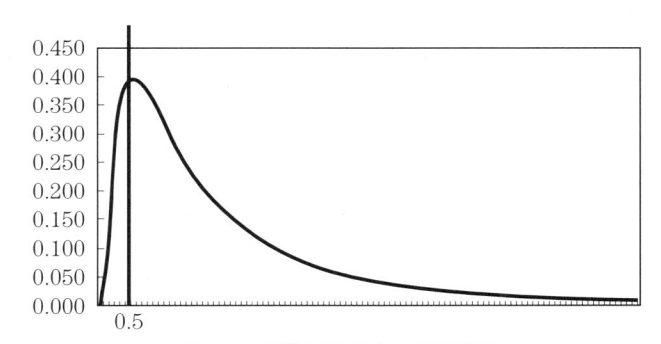

図 2.12 対数正規分布の密度関数

図 2.12 に対数正規分布の密度関数（$\mu = 0.5, \sigma^2 = 1$）を描いた。標準正規分布の密度関数（図 2.9）と比較せよ。ただし、対数正規分布の確率を計算するため

に密度関数を積分することは稀である。例えば、分布関数(2.18)を使って、

$$P\{a < Y \leq b\} = \int_{\log a}^{\log b} \frac{1}{\sqrt{2\pi}\sigma} \exp\left\{-\frac{(y-\mu)^2}{2\sigma^2}\right\} dy \quad , \quad b > a > 0$$

を計算するほうが簡単である。

演習 2.13

確率変数 X はパラメータ $(0.5, 0.4)$ をもつ対数正規分布に従っているとする。対数正規分布の密度関数を数値積分することで確率 $P\{0.4 < X \leq 0.6\}$ および $P\{X > 0.5\}$ を計算せよ。

(3) 一様分布

金融工学で重要なもう一つの連続分布は、**一様分布**である。一様分布の密度関数は

$$f(x) = \frac{1}{b-a} \quad , \quad a < x < b$$

で与えられ、この一様分布を $U(a,b)$ で表す。密度関数は「X が x 付近の値をとる率」を表すので、この率が一定の場合には、どの値をとる事象も一様に確からしくなる。特に、$U(0,1)$ を**標準一様分布**といい、その分布関数は

$$F(x) = x \quad , \quad 0 < x < 1 \tag{2.19}$$

で与えられる。標準一様分布の密度関数と分布関数を図 2.14 に描いた。

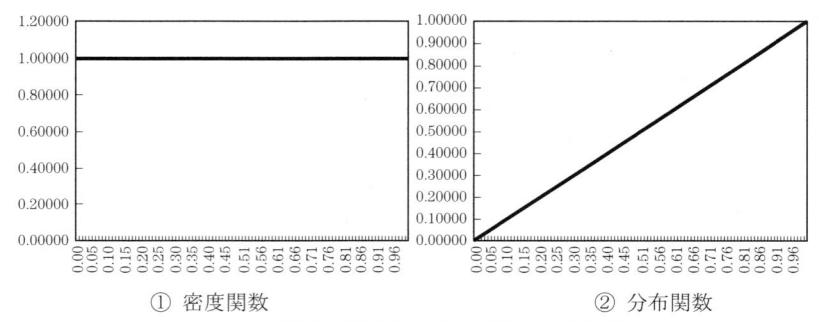

① 密度関数　　　　　　　　② 分布関数

図 2.14 標準一様分布の密度関数と分布関数

標準一様分布から任意の分布関数に従う確率変数を定義することができる。分布関数 $F(x)$ を所与とし、説明を簡単にするために $F(x)$ は（狭義）に単調増加

とする。このとき $F(x)$ の逆関数 $F^{-1}(x)$ が存在し、標準一様分布に従う確率変数 U に対して

$$X = F^{-1}(U) \tag{2.20}$$

とおくと、確率変数 X は分布関数 $F(x)$ をもつ。なぜならば、事象 $\{X \leq x\}$ と事象 $\{U \leq F(x)\}$ は等しいので

$$P\{X \leq x\} = P\{U \leq F(x)\}$$

であるが、標準一様分布の分布関数(2.19)より、この右辺は $F(x)$ に等しいからである。

2.3 期待値

確率分布は確率変数の確率的性質のすべてを表現しているが、実務では確率分布そのものよりも、分布の中心や中心からの散らばりぐあいに注目する場合が多い。**特性値**とは、このような分布の特徴を示す値であり、その代表的なものに平均と分散がある。

2.3.1 平均

分布の中心を表す特性値の一つが平均である。**平均**は以下のように定義される。

定義 2.15（平均）

① 離散的な確率変数 X の実現値を $x_1, x_2, \cdots$ とすると、X の平均は

$$E[X] = \sum_{i=1}^{\infty} x_i P\{X = x_i\} \tag{2.21}$$

② 連続的な確率変数 X の密度関数を $f(x)$ とすると、X の平均は

$$E[X] = \int_{-\infty}^{\infty} x f(x) dx \tag{2.22}$$

例えば、ベルヌーイ分布 $Be(p)$ に従う確率変数 X の平均は

$$E[X] = 1 \times p + 0 \times (1-p) = p$$

一様分布 $U(a,b)$ に従う確率変数 Y の平均は

$$E[Y] = \int_a^b x \frac{1}{b-a} dx = \frac{a+b}{2}$$

となる。

平均の定義から、

$$\text{平均} = (\text{実現値} \times \text{確率}) \text{の総和} \tag{2.23}$$

と覚えておけばよいことがわかる。連続分布の場合には密度関数 $f(x)$ に dx をかけたものが確率に対応している。なぜならば、

$$P\{x < X \le x+dx\} = \int_x^{x+dx} f(y)dy \approx f(x)dx$$

が成立するからである。

なお、(2.21)式で定義した右辺の和は有限の値にならない場合もある。平均が分布の中心を示す特性値としての意味をもつためには、平均は有限の値でなければならない。このため、離散的な確率変数の場合には

$$\sum_{i=1}^{\infty} |x_i| P\{X = x_i\} < \infty$$

連続的な確率変数の場合には

$$\int_{-\infty}^{\infty} |x| f(x) dx < \infty$$

という条件が満たされるとき、確率変数 X の平均は**存在する**という（絶対値の記号に注意）。本書では、離散的か連続的であるかにかかわらず、特に断らない限り平均は存在するものと仮定する。

ところで、ある関数 $h(x)$ と確率変数 X に対して $Y = h(X)$ を考えたとき、確率変数 Y の平均は、まず Y の従う確率分布を求めて、その確率分布を使って定義 2.15 から平均を求めるのが筋である。しかし、実際には、このような面倒な手続きを踏む必要がなく、次の結果が成立することが知られている。

定理 2.16（期待値の一致性）

① 確率変数 X が離散的な場合

$$E[h(X)] = \sum_{i=1}^{\infty} h(x_i) P\{X = x_i\}$$

② 確率変数 X が連続的な場合

$$E[h(X)] = \int_{-\infty}^{\infty} h(x)f(x)dx$$

つまり、X の実現値を x とすれば、$h(X)$ の実現値は $h(x)$ なので、$h(X)$ の平均 $E[h(X)]$ は(2.23)式のように「(実現値×確率)の総和」として計算されるのである。$E[h(X)]$ を**期待値**と呼ぶのが普通である。例えば、X が成功確率 p のベルヌーイ分布 $Be(p)$ に従うとすると、期待値 $E[e^X]$ は

$$E[e^X] = e^1 \times p + e^0 \times (1-p) = pe + (1-p)$$

のように計算される。

例題 2.17

期待値という呼び方には、不確実な賭けにおいて期待される利得の値というニュアンスがある。X を二項分布 $B(T,p)$ に従う確率変数とすれば、X は T 回の試行において成功する回数を表す。関数 $h(k)$ を k 回成功したときに支払われる利得とすれば、期待値 $E[h(X)]$ はこの試行において期待される利得となる。例えば、例題 2.4 の株価過程において、期間 T のうち株価が上昇（成功）した回数を表す確率変数を X とすれば、期間 T における株価は $Su^X d^{T-X}$ で与えられる。このとき、この株式を原資産とするデリバティブのペイオフ関数を $h(x)$ とすれば、満期 T で得られる期待利得は $E[h(Su^X d^{T-X})]$ で与えられる。

演習 2.18

原資産の価格過程が例題 2.4 の二項モデルに従っているとき、コール・オプションの期待利得を計算せよ。ただし、パラメータは以下のように与えられる。

$$S = K = 1{,}000 \text{円}, \quad u = 1.03, \quad d = 0.98, \quad p = 0.5, \quad T = 12$$

演習 2.19

満期 T における原資産価格 $S(T)$ は対数正規分布、すなわち $\log[S(T)/S]$ は正規分布 $N(\mu, \sigma^2)$ に従うとする。ただし $S = S(0)$ は初期時点における原資産価格である。この原資産の上に書かれたプット・オプションの期待利得を、数値積分を

使って計算せよ。ただし、パラメータは以下のように与えられる。

$$S = K = 1{,}000 \text{円}, \quad \mu = 0.03, \quad \sigma = 0.15, \quad T = 1$$

期待値の重要な性質を挙げておこう。証明は章末問題 3.2 とするが、本書では結果のほうが重要である。

定理 2.20（期待値の線形性）

確率変数 X, Y と定数 a, b に対して

$$E[aX + bY] = aE[X] + bE[Y] \tag{2.24}$$

が成立する。

例題 2.21

線形性は金融工学におけるキーワードの一つである。証券価格においては、

① 証券 x と証券 y を 1 単位ずつ加えた証券 $x+y$ の価格は、それぞれの証券価格の和に等しい；

② a 単位の証券 x の価格は x の価格の a 倍に等しい；

という性質が成り立つ。証券 x の価格を $\pi(x)$ とすれば、最初の性質は

$$\pi(x+y) = \pi(x) + \pi(y)$$

であり、2 番目の性質は

$$\pi(ax) = a\pi(x)$$

であるが、これらは π を E に置き換えれば (2.24) 式と同じことであり、証券価格は**線形性**を満たすことがわかる。

標準正規分布の密度関数 $\phi(x)$ は $x=0$ に関して対称なので、分布の中心である平均は 0 と考えられる。この推測はおおむね正しいが、確率論では $E[|X|] < \infty$ のとき確率変数 X の平均 $E[X]$ が存在すると考えるので、前提 $E[|X|] < \infty$ のチェックを怠ってはならない。つまり、標準正規分布の場合には $\int_0^\infty x\phi(x) < \infty$ を示す必要があるが、これは付録 B.3 の置換積分法の公式を使って

$$\int_0^\infty x\phi(x) = \int_0^\infty \frac{1}{\sqrt{2\pi}} x e^{-x^2/2} dx = \int_0^\infty \frac{1}{\sqrt{2\pi}} \left(-e^{-x^2/2}\right)' dx = \frac{1}{\sqrt{2\pi}}$$

であることから確認される。一般の正規分布については、関係式(2.13)と期待値の線形性から、$Y \sim N(\mu, \sigma^2)$ に対して

$$E[Y] = E[\mu + \sigma X] = \mu + \sigma E[X] = \mu$$

が成立する。ただし $X \sim N(0,1)$ である。つまり、正規分布のパラメータ (μ, σ^2) における μ は平均を表している。

2.3.2 分散と標準偏差

二つの確率変数 X と Y の平均が同じであっても、分布の散らばりぐあいが異なっている場合がある。この分布の散らばりの程度を捉えた特性値が分散と標準偏差であり、以下のように定義される。

定義 2.22（分散と標準偏差）

確率変数 X に対して、

$$V[X] = E\left[\left(X - E[X]\right)^2\right] \tag{2.25}$$

を X の**分散**、分散の平方根 $\sqrt{V[X]}$ を**標準偏差**と呼ぶ。

定義から、具体的に分散を表すと、離散的な場合には

$$V[X] = \sum_{i=1}^\infty (x_i - E[X])^2 P\{X = x_i\}$$

連続的な場合には

$$V[X] = \int_{-\infty}^\infty (x - E[X])^2 f(x) dx$$

となる。つまり、分散は

　　分散 ＝ （実現値と平均の差の 2 乗 × 確率）の総和

で計算される。

例えば、X が成功確率 p のベルヌーイ分布 $Be(p)$ に従うとすると、平均は p であるから、分散の定義(2.25)から

$$V[X] = (1-p)^2 \times p + (0-p)^2 \times (1-p) = p(1-p)$$

となる。一方、X が一様分布 $U(a,b)$ に従う場合には、

$$V[X] = \int_a^b \left(x - \frac{a+b}{2}\right)^2 \frac{1}{b-a} dx = \frac{(b-a)^2}{12}$$

となる。

次の例題ではポアソン分布の分散を求める。二項分布の分散については 5.2 節で計算する。

例題 2.23

確率変数 X がポアソン分布に従う、つまり $X \sim Po(\lambda)$ であるとき、

$$E[X] = \sum_{n=0}^{\infty} n \frac{\lambda^n}{n!} e^{-\lambda} = \lambda \sum_{n=1}^{\infty} \frac{\lambda^{n-1}}{(n-1)!} e^{-\lambda} = \lambda$$

分散は、後述の定理 2.24① から

$$V[X] = E[X^2] - (E[X])^2 = E[X(X-1)] + E[X] - \lambda^2$$

であり、

$$E[X(X-1)] = \sum_{n=0}^{\infty} n \cdot (n-1) \frac{\lambda^n}{n!} e^{-\lambda} = \lambda^2 \sum_{n=0}^{\infty} \frac{\lambda^{n-2}}{(n-2)!} e^{-\lambda} = \lambda^2$$

であるから、

$$V[X] = \lambda^2 + \lambda - \lambda^2 = \lambda$$

つまり、ポアソン分布 $Po(\lambda)$ のパラメータ λ は平均と分散の両方を表している。

次の定理で分散の性質をまとめておく（証明は章末問題 2.8）。これらの性質はきわめて重要なので憶えてほしい。金融工学はリスクを扱う学問で、リスクは標準偏差で定義されることが多いからである。

定理 2.24（分散の性質）

① $V[X] = E[X^2] - (E[X])^2$

② 定数 a, b に対して

$$V[X+b] = V[X], \quad V[aX+b] = a^2 V[X]$$

③ $V[X] = 0 \Leftrightarrow X$ は定数

定数 c を「確実に c が生起する確率変数」と考えれば、性質③から、確実であることと分散が 0 であることは同値である。少しでも不確実性があれば分散は 0 にならないので、確実であるかどうかは分散（あるいは標準偏差）を使って調べることができる。また、性質②から、確実なことを加えても分散（標準偏差）の大きさに変化はない。さらに、a 倍した確率変数の分散（標準偏差）は、元の分散（標準偏差）の a^2 倍（a 倍）になることがわかる。これらの性質は以降で繰り返し利用される。

標準正規分布の分散は部分積分を用いることで計算される。すなわち、$X \sim N(0,1)$ に対して

$$V[X] = \int_{-\infty}^{\infty} x^2 \phi(x) dx = \frac{1}{\sqrt{2\pi}} \int_{-\infty}^{\infty} x \left(xe^{-x^2/2} \right) dx = \frac{1}{\sqrt{2\pi}} \int_{-\infty}^{\infty} x \left(-e^{-x^2/2} \right)' dx$$

$$= \frac{1}{\sqrt{2\pi}} \left\{ \left[x \left(-e^{-x^2/2} \right) \right]_{-\infty}^{\infty} + \int_{-\infty}^{\infty} e^{-x^2/2} dx \right\} = 1$$

一般の正規分布 $Y \sim N(\mu, \sigma^2)$ の場合には(2.13)式と分散の性質②から

$$V[Y] = V[\mu + \sigma X] = \sigma^2 V[X] = \sigma^2$$

ただし $X \sim N(0,1)$ である。つまり、正規分布のパラメータ (μ, σ^2) における σ^2 は分散を表している。

表 2.25 に、これまでに説明した確率分布の平均と分散をまとめた。特に重要なポイントは正規分布の平均と分散である。(2.9)式の正規分布の密度関数をみると、これは μ と σ^2 をパラメータとする関数である。つまり、正規分布は平均 μ と分散 σ^2（あるいは標準偏差 σ）で定まる確率分布なのである。

表 2.25 代表的な分布の平均と分散

分布	記号	平均	分散
ベルヌーイ分布	$Be(p)$	p	$p(1-p)$
二項分布	$B(n,p)$	np	$np(1-p)$
ポアソン分布	$Po(\lambda)$	λ	λ
一様分布	$U(a,b)$	$(a+b)/2$	$(b-a)^2/12$
正規分布	$N(\mu, \sigma^2)$	μ	σ^2

金融工学では、標準偏差をリスク指標と考えることが多い。これは、標準偏差が大きいと、平均$E[X]$から大きくずれる可能性が高くなるからである。例えば、ある株式の収益率を考えよう。標準偏差が大きいと、株価が大きく下落する可能性が高くなる。もちろん、大きく上昇する可能性も高くなるが、下落により被る損失が致命傷になるので、標準偏差の大きいほうがリスクも大きいと考えるのである。特に、収益率が正規分布に従うとすれば、平均μは期待収益率（リターン）を表すので、もう一つのパラメータσがリスクを表すと考えるのである。

最後に、分散や標準偏差の意味を考えるうえで有用な不等式を証明なしに挙げておく。証明は木島（1994a）を参照せよ。

定理 2.26（マルコフの不等式）

Xを任意の確率変数とする。非負の関数$g(x)$と任意の正数cに対して
$$P\{g(X) \geq c\} \leq \frac{E[g(X)]}{c}, \quad c > 0$$

マルコフの不等式において$E[X] = \mu, V[X] = \sigma^2$とし、$g(x) = |x - \mu|, c = t\sigma$とすると、次の**チェビシェフの不等式**が得られる。

定理 2.27（チェビシェフの不等式）

任意の正数tに対して
$$P\{|X - \mu| \geq t\sigma\} \leq \frac{1}{t^2}, \quad t > 0 \tag{2.26}$$

チェビシェフの不等式(2.26)では、標準偏差だけを使って分布の裾部分の確率が評価できる。次の例を使って説明しよう。

例題 2.28（バリュー・アット・リスク）

証券のリスクを収益率の標準偏差で測ると書いたが、企業を経営する立場からは、考えられる最大損失額をリスクと捉えるほうが実感に合う。例えば、99%

の確率で起こりうる最大損失額がわかっていれば、この金額に見合う資金を準備することで、倒産をまぬがれる確率は99％になる。

このような考え方で作られた、ポートフォリオに内在するリスクを算出するための指標が、VaR（Value at Risk；バーと読む）である。VaRとは、確率αでポートフォリオ価値がT日で下落する最悪の下落幅のことで、通常、αは95％または99％、Tは1日、1週間（5営業日）または2週間（10営業日）が使われる。米国のＪＰモルガン銀行は、このリスク指標を使って、自社の保有する全ポートフォリオのリスクを算出し経営戦略に役立てた。ＪＰモルガン銀行の成功により、VaRがリスク管理指標としての市民権を得たのである。VaRについての詳細は木島（1998）、山下（2000）などを参照せよ。

以下では、説明を簡単化するために、ポートフォリオの現在の市場価値をQ_0、T日後の価値をQ_Tとする。水準100α％のVaRとは

$$P\{Q_T - Q_0 \geq -z_\alpha\} = \alpha , \quad z_\alpha > 0$$

を満たすz_αのことである。確率変数$R = Q_T - Q_0$の確率分布がわかればVaRの値を求めることができる。イメージを図2.29に描いた。

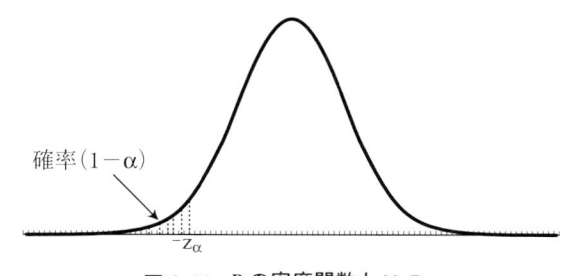

図2.29 Rの密度関数とVaR

ところで、確率分布を統計的に求めることは大変むずかしい問題である。1％以下の確率でしか起こらないことを推定するために必要なデータは、1％以下の確率でしか発生しないからである。一方、平均や分散を推定するのは確率分布の推定に比べればはるかにやさしい。もし確率分布を推定することが不可能な場合には、次善の策として平均と分散を推定しチェビシェフの不等式(2.26)を使って100α％点、すなわちVaRを推定することになる。

具体的には、$E[R] = 0$ のとき、(2.26)式において $t = 1/\sqrt{1-\alpha}$ とおけば

$$P\{R \leq -t\sigma\} \leq P\{|R| \geq t\sigma\} \leq 1-\alpha = P\{R < -z_\alpha\}$$

であるから、分布関数の単調増加性（章末問題 2.2①）より $-t\sigma \leq -z_\alpha$ が得られる。したがって、

$$z_\alpha \leq \frac{\sigma}{\sqrt{1-\alpha}} \tag{2.27}$$

が成立し、右辺の $\sigma/\sqrt{1-\alpha}$ を用いることで VaR を安全サイドに見積ることができる。

演習 2.30

ポートフォリオ価値の差 $R = Q_T - Q_0$ が正規分布 $N(0, 0.1)$ に従うとして、水準 98%VaR を数値積分により計算せよ。さらに、この値とチェビシェフの不等式による推定値(2.27)を比較せよ。また、水準 94%VaR の場合はどうなるか。

2.3.3 モーメントと積率母関数

確率変数 X に対して、期待値 $E[X^n]$ を原点回りの n 次モーメント（積率）と呼び、離散分布の場合には

$$E[X^n] = \sum_{i=1}^{\infty} x_i^n P\{X = x_i\}$$

連続分布の場合には

$$E[X^n] = \int_{-\infty}^{\infty} x^n f(x) dx$$

で定義される。平均 $E[X]$ は原点回りの 1 次モーメントである。

X の平均を μ としたとき、期待値 $E[(X-\mu)^n]$ を平均回りの n 次モーメントと呼ぶ。分散 $V[X]$ は平均回りの 2 次モーメントである。さらに、標準偏差を $\sigma = \sqrt{V[X]}$ としたとき X の標準化(2.12)を考えて、金融工学では

$$k_3 = E\left[\left(\frac{X-\mu}{\sigma}\right)^3\right] , \quad k_4 = E\left[\left(\frac{X-\mu}{\sigma}\right)^4\right]$$

をしばしば利用する。k_3 は標準化確率変数の 3 次モーメントで歪度（ゆがみ）、

k_4 は標準化確率変数の 4 次モーメントで尖度（とがり）と呼ばれる。特に、正規分布 $N(\mu,\sigma^2)$ では歪度は 0、尖度は 3 になることが知られている。

モーメントを計算するのに便利な関数が**積率母関数**である。

定義 2.31

確率変数 X に対して

$$m_X(t) = E\left[e^{tX}\right] \tag{2.28}$$

が $t=0$ を含む開区間で存在するとき、t の関数 $m_X(t)$ を X の積率母関数と呼ぶ。

指数関数 e^x をマクローリン展開すると、

$$e^x = \sum_{n=0}^{\infty} \frac{x^n}{n!}$$

となるから（章末問題 1.9）、$x = tX$ と考えれば、

$$e^{tX} = \sum_{n=0}^{\infty} \frac{X^n}{n!} t^n$$

が得られる。X の積率母関数が存在するとして両辺の期待値をとれば、

$$m_X(t) = 1 + E[X]t + \frac{E[X^2]}{2!}t^2 + \cdots \tag{2.29}$$

したがって、X の原点回りの n 次モーメントは、積率母関数が存在すれば、

$$E[X^n] = \left. \frac{d^n}{dt^n} m_X(t) \right|_{t=0} \tag{2.30}$$

で計算される。これが積率（モーメント）母関数という名称の由来である。

例題 2.32

標準正規分布 $N(0,1)$ に従う確率変数 X の積率母関数を計算しよう。定義から

$$m_X(t) = \int_{-\infty}^{\infty} e^{tx} \frac{1}{\sqrt{2\pi}} e^{-x^2/2} dx$$

であるが、

$$e^{tx - x^2/2} = e^{-(x-t)^2/2} e^{t^2/2}$$

第 2 章 確率論の基礎

なので、次式が得られる。

$$m_X(t) = e^{t^2/2} \int_{-\infty}^{\infty} \frac{1}{\sqrt{2\pi}} e^{-(x-t)^2/2} dx$$

ここで右辺の積分項は正規分布 $N(t,1)$ の密度関数のすべての定義域における積分なので 1、したがって標準正規分布 $N(0,1)$ の積率母関数は次式で与えられる。

$$m_X(t) = e^{t^2/2}$$

一般の正規分布 $N(\mu, \sigma^2)$ の積率母関数は $Y = \mu + \sigma X$ とおけば

$$m_Y(t) = E\left[e^{(\mu+\sigma X)t}\right] = e^{\mu t} E\left[e^{(\sigma t)X}\right] = e^{\mu t} m_X(\sigma t)$$

なので、次式が得られる。

$$m_Y(t) = e^{\mu t + \sigma^2 t^2/2} \tag{2.31}$$

この積率母関数は、金融工学においてきわめて有用である。理由は、金融工学では対数正規分布を扱う機会が多いからである。$Y \sim N(\mu, \sigma^2)$ に対して $Z = e^Y$ とおくと、確率変数 Z の原点回りの n 次モーメントは次式で与えられる。

$$E[Z^n] = E[e^{nY}] = m_Y(n)$$

ところで、(2.29)式を導く際に積率母関数が存在すると仮定して両辺の期待値をとったが、これは一般には期待値と無限和の交換は許されないからである。実際、対数正規分布にはすべての次数のモーメント $E[Z^n]$ が存在するが、積率母関数は存在しない。詳細は木島（1999）の 11 ページを参照せよ。

章末問題

2.1 以下の公式を確率の公理に則って示せ。

① 余事象の確率：$P(A^c) = 1 - P(A)$

② 確率の単調整：$A \subset B$ ならば $P(A) \leq P(B)$

2.2 分布関数 $F(x)$ が以下の性質を満たすことを確率の公理に則って示せ。

① $x < y$ に対して $F(x) \leq F(y)$

② $\lim_{x \to \infty} F(x) = 1$, $\lim_{x \to -\infty} F(x) = 0$

2.3 確率変数 X の実現値 x は $\{1,2,\cdots,10\}$ で、その生起確率は実現値に比例するとする。このとき、X の期待値 $E[X]$ と $E[e^X]$ を Excel を用いて計算せよ。

2.4 確率変数 X の実現値は区間 $[1,\pi]$ で、その密度関数は $\sin x$ に比例する。期待値 $E[\log X]$ を Excel を用いて計算せよ。

2.5 $g_1(x) \leq g_2(x)$ ならば、$E[g_1(X)] \leq E[g_2(X)]$ が成立することを示せ。

2.6 $d < r < u$ に対して $p = \dfrac{r-d}{u-d}$ とおく。$X \sim B(n,p)$ に対して、期待値 $E\left[u^X d^{n-X}\right]$ を計算せよ。

2.7 $X \sim B(20, 0.5)$ であるとき、X の平均、分散と標準偏差を、Excel を用いて計算せよ。

2.8 定理 2.24（分散の性質）を証明せよ。

2.9 演習 2.30 において、R が対数正規分布に従うとして 98%VaR を計算せよ。ただし、$R = e^X$，$X \sim N(0, 0.1)$ とする。

2.10 $X \sim B(n,p)$ の積率母関数が次式で与えられることを示せ。
$$m_X(t) = (1 - p + pe^t)^n$$
また、この積率母関数を利用して、二項分布 $B(n,p)$ の平均と分散を求めよ。

2.11 $X \sim Po(\lambda)$ の積率母関数が次式で与えられることを示せ。
$$m_X(t) = \exp\{-\lambda(1 - e^t)\}$$
また、この積率母関数を利用して、ポアソン分布 $Po(\lambda)$ の平均と分散を求めよ。

第3章
多変量確率変数とポートフォリオ理論

第3章 多変量確率変数とポートフォリオ理論

一般に、確率変数は互いに影響しあっていると考えられる。例えば、ある日の日経平均株価をXとし同じ日のTOPIXの値をYとすれば、これらは東京証券取引所で取引されている株式から計算される指標なので、XとYは互いに関連し合っていると考えるのが自然である。実際、日経平均が上がればTOPIXも上がり、日経平均が下がればTOPIXも下がるというように、これら二つの指数は同じ方向に変化することが多い。この章では、互いに関連しながら変化する確率変数を定義し、最適ポートフォリオ問題への応用を考える。

3.1 多変量確率変数

ある一つの試行（実験や観察）において二つ以上の確率変数を同時に考えることがある。例えば、上で述べたように、ある日の株式市場を観察するという試行において、日経平均株価を表す確率変数をX、TOPIXの値を表す確率変数をYとする。この場合には、前章で説明した確率変数が一つの場合の自然な拡張として、事象$\{a < X \leq b, c < Y \leq d\}$を考えることになる。この事象の確率を

$$P\{a < X \leq b, c < Y \leq d\}$$

と書いて、日経平均株価がa以上b以下、かつTOPIXの値がc以上d以下となる確率を表す。三つ以上の確率変数の場合も同様である。

確率変数が一つの場合と同様に、次の2次元分布関数を考える。

$$F(x, y) = P\{X \leq x, Y \leq y\}$$

正確には、$F(x,y)$を2変量確率変数(X,Y)の**同時分布関数**と呼ぶ。一般に、n変量確率変数$(X_1, X_2, \cdots, X_n)$の同時分布関数は

$$P\{X_1 \leq x_1, X_2 \leq x_2, \cdots, X_n \leq x_n\}$$

で与えられる。以下では、説明の簡単化のために2変量の場合を主に説明する。

多変量の確率分布にも離散的な場合と連続的な場合がある。離散的な場合には、事象$\{X = x, Y = y\}$の**同時確率**

$$p_{xy} = P\{X = x, Y = y\}$$

を考え、これは文字どおり「XがxかつYがyとなる確率」を表す。

一方、連続的な場合には**同時密度関数** $f(x,y)$ を考えたほうが便利で、この意味は1変量の場合(2.8)と同じで、十分小さな h と k に対して

$$P\{x < X \leq x+h, y < Y \leq y+k\} \approx f(x,y)hk$$

が成立するということである。同時分布関数と同時密度関数の間には次の関係がある。

$$f(x,y) = \frac{\partial^2}{\partial x \partial y} F(x,y)$$

(X, Y) の同時分布関数 $F(x,y)$ において

$$F_X(x) = F(x, \infty) = \lim_{y \to +\infty} F(x,y)$$

を X の**周辺分布関数**と呼ぶ。「周辺」と付けたのは、$F_X(x)$ が同時分布関数から計算されたからである。同時密度関数が与えられている場合には、X の周辺密度関数は

$$f_X(x) = \int_{-\infty}^{\infty} f(x,y) dy$$

で計算される。同時確率が与えられている場合も同様である。また、Y の周辺分布関数、周辺密度関数および周辺確率関数の計算も同様である。

例題 3.1

離散的な確率変数 (X, Y) の同時確率が次のように与えられている。

(X, Y)	1	2	3	4
1	0.1	0	0.1	0
2	0.3	0	0.1	0.2
3	0	0.2	0	0

このとき、X の周辺確率と Y の周辺確率は以下のように計算される。

$$P\{X=1\} = \sum_{j=1}^{4} P\{X=1, Y=j\} = 0.1 + 0 + 0.1 + 0 = 0.2$$

$$P\{X=2\} = \sum_{j=1}^{4} P\{X=2, Y=j\} = 0.3 + 0 + 0.1 + 0.2 = 0.6$$

$$P\{X=3\} = \sum_{j=1}^{4} P\{X=3, Y=j\} = 0 + 0.2 + 0 + 0 = 0.2$$

$$P\{Y=1\}=\sum_{i=1}^{3}P\{X=i, Y=1\}=0.1+0.3+0=0.4$$

$$P\{Y=2\}=\sum_{i=1}^{3}P\{X=i, Y=2\}=0+0+0.2=0.2$$

$$P\{Y=3\}=\sum_{i=1}^{3}P\{X=i, Y=3\}=0.1+0.1+0=0.2$$

$$P\{Y=4\}=\sum_{i=1}^{3}P\{X=i, Y=4\}=0+0.2+0=0.2$$

演習 3.2

離散的な確率変数 X と Y の実現値は 1 から 10 の整数値で、$(X,Y)=(i,j)$ となる確率は i/j に比例する、すなわち比例定数 K に対して

$$P\{X=i, Y=j\} = K\frac{i}{j}, \quad i,j=1,2,\cdots,10$$

が成立するとする。Excel のシート上に同時確率を展開し、X と Y の周辺確率を計算せよ。

ヒント!

☆ 比例定数 K は確率の合計が 1 になるように定める。

3.1.1 条件付き確率

確率は事象に対して定義されるものなので、事象に戻って条件付き確率を定義する必要がある。

定義 3.3

二つの事象 A と B に対して、事象 B の下での A の**条件付き確率**を $P(A|B)$ と書き、

$$P(A|B) = \frac{P(A \cap B)}{P(B)}$$

で定義する。ただし $P(B) > 0$ とする。

定義 3.3 で記号 $A \cap B$ は「A かつ B」で、事象 A と B の共通部分を表す。$P(A \cap B)$ は事象 A と B が同時に生起する確率（同時確率）なので、条件付き確率 $P(A|B)$ は確率 $P(B)$ に対する同時確率 $P(A \cap B)$ の比である。通常の確率 $P(A)$ を全確率 $P(\Omega) = 1$ に対する確率 $P(A) = P(A \cap \Omega)$ の比と考えると、条件付き確率は何かが起こるという全事象 Ω の代わりに事象 B を考えていることになる。つまり、条件付き確率 $P(A|B)$ は事象 B が生起したという情報が与えられたときの事象 A の確率を表しているのである。

さて、確率変数の条件付き確率であるが、離散的な場合には $\{Y = y\}$ などが意味のある事象なので、条件付き確率の定義から

$$P\{X = x \mid Y = y\} = \frac{P\{X = x, Y = y\}}{P\{Y = y\}} \tag{3.1}$$

ただし $P\{Y = y\} > 0$ である。つまり、$Y = y$ のときの X の条件付き確率は同時確率を Y の周辺確率で割ることで得られる。

連続的な場合には密度関数を使って、条件付き密度関数を以下のように定義する。

$$f(x \mid y) = \frac{f(x, y)}{f_Y(y)} \tag{3.2}$$

ただし $f_Y(y) > 0$ である。つまり、$Y = y$ のときの X の条件付き密度関数 $f(x|y)$ は同時密度関数を Y の周辺密度関数で割ったものである。

例題 3.4

例題 3.1 の (X, Y) について、$P\{Y = j \mid X = i\}$ の値を計算すると次のようになる。

$$P\{Y = 1 \mid X = 1\} = \frac{P\{Y = 1, X = 1\}}{P\{X = 1\}} = \frac{0.1}{0.2} = 0.5$$

$$P\{Y = 3 \mid X = 1\} = \frac{P\{Y = 3, X = 1\}}{P\{X = 1\}} = \frac{0.1}{0.2} = 0.5$$

$$P\{Y = 1 \mid X = 2\} = \frac{P\{Y = 1, X = 2\}}{P\{X = 2\}} = \frac{0.3}{0.6} = 0.5$$

$$P\{Y = 3 \mid X = 2\} = \frac{P\{Y = 3, X = 2\}}{P\{X = 2\}} = \frac{0.1}{0.6} = \frac{1}{6}$$

$$P\{Y=4 \mid X=2\} = \frac{P\{Y=4, X=2\}}{P\{X=2\}} = \frac{0.2}{0.6} = \frac{1}{3}$$

$$P\{Y=2 \mid X=3\} = \frac{P\{Y=2, X=3\}}{P\{X=3\}} = \frac{0.2}{0.2} = 1$$

他の条件付き確率は 0 である。

演習 3.5

演習 3.2 で作った (X,Y) の同時確率と周辺確率を使って $Y=j$ のときの条件付き確率、$X=i$ のときの条件付き確率をすべて求めよ。

$Y=y$ のときの X の条件付き期待値を定義しよう。ここでは連続的な場合だけを説明する。まず、(3.2)式で与えられる関数が密度関数であることを確認する。このためには、① $f(x \mid y) \geq 0$ と ② $\int_{-\infty}^{\infty} f(x \mid y) dx = 1$ を示せばよい。(3.2)式より、②は以下のように示される。

$$\int_{-\infty}^{\infty} f(x \mid y) dx = \frac{\int_{-\infty}^{\infty} f(x, y) dx}{f_Y(y)} = \frac{f_Y(y)}{f_Y(y)} = 1$$

①は自明である。よって、関数 $f(x \mid y)$ は x に関して密度関数なので、期待値の定義から、$Y=y$ のときの X の**条件付き期待値**は次式で与えられる。

$$E[X \mid Y=y] = \int_{-\infty}^{\infty} x f(x \mid y) dx \tag{3.3}$$

離散的な場合も同様で、$Y=y$ のときの X の条件付き期待値は

$$E[X \mid Y=y] = \sum_{i=1}^{\infty} x_i P\{X=x_i \mid Y=y\} \tag{3.4}$$

で計算される。

例題 3.6

例題 3.1 の (X,Y) の条件付き確率は例題 3.4 のように求められている。したがって、条件付き期待値は以下のようになる。

$$E[Y \mid X = 1] = 1 \times \frac{0.1}{0.1 + 0.1} + 3 \times \frac{0.1}{0.1 + 0.1} = \frac{1}{2} + \frac{3}{2} = 2$$

$$E[Y \mid X = 2] = 1 \times \frac{0.3}{0.3 + 0.1 + 0.2} + 3 \times \frac{0.1}{0.3 + 0.1 + 0.2} + 4 \times \frac{0.2}{0.3 + 0.1 + 0.2}$$

$$= \frac{3}{6} + \frac{3}{6} + \frac{8}{6} = \frac{14}{6} = \frac{7}{3}$$

$$E[Y \mid X = 3] = 2 \times \frac{0.2}{0.2} = 2$$

演習 3.7

演習 3.2 の (X, Y) について、$Y = j$ のときの条件付き期待値、$X = i$ のときの条件付き期待値をすべて求めよ。

3.1.2 独立

条件付き確率の定義において、一般には事象 B が生起したという情報により事象 A の生起確率は変化する。例えば、B を「NYダウ指数が上昇する」という事象、A を「日経平均株価が上昇する」という事象とすれば、事象 B が生起（ダウ指数が上昇）した場合としない場合では事象 A が生起（日経平均株価が上昇）する確率は異なる。

事象 A と B が**独立**とは、事象 B が生起したという情報が与えられても事象 A の生起確率が変化しない（あるいは A の情報により B の生起確率が変化しない）場合である。数式で書けば、これは次のように表される。

$$P(A \mid B) = P(A) \quad (\text{または} \quad P(B \mid A) = P(B))$$

条件付き確率の定義から、これは次と同値である。

定義 3.8

事象 A と B が独立とは

$$P(A \cap B) = P(A)P(B)$$

が成立することである。

第 3 章 多変量確率変数とポートフォリオ理論

確率変数の独立性を説明するために、離散的な確率変数 X と Y を考えよう。これらの確率変数が独立とは、すべての事象 $\{X = x\}$ と $\{Y = y\}$ が独立になることをいう。これを数式で書けば、すべての x と y に対して

$$P\{X = x, Y = y\} = P\{X = x\}P\{Y = y\} \tag{3.5}$$

が成立するとき X と Y は**独立**である。つまり、独立性とは、二つの確率変数の同時確率を計算する際に、各々の周辺確率を「独立に」考えてよいということである。

連続的な確率変数の独立性は密度関数を使って次式で定義される。すなわち、すべての x と y に対して

$$f(x, y) = f_X(x) f_Y(y) \tag{3.6}$$

が成立するとき X と Y は独立であるという。ただし、$f_X(x)$ は X の周辺密度関数、$f_Y(y)$ は Y の周辺密度関数である。

独立な確率変数に関して次の結果が成立する。この結果は、本書で何度も利用される。

定理 3.9

X と Y を独立な確率変数、$f(x)$ と $g(y)$ をある関数とする。このとき、確率変数 $f(X)$ と $g(Y)$ も独立で、

$$E[f(X)g(Y)] = E[f(X)]E[g(Y)] \tag{3.7}$$

が成立する。ただし、期待値は存在するものとする。

定理 3.9 から、独立な確率変数はどのように変換しても独立であることがわかる。これは、X と Y が互いに影響を及ぼさないので、変換された確率変数 $f(X)$ と $g(Y)$ も互いに影響を及ぼさないからである。金融工学では確率変数の積の期待値を計算することが多いが、独立な確率変数では(3.7)式のように、各確率変数の期待値の積になることがわかる。

例題 3.10

確率変数 X, Y の独立性は同時確率 $P\{X = x, Y = y\}$ を計算した結果、(3.5)式を満たしていればよいので、直観的には独立とは思われない確率変数でも「結果として」独立になることがある。例えば、同時確率が

(X, Y)	-1	0	1
-1	3/32	5/32	1/32
0	5/32	8/32	3/32
1	3/32	3/32	1/32

のように与えられている場合、

$$P\{X = 1\} = \frac{7}{32}, \quad P\{Y = 1\} = \frac{5}{32}, \quad P\{X = 1, Y = 1\} = \frac{1}{32} \neq \frac{7}{32} \times \frac{5}{32}$$

であるから X と Y は独立ではない。しかし、X^2 と Y^2 の同時確率を計算すると、

(X^2, Y^2)	0	1
0	8/32	8/32
1	8/32	8/32

となり、X^2 と Y^2 は独立である。

3.1.3 共分散と相関係数

期待値も 1 変量の場合と同じで、(X, Y) が離散的な場合には

$$E[h(X, Y)] = \sum_{i=1}^{\infty} \sum_{j=1}^{\infty} h(x_i, y_j) P\{X = x_i, Y = y_j\}$$

連続的な場合には、同時密度関数 $f(x, y)$ を使って

$$E[h(X, Y)] = \int_{-\infty}^{\infty} \int_{-\infty}^{\infty} h(x, y) f(x, y) dx dy$$

で計算される。これも「実現値 $h(x, y)$ に確率をかけた総和」になっていることに注意してほしい。

次に、二つの確率変数間の関係の強さを表す指標である共分散と相関係数について定義する。

定義 3.11（共分散と相関係数）

二つの確率変数 X と Y の**共分散**は、

$$C[X,Y] = E\left[(X-E[X])(Y-E[Y])\right] \tag{3.8}$$

相関係数は、

$$\rho[X,Y] = \frac{C[X,Y]}{\sigma_X \sigma_Y} \tag{3.9}$$

で定義される。ただし、σ_X, σ_Y は、それぞれ確率変数 X, Y の標準偏差である。

期待値の線形性から、共分散は

$$C[X,Y] = E[XY] - E[X]E[Y] \tag{3.10}$$

と書くことができる（証明は章末問題 3.3）。この表現のほうが簡単なので、(3.10)式を共分散の定義にしているテキストもある。また、分散の定義(2.24)と共分散の定義(3.8)を比較すると、

$$C[X,X] = V[X]$$

すなわち、自分自身との共分散が分散である。

共分散には次の性質がある（証明は章末問題 3.3）。

$$C[X,a] = 0, \quad C[X+a, Y+b] = C[X,Y], \quad C[aX, bY] = abC[X,Y] \tag{3.11}$$

ここで a と b は定数である。当然ではあるが、分散の性質（定理 2.24）との類似性に注目してほしい。

共分散の定義(3.8)から、平均とのずれ $(X-E[X])$ と $(Y-E[Y])$ が同じ符号をもつ傾向にあるならば、積 $(X-E[X])(Y-E[Y])$ は正の値をとりやすくなり、その結果 X と Y の共分散は正になる。最初に書いた日経平均と TOPIX の場合がこれにあたる。逆に、$(X-E[X])$ と $(Y-E[Y])$ が逆の符号をもつ傾向にあるならば、積 $(X-E[X])(Y-E[Y])$ は負の値をとりやすくなり共分散は負となる。標準偏差は正の値をとるので、共分散が正（または負）であることと相関係数が正（または負）であることは同じである。共分散（相関係数）が正のとき X と Y には**正の相関**があるといい、負の値をとるとき**負の相関**があるという。共分散（相関係数）が 0 のとき、X と Y は**無相関**であるという。

ただし、相関係数や共分散は大まかな関係を示しているだけであって、相関係数が正（あるいは負）だからといって、必ず X と Y が同じ（逆の）方向に動くわけではないことに注意しよう。日経平均と TOPIX には正の相関があるが、これらは毎日同じ方向に動くわけではない。また、独立性の公式(3.7)と共分散の公式(3.10)から、独立ならば無相関であることがわかる。逆に、無相関は正の相関も負の相関もないことを示しているのであって、無相関だからといって独立とは限らない。ところが、後述する正規分布の場合は例外で、無相関ならば独立になる（章末問題 3.6）。この意味でも正規分布は特別な分布である。

例題 3.12

例題 3.1 で与えられた (X,Y) の共分散を計算する。

$E[X] = 1 \times 0.2 + 2 \times 0.6 + 3 \times 0.2 = 2.0$

$E[Y] = 1 \times 0.4 + 2 \times 0.2 + 3 \times 0.2 + 4 \times 0.2 = 2.2$

であり、

$E[XY] = 1 \times 1 \times 0.1 + 1 \times 3 \times 0.1 + 2 \times 1 \times 0.3 + 2 \times 3 \times 0.1 + 2 \times 4 \times 0.2 + 3 \times 2 \times 0.2 = 4.4$

となる。(3.10)式より

$C[X,Y] = 4.4 - 2.0 \times 2.2 = 0$

となるので X と Y は無相関であるが、これらは独立ではなかったことを思い出そう。

演習 3.13

演習 3.2 で作った (X,Y) の共分散と相関係数を計算せよ。

単位を変えて共分散を計算すると、単位のとり方によって値が大幅に変わってしまうことがある。このため共分散を標準偏差で割った相関係数(3.9)を関係性の強さの尺度として使うことが多い。相関係数には次の性質がある。

定理 3.14（相関係数の性質）

X と Y を確率変数、$a > 0$ と b を定数とする。
① $-1 \leq \rho[X,Y] \leq 1$
② $\rho[X,Y] = \pm 1 \iff X = \pm aY + b$

性質①から相関係数の絶対値は 1 を超えないこと、また性質②から、相関係数の絶対値が 1 になるのは X と Y の間に線形関係がある場合だけということがわかる。二つの確率変数間に

$$X = \pm aY + b$$

という関係が存在すれば、確率変数 X は Y から作ることができるので、確率変数 Y だけが重要で X は不要である。このような確率変数 X を**冗長な確率変数**という。

最後に、確率変数の和 $X + Y$ の分散 $V[X+Y]$ を計算しよう。分散の定義(2.24)から

$$V[X+Y] = E\left[(X - E[X] + Y - E[Y])^2\right]$$
$$= E\left[(X - E[X])^2\right] + E\left[(Y - E[Y])^2\right] + 2E\left[(X - E[X])(Y - E[Y])\right]$$

となるので、分散と共分散には

$$V[X+Y] = V[X] + V[Y] + 2C[X,Y] \tag{3.12}$$

という関係が成立する（章末問題 3.5 を参照）。したがって、共分散 $C[X,Y]$ が正になる確率変数 X と Y においては

$$V[X+Y] > V[X] + V[Y]$$

となり、$X + Y$ のほうが分散は大きくなる。

逆に、共分散 $C[X,Y]$ が負になる（すなわち逆の動きをする傾向にある）確率変数 X と Y においては、

$$V[X+Y] < V[X] + V[Y]$$

となり、$X + Y$ のほうが分散は小さくなる。

3.1.4　2変量正規分布

　一般の確率分布を多変量に拡張するのは自明ではないが、正規分布の場合には自然な形で多変量へ拡張可能である。本項では2変量の場合を考える。一般の多変量正規分布については次章で説明する。
　2変量正規分布は各確率変数の平均と分散および相関係数で定義される。

定義 3.15（2変量正規分布）

　2変量確率変数(X,Y)の同時密度関数が

$$f(x,y) = \frac{1}{2\pi\sigma_X\sigma_Y\sqrt{1-\rho^2}}e^{-Q/2} \tag{3.13}$$

$$Q = \frac{1}{1-\rho^2}\left\{\frac{(x-\mu_X)^2}{\sigma_X^2} - 2\rho\frac{(x-\mu_X)(y-\mu_Y)}{\sigma_X\sigma_Y} + \frac{(y-\mu_Y)^2}{\sigma_Y^2}\right\} \tag{3.14}$$

で与えられるとき、(X,Y)は2変量正規分布に従うといい、記号で
$(X,Y) \sim N_2(\mu_X, \mu_Y, \sigma_X^2, \sigma_Y^2, \rho)$
と表す。ただし、$\sigma_X, \sigma_Y > 0, |\rho| < 1$とする。

　2変量標準正規分布は$N_2(0,0,1,1,\rho)$で表されるが、これは同時密度関数(3.13)をもつ2変量確率変数(X,Y)の各々について標準化を行ったものである。一般に、2変量標準正規分布の密度関数を

$$\phi_2(x,y,\rho) = \frac{1}{2\pi\sqrt{1-\rho^2}}\exp\left\{-\frac{x^2 - 2\rho xy + y^2}{2(1-\rho^2)}\right\} \tag{3.15}$$

分布関数を

$$\Phi_2(x,y,\rho) = \int_{-\infty}^{x}\int_{-\infty}^{y}\frac{1}{2\pi\sqrt{1-\rho^2}}\exp\left\{-\frac{u^2 - 2\rho uv + v^2}{2(1-\rho^2)}\right\}dv\,du \tag{3.16}$$

で表すことが多い。

　ここで、2変量正規分布$N_2(\mu_X, \mu_Y, \sigma_X^2, \sigma_Y^2, \rho)$の、$X$と$Y$の周辺分布を計算する。(3.14)式より、

$$Q = \frac{1}{1-\rho^2}\left\{\frac{y-\mu_Y}{\sigma_Y} - \rho\frac{x-\mu_X}{\sigma_X}\right\}^2 + \frac{(x-\mu_X)^2}{\sigma_X^2}$$

であるから、X の周辺密度関数 $f_X(x) = \int_{-\infty}^{\infty} f(x,y)dy$ は、

$$f_X(x) = \frac{1}{\sqrt{2\pi}\sigma_X}\exp\left\{-\frac{(x-\mu_X)^2}{2\sigma_X^2}\right\} \times \int_{-\infty}^{\infty} \frac{1}{\sqrt{2\pi}\sigma_Y\sqrt{1-\rho^2}}\exp\left\{-\frac{(y-A)^2}{2\sigma_Y^2(1-\rho^2)}\right\}dy$$

$$A = \mu_Y + \frac{\rho\sigma_Y}{\sigma_X}(x-\mu_X)$$

となる。上式の積分の内部は、1変量正規分布 $N(A, \sigma_Y^2(1-\rho^2))$ の密度関数であるから、その $(-\infty, \infty)$ における積分の値は 1 となる。したがって、X の周辺密度関数は

$$f_X(x) = \frac{1}{\sqrt{2\pi}\sigma_X}\exp\left\{-\frac{(x-\mu_X)^2}{2\sigma_X^2}\right\}$$

であり、$X \sim N(\mu_X, \sigma_X^2)$ となる。同様に、Y の周辺密度関数 $f_Y(y) = \int_{-\infty}^{\infty} f(x,y)dx$ は、

$$f_Y(y) = \frac{1}{\sqrt{2\pi}\sigma_Y}\exp\left\{-\frac{(y-\mu_Y)^2}{2\sigma_Y^2}\right\}$$

であり、$Y \sim N(\mu_Y, \sigma_Y^2)$ となる。各自で確認せよ。

さらに、$Y = y$ のときの X の条件付き密度関数は

$$f(x|y) = \frac{1}{\sqrt{2\pi}\sigma_X\sqrt{1-\rho^2}}\exp\left\{-\frac{(x-B)^2}{2\sigma_X^2(1-\rho^2)}\right\}, \quad B = \mu_X + \frac{\rho\sigma_X}{\sigma_Y}(y-\mu_Y)$$

(3.17)

で与えられる（証明は章末問題 3.6）。一般に、多変量正規分布では、任意の周辺分布と条件付き分布は正規分布になる。詳細は木島（1994a）の第 3 章を参照せよ。

演習 3.16

2変量標準正規分布の密度関数を $\rho = -0.9$ から 0.9 まで 0.1 刻みでグラフに描いて、相関係数による変化を観察せよ。

次の例題でみるように、任意の多変量正規分布は無相関な 1 変量標準正規分布から作り出すことができる。この結果はきわめて重要である。

例題 3.17

2 変量正規分布 $N_2(\mu_X, \mu_Y, \sigma_X^2, \sigma_Y^2, \rho)$ に従う確率変数 (X,Y) を考える。このために、標準正規分布に従う無相関な確率変数を Z_1, Z_2 とし、

$$X = \mu_X + \sigma_X Z_1, \quad Y = \mu_Y + \sigma_Y\left(\rho Z_1 + \sqrt{1-\rho^2} Z_2\right)$$

とおく。こうすることで (X,Y) は上のパラメータをもつ 2 変量正規分布に従う確率変数になる。厳密な証明は章末問題 3.7 とすることにして、ここでは (X,Y) の平均、分散および共分散を計算する。Z_1 は標準正規分布に従うので平均 $E[Z_1]$ は 0、したがって期待値の線形性から

$$E[X] = E[\mu_X + \sigma_X Z_1] = \mu_X + \sigma_X E[Z_1] = \mu_X$$

Y の平均も同様である。X の分散は定理 2.24 から

$$V[X] = V[\mu_X + \sigma_X Z_1] = \sigma_X^2 V[Z_1] = \sigma_X^2$$

Y の分散も同様である。最後に、共分散は(3.8)式から

$$C[X,Y] = E\left[\sigma_X Z_1 \sigma_Y\left(\rho Z_1 + \sqrt{1-\rho^2} Z_2\right)\right] = \sigma_X \sigma_Y \rho$$

となる。ここで Z_1 と Z_2 の共分散は 0 であることを利用した。

2 変量正規分布の密度関数を定義 3.15 に示したが、金融工学で正規分布の同時密度関数を利用することは稀である。正規分布の重要性はその性質にある。特に、金融工学で利用される重要な性質は、以下のとおりである。$X_1, X_2, \cdots, X_n$ を多変量正規分布に従う確率変数とする。このとき、

① すべての確率的性質は平均 $E[X_i]$ と共分散 $C[X_i, X_j]$ で決定される、

② 線形結合 $R = c_1 X_1 + c_2 X_2 + \cdots + c_n X_n$ は 1 変量正規分布に従う。

ただし、$c_1, c_2, \cdots, c_n$ は定数、$C[X_i, X_i]$ は分散 $V[X_i]$ を表す。R の平均と分散については後述する。

3.2 ポートフォリオの最適化

金融工学の幕開けがマーコヴィツの**平均分散モデル**であることに異を唱える人はいないであろう。マーコヴィツは、それまで勘に頼っていた資産運用に初めて工学的アプローチを導入した。彼の業績は、個々の証券のリスクが、その組合せであるポートフォリオを組むことで分散できることを示したことである。この節では、ポートフォリオの最適化について概説する。

3.2.1 収益率

ある株式を想定し、現時点における株価を $S(0)$、t 時点後の株価を $S(t)$ とする。t 時点後は将来時点なので、将来の株価 $S(t)$ は確率変数である。金融工学では、価格そのものよりも、次に定義する**収益率**のほうを考える。以下、本書では株式に配当はないものとする。

定義 3.18

現時点から将来時点 t におけるキャピタルゲイン（あるいはロス）を現時点における価格（投資額）で割ったもの

$$R = \frac{S(t) - S(0)}{S(0)} \tag{3.18}$$

を収益率という[1]。

実務では、収益率の他に以下で定義される**対数収益率**を考えることも多い。

$$R_L = \log \frac{S(t)}{S(0)} \tag{3.19}$$

また、収益率を投資期間 t で割り、単位時間当たりの率に換算したものを**利回り**

---

[1] 配当がある場合には、収益率は

$$R = \frac{S(t) - S(0) + d}{S(0)}$$

で定義される。ただし、d は期間 $(0,t)$ に受け取る配当で、$S(t)$ は配当落ち後の価格を表す。

と呼ぶことがある。金融工学では、通常、単位時間を1年にとる。

収益率 R において、$S(t)$ は最悪でも 0 円になるだけなので、収益率は (-1) 以下の値をとれない。実務では、収益率 R が正規分布に従うと仮定することが多いが、正規分布はすべての実数値をとる分布なので、この仮定は厳密には（近似という意味でしか）成立しないことに注意しよう。一方、対数収益率はどのような実数値でもとることができ、この点では対数収益率のほうが扱いやすい変数であるといえる。

ところで、比率 $S(t)/S(0)$ が1に近いとすれば、

$$\log \frac{S(t)}{S(0)} \approx \frac{S(t)}{S(0)} - 1 \tag{3.20}$$

が成立する。これは、対数関数のマクローリン展開の公式（章末問題1.9）

$$\log(1+x) = x - \frac{x^2}{2} + \frac{x^3}{3} - \cdots$$

において、2乗以降の項を無視した結果得られる公式である。x が0に近い場合には、x^2 は x に比べてずっと小さくなることに注意しよう。したがって、t 時点後の証券価格 $S(t)$ が現在価格 $S(0)$ に比べて大きく変動しない場合には、収益率と対数収益率にはそれほど大きな違いはない。

収益率 R はポートフォリオを考える際に便利な変数である。**ポートフォリオ**とはいくつかの証券を組み合わせた証券で、ポートフォリオの収益率は各証券の収益率の投資比率を重みとする線形和で表される。

このきわめて重要な性質を、ここでは二つの証券AとBを使って説明する。一般の場合も、考え方は同じである。これら証券の現在価値を $S_A(0)$ と $S_B(0)$、t 時点後の将来価値（確率変数）を $S_A(t), S_B(t)$ とする。

ある投資家は証券Aを α 枚、証券Bを β 枚保有しているとする。証券の現在価値は $S_A(0), S_B(0)$ なので、このポートフォリオの現在価値は、

$$W(0) = \alpha S_A(0) + \beta S_B(0)$$

t 時点後の将来価値は、

$$W(t) = \alpha S_A(t) + \beta S_B(t)$$

となる。ただし、t時点までポートフォリオの組換えはないとする。

ここでポートフォリオの収益率を考える。このために、証券Aへの投資比率w_Aを計算しよう。証券Aへの**投資比率**とは、ポートフォリオの現在価値$W(0)$に対する証券Aへの投資額$\alpha S_A(0)$の割合である。つまり、証券Aへの投資比率は、

$$w_A = \frac{\alpha S_A(0)}{\alpha S_A(0) + \beta S_B(0)}$$

証券Bへの投資比率w_Bは、

$$w_B = \frac{\beta S_B(0)}{\alpha S_A(0) + \beta S_B(0)}$$

であり、

$$w_A + w_B = 1$$

が常に成立する。また、簡単な計算から

$$\frac{W(t)}{W(0)} = w_A \frac{S_A(t)}{S_A(0)} + w_B \frac{S_B(t)}{S_B(0)}$$

が得られる。この両辺から1を引くことで次式が得られる。

$$R_P = w_A R_A + w_B R_B$$

ただし、R_Pはポートフォリオの収益率、R_AとR_Bは各証券の収益率を表す。

以上の議論を一般のn証券に拡張することで、次の定理が得られる（章末問題3.9）。

定理 3.19

n個の証券からなるポートフォリオにおいて、R_iを証券iの収益率、w_iを投資比率とする。このとき、ポートフォリオの収益率R_Pは次式で与えられる。

$$R_P = \sum_{i=1}^{n} w_i R_i$$

ただし$\sum_{i=1}^{n} w_i = 1$である。

3.2.2 リスクとリターン

すでに説明したように、共分散 $C[X,Y]$ が負になる（すなわち逆の動きをする傾向にある）確率変数 X と Y においては

$$V[X+Y] < V[X]+V[Y]$$

となり、X と Y を同時に保有するほうが分散（リスク）は小さくなる。このように、資産を単独にもつのではなく、資産を組み合わせてもつことでリスクを減らすことを、ポートフォリオの**リスク分散効果**と呼んでいる。

では、どのようなポートフォリオをもてばリスクは最小になるのであろうか。この問題に答えるために、次のように問題を定式化する。

収益率の平均を**リターン**（または期待リターン）と呼ぶ。期待値の線形性と定理3.19から、ポートフォリオのリターンは

$$\mu_P = \sum_{i=1}^{n} w_i \mu_i \tag{3.21}$$

ただし、μ_i は証券 i のリターン、μ_P はポートフォリオのリターンである。

一方、リスクにはいろいろな考え方があるが、もっとも簡便かつ実務で広く受け入れられている考え方は、収益率の標準偏差を**リスク**とするものである。分散の公式(3.12)を一般化することで、ポートフォリオ収益率の分散は

$$V[R_P] = \sum_{i=1}^{n}\sum_{j=1}^{n} w_i w_j C[R_i, R_j] \tag{3.22}$$

となることがわかる（章末問題3.4）。ただし $C[R_i,R_i]=V[R_i]$ とする。したがって、ポートフォリオのリスク（標準偏差 σ_P）は次式で与えられる。

$$\sigma_P = \left(\sum_{i=1}^{n}\sum_{j=1}^{n} w_i w_j C[R_i, R_j] \right)^{1/2} \tag{3.23}$$

リスク回避的な投資家は、より多くのリターンとより少ないリスクを選好するので、ある要求されるリターンに対してリスクが最小になるようにポートフォリオを組めばよい。ところで、空売りが許されない場合には、投資比率に

$$w_i \geq 0, \quad \sum_{i=1}^{n} w_i = 1 \tag{3.24}$$

という制約が加わることになる。**空売り**とは、証券を借りてそれを市場で売ってしまうことをいう。もちろん、後で証券に配当をつけて返済しなければならないが、空売りした場合には証券をマイナスの枚数保有したことと同じになる。したがって、空売りを認めないということは、投資比率に非負制約を課すことになる。また、証券は任意の単位に分割できると仮定する。その結果、投資比率は実数値をとることができる。

例題 3.20

以上の考え方を 2 証券の場合に具体的に説明しよう。空売りを認めないとすれば、$w_1 = w$ のとき $w_2 = 1 - w$、かつ $0 \leq w \leq 1$ となる。このとき、ポートフォリオのリターンは、

$$\mu_P = w\mu_1 + (1-w)\mu_2$$

リスクは、

$$\sigma_P = \sqrt{w^2\sigma_1^2 + (1-w)^2\sigma_2^2 + 2w(1-w)\rho\sigma_1\sigma_2}$$

で与えられる。ただし ρ は R_1 と R_2 の相関係数である。

R_1 と R_2 が完全な正相関（$\rho = 1$）の場合には、リスクは、

$$\sigma_P = |w\sigma_1 + (1-w)\sigma_2|$$

完全な負相関（$\rho = -1$）の場合には、

$$\sigma_P = |w\sigma_1 - (1-w)\sigma_2|$$

となる。

w を 0 から 1 まで動かしたときにリスク・リターン (σ_P, μ_P) がどのように変化するかを示したものが図 3.21 である。一般の場合（$\rho \neq \pm 1$）にはこれら両極端の中間になり、図 3.22 のように、ポートフォリオのリスク・リターンの点は**曲線的**に点 B から点 A へ向かう弓形になる。

証券が三つ以上ある場合には、各 2 証券からなるポートフォリオの可能なリスク・リターン、これらのポートフォリオと別のポートフォリオの組合せ、さらにこれらのポートフォリオの組合せ、というように無数の可能性が存在する。

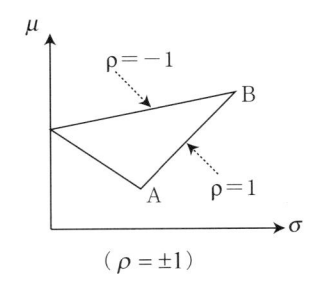

図 3.21 リスクとリターンの関係　　　図 3.22 リスクとリターンの関係

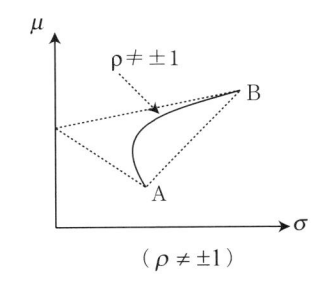

この結果、これらすべての可能なポートフォリオを考えてリスク・リターンをプロットすると、図 3.23 のような網かけ部分が得られる。2 証券の場合には曲線上だけが可能なリスク・リターンの組合せであったが、3 証券以上の場合には曲線の内部も可能な組合せとなる。

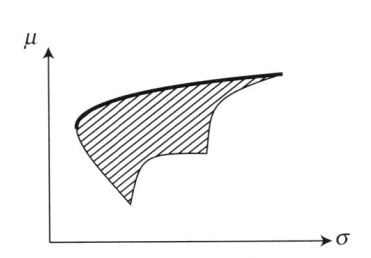

図 3.23 多証券の場合のリスクとリターンの関係

3.2.3 有効フロンティアと資本市場線

投資家がリスク回避的とすれば、この投資家が考慮すべきポートフォリオは図 3.23 の上部の太線部分だけになる。なぜならば、この投資家はリターンが同じならばリスクの小さいポートフォリオを選好するからである。この太線部分を**有効フロンティア**と呼び、有効フロンティアは以下の最適化問題を解くこと

で得られる。

$$(\text{MP}) \begin{cases} \text{最小化} & \sigma_P \text{ (リスク)} \\ \text{制約条件} & w_i \geq 0 \;,\; \sum_{i=1}^{n} w_i = 1 \\ & \mu_P = \mu \;,\; \mu : \text{収益率の目標} \end{cases}$$

実際には、μ_P をパラメトリックに動かして問題（MP）を何度も解いて最適なリスク・リターンの組合せ（μ_P, σ_P）を求める。こうして得られた組合せをリスク・リターン平面上にプロットし滑らかに結んで有効フロンティアを求めることになる。

演習 3.24

3 証券の場合を考えて、

$\mu_1 = 0.05$, $\mu_2 = 0.07$, $\mu_3 = 0.09$

$\sigma_1 = 0.01$, $\sigma_2 = 0.05$, $\sigma_3 = 0.07$

$\rho_{12} = 0.8$, $\rho_{23} = -0.2$, $\rho_{31} = 0.7$

とする。投資家がリスク回避的であるとして有効フロンティアを描け。なお、ρ_{ij} は、銘柄 i と銘柄 j の相関係数を表す。

ヒント！

☆Excel には、ソルバーと呼ばれる最適化問題を解くためのツールがある。ソルバーはアドインとして登録しておかなければ利用できない。アドイン登録をするためには、[ツール(T)]⇒[アドイン(I)]をクリックすると、以下のメニューが表示されるので、「ソルバー アドイン」の項目をチェックし OK ボタンを押す。

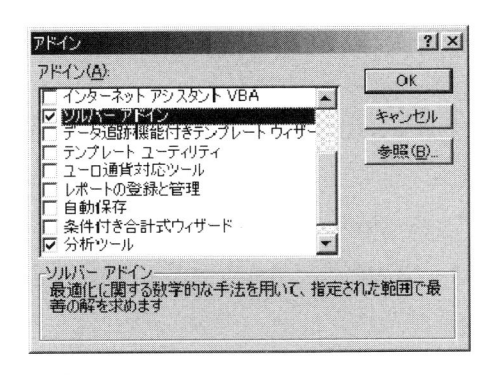

さらに、市場には無リスク資産が存在するとする。**無リスク資産**とは文字どおりリスクがゼロの資産を指し、リスク・リターン平面ではリターン軸上にプロットされる資産である。このとき、投資家は無リスク資産と有効フロンティア上のポートフォリオを組み合わせたポートフォリオを保有しようとするであろう。したがって、無リスク資産が存在する場合の投資家の最適ポートフォリオは、図 3.25 のように、無リスク資産から有効フロンティアへの接線の線分上のどこかにくるはずである。

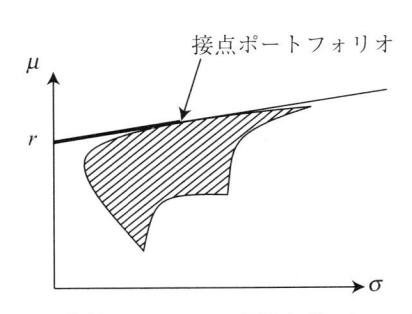

図 3.25　有効フロンティアと接点ポートフォリオ

由線ではなく直線になる理由は、無リスク資産のリスクがゼロだからである。また、接線になる理由は、この接線よりも傾きが小さい線分上のポートフォリオには、傾きを大きくすることで、それよりもリターンの大きなポートフォリ

オを作ることができるからである。この接線が接している有効フロンティア上のポートフォリオを**接点ポートフォリオ**と呼ぶ。

以上の議論は、仮定をいくつかおくことで市場の均衡価格に拡張することが可能であり、その場合の接点ポートフォリオを**市場ポートフォリオ**と呼ぶ。均衡では、投資家は無リスク資産と市場ポートフォリオを組み合わせて保有し、どのように組み合わせるかは投資家の選好（効用関数）次第である。ここで重要なことは、すべての投資家の最適ポートフォリオは無リスク資産と市場ポートフォリオを結ぶ直線上に存在するということである。この直線を**資本市場線**と呼び、図3.25のように記号を定めれば、この直線は

$$\mu_P = r + (\mu_M - r)\frac{\sigma_P}{\sigma_M} \tag{3.25}$$

で与えられる。ここでμ_Mとσ_Mは市場ポートフォリオのリターンとリスク、μ_Pとσ_Pは資本市場線上のポートフォリオのリターンとリスクを表す。rは無リスク資産のリターンで$\mu_M > r$であるから、資本市場線は右上がりの直線になる。

投資家は、自身の選好に合わせて、資本市場線上のポートフォリオを保有する。資本市場線上の右上方向のポートフォリオは、左下方向のポートフォリオに比べて、リスクもリターンも高いポートフォリオである。つまり、右上方向のポートフォリオを保有する投資家は、リスクも高いがリターンも高いポートフォリオを選んだことになり、これが金融工学でいうところの「ハイリスク・ハイリターン」の原則である。

さて、ここまでは「収益率の標準偏差をリスク」と考えてきたが、一般にこの命題が成立するかどうかは議論の分かれるところである。ただし、正規分布の場合には、この命題は常に正しい。正規分布は平均と標準偏差だけで決まる分布であるが、投資家がリスク回避的でリターン（平均）が同じならば、この投資家はリスク（標準偏差）が小さい証券を必ず選好するからである。

3.2.4 リスクの市場価格

(3.25)式を変形すると、次式が得られる。

$$\frac{\mu_P - r}{\sigma_P} = \frac{\mu_M - r}{\sigma_M} \tag{3.26}$$

この式の右辺は市場ポートフォリオの超過収益率（$\mu_M - r$）をリスクσ_Mで割ったもので、これは市場ポートフォリオの単位リスク当たり超過収益率を表す。(3.26)式は、資本市場線上のすべてのポートフォリオの単位リスク当たり超過収益率は市場ポートフォリオのそれに等しいことを表している。市場ポートフォリオの単位リスク当たり超過収益率を**リスクの市場価格**と呼ぶ。

3.3 最小2乗法とCAPM

均衡では需給が一致していなければならないので、市場に存在する証券のすべてが市場ポートフォリオに含まれている。各個別証券が市場ポートフォリオに含まれる割合を考察することでCAPM（Capital Asset Pricing Model；キャップエムと読む）が導かれる。

3.3.1 CAPMの導出

本項では、簡単化のため、再び2証券で考察する。アイデアは「市場ポートフォリオの接線の傾きが最大」ということである。

(3.21)式と(3.23)式から、ポートフォリオPと無リスク資産を結ぶ直線の傾きは

$$\frac{\mu_P - r}{\sigma_P} = \frac{w_1(\mu_1 - r) + w_2(\mu_2 - r)}{\sqrt{w_1^2 \sigma_1^2 + w_2^2 \sigma_2^2 + 2w_1 w_2 \rho \sigma_1 \sigma_2}} \tag{3.27}$$

となる。ただし$w_1 + w_2 = 1$である。この式の分子に注目してほしい。このように変形しておくと、以下の式展開が楽になる。

この傾きが最大になる投資比率を求めるために、(3.27)式を各投資比率で微分してゼロとおけば、次式が得られる（章末問題3.10）。

$$\mu_1 - r = \frac{\mu_M - r}{\sigma_M^2} \left(w_1^* \sigma_1^2 + w_2^* \rho \sigma_1 \sigma_2 \right) \tag{3.28}$$

ここでw_i^*は最適な投資比率であることを表し、市場ポートフォリオの収益率（確

率変数）は

$$R_M = w_1^* R_1 + w_2^* R_2$$

で与えられる。$\mu_2 - r$ についても同様である。

(3.28)式における最後の括弧は、証券1の収益率と市場ポートフォリオの収益率の共分散

$$C[R_1, R_M] = w_1^* \sigma_1^2 + w_2^* \rho \sigma_1 \sigma_2$$

であることに注意すれば、(3.28)式は以下のように書き換えられる。

$$\mu_1 - r = \frac{\mu_M - r}{\sigma_M} \times \frac{C[R_1, R_M]}{\sigma_M} \tag{3.29}$$

ここで右辺第1項はリスクの市場価格である。

さらに、証券 i に対して

$$\beta_i \equiv \frac{C[R_i, R_M]}{V[R_M]} = \frac{C[R_i, R_M]}{\sigma_M^2}$$

とおけば、(3.29)式は次のように変形できる。

$$\mu_i = r + \beta_i(\mu_M - r) \tag{3.30}$$

この β_i を証券 i の**ベータ**と呼び、証券 i の超過リターンは市場ポートフォリオの超過リターンの β_i 倍になっていることがわかる。均衡式(3.30)を CAPM と呼ぶ。

3.3.2 最小2乗法

n 個の2変量データ $(x_1, y_1), (x_2, y_2), \cdots, (x_n, y_n)$ が与えられているものとし、y_i は x_i に比例するという単回帰モデル $y_i = \beta_0 + \beta_1 x_i + \varepsilon_i$ を想定する。すなわち、y_i の推定値 $\hat{y}_i$ は

$$\hat{y}_i = b_0 + b_1 x_i, \quad i = 1, 2, \cdots, n \tag{3.31}$$

という一次式（回帰直線）で表せると仮定する。b_j $(j = 0, 1)$ は β_j の推定値であることに注意しよう。説明変数の傾き b_1 は、説明変数 x_i が被説明変数 y_i に与える影響度合いを示している（図3.26）。

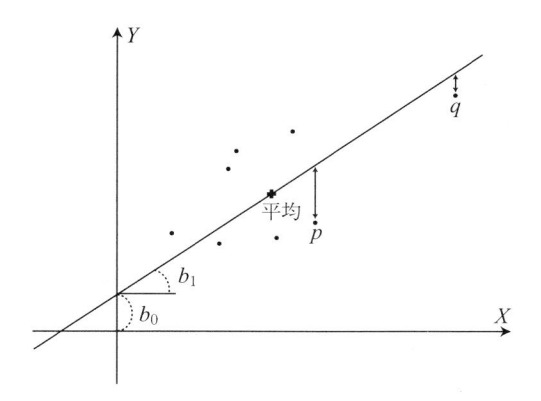

図 3.26 単回帰モデルの残差

　この回帰式から得られる推定値 $\hat{y}_i$ と実測値 y_i の差が **残差**（残差 ε_i ＝実測値 y_i －推定値 $\hat{y}_i$）であり、この残差の 2 乗和

$$Q = \sum_{i=1}^{n} \varepsilon_i^2 = \sum_{i=1}^{n}(y_i - b_0 - b_1 x_i)^2 \tag{3.32}$$

が最小になるように b_0 と b_1 を決定する方法が **最小 2 乗法** である。Q を最小とするような b_0 と b_1 を求めるためには、Q を b_0 と b_1 で偏微分し、それらを 0 とすればよい（証明については、木島・岩城(1999)の第 13.1 節を参照せよ）。

　すなわち

$$\begin{cases} \dfrac{\partial Q}{\partial b_0} = -2\sum_{i=1}^{n}(y_i - b_0 - b_1 x_i) = 0 \\ \dfrac{\partial Q}{\partial b_1} = -2\sum_{i=1}^{n}(x_i y_i - b_0 x_i - b_1 x_i^2) = 0 \end{cases}$$

とおいてこれらを整理すると、

$$\begin{cases} \sum_{i=1}^{n} y_i = n b_0 + b_1 \sum_{i=1}^{n} x_i \\ \sum_{i=1}^{n} x_i y_i = b_1 \sum_{i=1}^{n} x_i^2 + b_0 \sum_{i=1}^{n} x_i \end{cases}$$

となり、これらの式を解くと

$$b_0 = \bar{y} - b_1 \bar{x} , \quad b_1 = \frac{C[X,Y]}{V[X]} \tag{3.33}$$

が得られる。ここで

$$\bar{x} = \frac{1}{n}\sum_{i=1}^{n} x_i \quad , \quad \bar{y} = \frac{1}{n}\sum_{i=1}^{n} y_i$$

はそれぞれデータ(x_i)と(y_i)の**標本平均**、

$$C[X,Y] = \frac{1}{n-1}\sum_{i=1}^{n}(x_i - \bar{x})(y_i - \bar{y})$$

は**標本共分散**、

$$V[X] = \frac{1}{n-1}\sum_{i=1}^{n}(x_i - \bar{x})^2$$

は**標本分散**である。標本分散などの詳細については第5章を参照せよ。

最小2乗法の特徴は、点(x_i, y_i)から直線$\hat{y}_i = b_0 + b_1 x_i$への垂直方向の距離の2乗の和が最小化されているということと、回帰直線がx_iとy_iの平均値の座標$(\bar{x}, \bar{y})$を通過するという点である。これらのことは、平均値$\bar{x}$と実際に観測されたデータx_iの差異$x_i - \bar{x}$の値が大きいデータの残差ε_iのほうが、相対的に大きなウエイトで評価されることを意味している。このことは、図3.26における点pと点qを比較したとき、平均値の座標である点$(\bar{x}, \bar{y})$を中心として回帰直線が回転した場合、x_iの値が平均値より大きなデータである点qのほうが、点pよりも残差$\varepsilon_i = y_i - \hat{y}_i$が拡大するということで直感的に理解できる。

例題 3.27

市場ポートフォリオ（例えば TOPIX）のリターンをμ_M、ある証券のリターンをμ、無リスク資産のリターンをrとし、それぞれn個の過去データが与えられているとする。それらを$\mu_M^{(i)}, \mu^{(i)}, r^{(i)}$ ($i=1,2,\cdots,n$)とし、$y_i = \mu^{(i)} - r^{(i)}$、$x_i = \mu_M^{(i)} - r^{(i)}$で超過収益率を算出する。このとき、(3.33)式でb_0とb_1を計算すれば、このb_1がベータβであり、b_0がα（アルファ）と呼ばれる値となる。

演習 3.28

TOPIXと銘柄A、銘柄Bの月次リターンが次表のように与えられている。銘

銘柄A、銘柄Bのベータ値とアルファ値を計算せよ。

TOPIX	A	B
1.03	1.01	1.01
1.08	1.12	1.05
1.12	1.15	1.06
0.99	0.95	1.02
0.94	0.95	0.98
1.04	0.99	0.99
1.06	1.11	0.98
1.11	1.07	1.04
1.05	1.09	1.02
1.01	0.97	0.98

章末問題

3.1 連続的な確率変数 X と Y の実現値は区間 $[1,2]$ の範囲にあり、同時密度関数 $f(x,y)$ は $(x+y)^2$ に比例するという。X と Y の周辺密度関数を計算せよ。

3.2 (X,Y) の同時密度関数を $f(x,y)$ とする。このとき、期待値の線形性（定理2.20）、すなわち

$$E[aX+bY] = aE[X]+bE[Y]$$

が成立することを示せ。

3.3 (3.10)式と(3.11)式を示せ。

3.4 確率変数 X, Y と定数 a, b に対して、次式が成立することを示せ。

$$V[aX+bY] = a^2 V[X] + b^2 V[Y] + 2abC(X,Y)$$

また、一般に(3.22)式が成立することを示せ。

3.5 $X_1, \cdots, X_n$ が互いに無相関のとき、次式が成立することを示せ。

$$V[X_1+\cdots+X_n] = V[X_1]+\cdots+V[X_n]$$

3.6 2変量確率変数 (X,Y) は、2変量正規分布に従うとする。(3.17)式を示せ。また、$\rho = 0$ のとき X と Y は独立であることを示せ。

3.7 2変量確率変数 (X,Y) の積率母関数は、次式で定義される。

$$m(s,t) = E\left[e^{sX+tY}\right]$$

第3章　多変量確率変数とポートフォリオ理論

$(X,Y) \sim N_2(\mu_X, \mu_Y, \sigma_X^2, \sigma_Y^2, \rho)$ の積率母関数が次式で与えられることを示せ。

$$m(s,t) = \exp\left\{ \mu_X s + \mu_Y t + \frac{\sigma_X^2 s^2 + 2\rho\sigma_X\sigma_Y st + \sigma_Y^2 t^2}{2} \right\}$$

また、積率母関数が分布を一意に定めることを利用し、例題 3.17 で与えられた (X,Y) が 2 変量正規分布 $N_2(\mu_X, \mu_Y, \sigma_X^2, \sigma_Y^2, \rho)$ に従うことを示せ。

3.8 非負で離散的な確率変数 X と Y は独立とする。このとき、次式が成立することを示せ。

$$P\{X + Y = n\} = \sum_{k=0}^{n} P\{X = k\} P\{Y = n - k\}$$

また、$X \sim B(10, 0.4), Y \sim B(20, 0.4)$ で X と Y は独立とするとき、$X + Y$ の従う確率関数を Excel を用いて計算せよ。

3.9 $n = 3$ のとき定理 3.19 を証明せよ。一般の場合についても考察せよ。

3.10 (3.28)式を示せ。

3.11 TOPIX を市場ポートフォリオとする。100 カ月分の月次データを使って、東京ガスのベータ値を最小 2 乗法を用いて計算せよ。ベータ値が大きい証券、ならびにアルファ値の大きさが何を意味するのか議論せよ。

第4章
行列計算と多変量正規分布

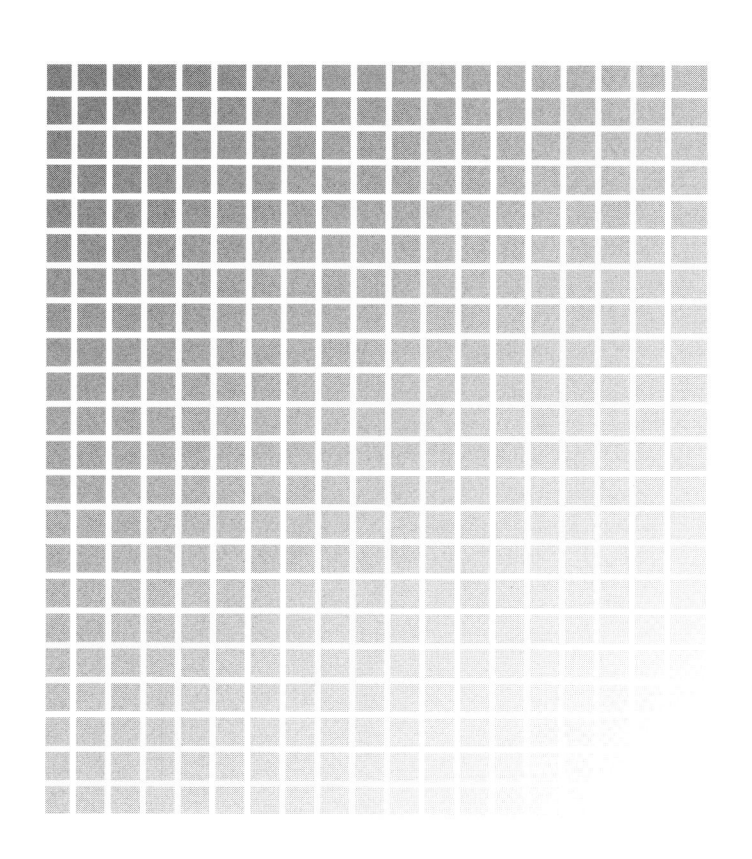

第4章 行列計算と多変量正規分布

　金融工学では、数理的アプローチの基本として行列計算に対する知識が必要となる。この章では、行列に関する用語とその具体的な計算方法について、金融分野でよく用いられるものをピックアップして概説する。また、行列計算の実例として VaR の算出方法について説明する。

4.1 行列とは

　金融分野では、テーブルの形で表現することのできるデータが数多く存在しており、例えば Moody's では、1年間の格付け推移確率を表 4.1 のようなテーブルの形で公表している。

表 4.1　年間の格付け推移確率の例

	Aaa	Aa	A	Baa	Ba	B	Caa	Default
Aaa	0.9340	0.0594	0.0064	0.0000	0.0002	0.0000	0.0000	0.0000
Aa	0.0161	0.9055	0.0746	0.0026	0.0009	0.0001	0.0000	0.0002
A	0.0007	0.0228	0.9244	0.0463	0.0045	0.0012	0.0000	0.0001
Baa	0.0005	0.0026	0.0551	0.8848	0.0476	0.0071	0.0008	0.0015
Ba	0.0002	0.0005	0.0042	0.0516	0.8691	0.0591	0.0024	0.0129
B	0.0000	0.0004	0.0013	0.0054	0.0635	0.8422	0.0191	0.0681
Caa	0.0000	0.0000	0.0000	0.0062	0.0205	0.0408	0.6919	0.2406
Default	0.0000	0.0000	0.0000	0.0000	0.0000	0.0000	0.0000	1.0000

　また、表 4.2 はあるポートフォリオに組み入れられている株式数を示したものであり、表 4.3 は、そこに組み入れられている株式の月末終値の月別推移を表したものである。

表 4.2 ポートフォリオに組み入れられている株式数

	株式A	株式B	株式C	株式D	株式E	株式F
ポートフォリオ1	120	600	230	490	70	250
ポートフォリオ2	540	220	370	310	140	290
ポートフォリオ3	80	90	70	160	130	200
ポートフォリオ4	30	60	120	170	20	210

表 4.3 株価月末終値の月別推移

	4月	5月	6月	7月	8月
株式A	235	298	346	319	352
株式B	462	432	396	408	432
株式C	781	803	792	763	721
株式D	1,695	1,982	2,001	1,832	1,755
株式E	1,437	1,295	1,004	986	1,203
株式F	796	865	653	637	702

このようなテーブルの形で表されているデータを、一般に**行列 A** として定義し、

$$\mathbf{A} = \begin{pmatrix} a_{11} & a_{12} & \cdots & a_{1n} \\ a_{21} & a_{22} & \cdots & a_{2n} \\ \vdots & \vdots & \ddots & \vdots \\ a_{m1} & a_{m2} & \cdots & a_{mn} \end{pmatrix} \tag{4.1}$$

という形で表す。なお、行列は太文字で表記し、$\mathbf{A} = (a_{ij})$ と書く場合もある。また、a_{ij} を $\mathbf{A}$ の (i, j) **要素**と呼ぶ。

$\mathbf{A}$ の上から i 番目の横方向の部分 $a_{i1}, a_{i,2}, \cdots, a_{in}$ を第 i 行、j 番目の縦方向の部分

$$\begin{matrix} a_{1j} \\ a_{2j} \\ \vdots \\ a_{nj} \end{matrix}$$

を第 j 列と呼ぶ。

表 4.1 の例では、上から 3 番目の行（第 3 行）は、過去のある時点で格付けが A であった企業が、1 年後にどの格付けに変化したかという実績を確率によって表現したものであり、Aaa の格付けになる確率が 0.0007、Aa の格付けになる確率が 0.0228、A の格付けになる確率が 0.9244、…となっている。

また、5 番目の列（第 5 列）は、ある時点で格付けが Ba の企業は、その 1 年前の格付けがどうであったかという実績を、確率によって表現したものと捉えることができる。

同様に表 4.2 では、第 3 列は各ポートフォリオに組み入れられている株式 **C** の枚数を表しており、表 4.3 では、第 3 行は株式 **C** の各月末における株価の終値である。

(4.1)式の行列 **A** は m 個の行と n 個の列からなる行列であるから、これを $m \times n$ **行列**、$m \times n$ のことを**行列のサイズ**と呼んでいる。行の数と列の数が等しい場合（すなわち $m = n$）、この行列を n 次の**正方行列**、左上から右下にかけての対角線上の要素 a_{ii} を**対角要素**、それ以外の要素を**非対角要素**と呼ぶ。また、非対角要素の値がすべて 0 の行列を**対角行列**、対角要素の値がすべて 1 の対角行列を**単位行列**と呼び、単位行列は通常 **I** で表現される。すなわち、

$$\mathbf{I} = \begin{pmatrix} 1 & 0 & \cdots & 0 \\ 0 & 1 & \cdots & 0 \\ \vdots & \vdots & \ddots & \vdots \\ 0 & 0 & \cdots & 1 \end{pmatrix}$$

列数が 1 の行列を**列ベクトル**と呼び、それが m 個の要素で構成されている場合を m 次の列ベクトルと呼ぶ。

$$\mathbf{a} = \begin{pmatrix} a_1 \\ a_2 \\ \vdots \\ a_m \end{pmatrix}$$

また、行数が1の行列を**行ベクトル**と呼び、それがn個の要素で構成されている場合をn次の行ベクトルと呼ぶ。

$$\mathbf{b} = \begin{pmatrix} b_1 & b_2 & \cdots & b_n \end{pmatrix}$$

行列$\mathbf{A}$の行と列を入れ換えた行列を**転置行列**と呼び、$\mathbf{A}^\mathrm{T}$もしくは$\mathbf{A}'$や${}^t\mathbf{A}$で表記される。(4.1)式で表された行列$\mathbf{A}$の転置行列は

$$\mathbf{A}^\mathrm{T} = \begin{pmatrix} a_{11} & a_{21} & \cdots & a_{m1} \\ a_{12} & a_{22} & \cdots & a_{m2} \\ \vdots & \vdots & \ddots & \vdots \\ a_{1n} & a_{2n} & \cdots & a_{mn} \end{pmatrix}$$

であり、転置を2回繰り返すと元の行列に戻る。

$$\left(\mathbf{A}^\mathrm{T}\right)^\mathrm{T} = \mathbf{A}$$

また、行ベクトルを転置すると列ベクトル、列ベクトルを転置すると行ベクトルになる。

行列$\mathbf{A}$はn個の列ベクトルを横に並べたものと考えることができるので、行列$\mathbf{A}$の第j列の列ベクトルを$\mathbf{a}_j$とすると、

$$\mathbf{A} = \begin{pmatrix} \mathbf{a}_1 & \mathbf{a}_2 & \cdots & \mathbf{a}_n \end{pmatrix}$$

で表すことができる。同様に、$\mathbf{A}$はm個の行ベクトルを縦に並べたものと考えることができるので、行列$\mathbf{A}$の第i行の行ベクトルを$\mathbf{b}_i$とすると、

$$\mathbf{A} = \begin{pmatrix} \mathbf{b}_1 \\ \mathbf{b}_2 \\ \\ \mathbf{b}_m \end{pmatrix}$$

と表すことができる。

4.2 行列の演算

この節では、行列計算に不可欠な演算の定義を行う。二つの行列 $\mathbf{A} = (a_{ij})$ と $\mathbf{B} = (b_{kl})$ が等しいとは、以下の条件を満たすことであり、$\mathbf{A} = \mathbf{B}$ と表記する。

① 二つの行列のサイズが等しい（二つの行列とも $m \times n$ 行列である）。

② 二つの行列の同一の位置にある要素が等しい（すなわち $a_{ij} = b_{ij}$）。

4.2.1 行列の和と差

二つの行列のサイズが等しいとき、行列の和と差を定義することができる。(4.1)式で表された行列 $\mathbf{A}$ と同じサイズの行列 $\mathbf{B}$ を以下のように表す。

$$\mathbf{B} = \begin{pmatrix} b_{11} & b_{12} & \cdots & b_{1n} \\ b_{21} & b_{22} & \cdots & b_{2n} \\ \vdots & \vdots & \ddots & \vdots \\ b_{m1} & b_{m2} & \cdots & b_{mn} \end{pmatrix}$$

このとき、行列の和 $\mathbf{A} + \mathbf{B}$ は以下のように定義される。

$$\mathbf{A} + \mathbf{B} = \begin{pmatrix} a_{11}+b_{11} & a_{12}+b_{12} & \cdots & a_{1n}+b_{1n} \\ a_{21}+b_{21} & a_{22}+b_{22} & \cdots & a_{2n}+b_{2n} \\ \vdots & \vdots & \ddots & \vdots \\ a_{m1}+b_{m1} & a_{m2}+b_{m2} & \cdots & a_{mn}+b_{mn} \end{pmatrix} \tag{4.2}$$

また、行列の差 $\mathbf{A} - \mathbf{B}$ についても同様である。

$$\mathbf{A} - \mathbf{B} = \begin{pmatrix} a_{11}-b_{11} & a_{12}-b_{12} & \cdots & a_{1n}-b_{1n} \\ a_{21}-b_{21} & a_{22}-b_{22} & \cdots & a_{2n}-b_{2n} \\ \vdots & \vdots & \ddots & \vdots \\ a_{m1}-b_{m1} & a_{m2}-b_{m2} & \cdots & a_{mn}-b_{mn} \end{pmatrix}$$

このとき、転置に関して

$$(\mathbf{A}+\mathbf{B})^\mathrm{T} = \mathbf{A}^\mathrm{T} + \mathbf{B}^\mathrm{T} , \quad (\mathbf{A}-\mathbf{B})^\mathrm{T} = \mathbf{A}^\mathrm{T} - \mathbf{B}^\mathrm{T}$$

という関係が成り立つ。

演習 4.4

サイズが等しい以下の行列を考える。

$$\mathbf{A} = \begin{pmatrix} 3 & 2 \\ 6 & 5 \\ 4 & 7 \end{pmatrix} \quad , \quad \mathbf{B} = \begin{pmatrix} -4 & 7 \\ 2 & -9 \\ 5 & 3 \end{pmatrix}$$

行列の和 $\mathbf{A} + \mathbf{B}$ を公式(4.2)に従い計算し、次に Excel を用いて確認せよ。

ヒント!

☆Excel で行列の計算をする場合には、計算結果が格納されるセルをあらかじめ指定する必要がある。また、式の指定後、[Shift]キーキーと[Ctrl]キーを押しながら[Enter]キーを押す。

4.2.2 行列の実数倍

行列 $\mathbf{A}$ を c で実数倍するとは、行列 $\mathbf{A}$ の各要素 a_{ij} に c を掛け合わせることである。

$$c\mathbf{A} = \begin{pmatrix} ca_{11} & ca_{12} & \cdots & ca_{1n} \\ ca_{21} & ca_{22} & \cdots & ca_{2n} \\ \vdots & \vdots & \ddots & \vdots \\ ca_{m1} & ca_{m2} & \cdots & ca_{mn} \end{pmatrix}$$

4.2.3 行列の積

行列 $\mathbf{A} = (a_{ij})$ の<u>列の数</u>と行列 $\mathbf{D} = (d_{kl})$ の<u>行の数</u>が等しいとき、**行列の積 AD** は以下の式で定義される。

$$\mathbf{AD} = \begin{pmatrix} a_{11} & a_{12} & \cdots & a_{1n} \\ a_{21} & a_{22} & \cdots & a_{2n} \\ \vdots & \vdots & \ddots & \vdots \\ a_{m1} & a_{m2} & \cdots & a_{mn} \end{pmatrix} \begin{pmatrix} d_{11} & d_{12} & \cdots & d_{1h} \\ d_{21} & d_{22} & \cdots & d_{2h} \\ \vdots & \vdots & \ddots & \vdots \\ d_{n1} & d_{n2} & \cdots & d_{nh} \end{pmatrix}$$

$$= \begin{pmatrix} \sum_{l=1}^{n} a_{1l}d_{l1} & \sum_{l=1}^{n} a_{1l}d_{l2} & \cdots & \sum_{l=1}^{n} a_{1l}d_{lh} \\ \sum_{l=1}^{n} a_{2l}d_{l1} & \sum_{l=1}^{n} a_{2l}d_{l2} & \cdots & \sum_{l=1}^{n} a_{2l}d_{lh} \\ \vdots & \vdots & \ddots & \vdots \\ \sum_{l=1}^{n} a_{ml}d_{l1} & \sum_{l=1}^{n} a_{ml}d_{l2} & \cdots & \sum_{l=1}^{n} a_{ml}d_{lh} \end{pmatrix} \quad (4.3)$$

この行列の積を $\mathbf{AD} = \mathbf{E}$ で表すと、これらの行列のサイズには図 4.5 のような関係がある。$\mathbf{A}$ の列の数と $\mathbf{D}$ の行の数が異なるときには、積 $\mathbf{AD}$ は定義されない。

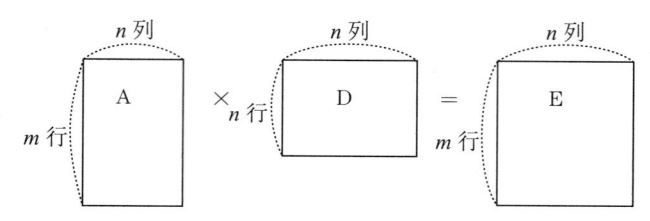

図 4.5 行列の積の演算における行列のサイズ

例題 4.6

二つの正方行列

$$\mathbf{A} = \begin{pmatrix} 3 & 2 \\ 6 & 5 \end{pmatrix}, \quad \mathbf{D} = \begin{pmatrix} 3 & 8 \\ -4 & 2 \end{pmatrix}$$

を考える。この場合には、行列の積 $\mathbf{AD}$ と $\mathbf{DA}$ が定義され、それぞれ

$$\mathbf{AD} = \begin{pmatrix} 3 & 2 \\ 6 & 5 \end{pmatrix}\begin{pmatrix} 3 & 8 \\ -4 & 2 \end{pmatrix} = \begin{pmatrix} 3\times 3 + 2\times(-4) & 3\times 8 + 2\times 2 \\ 6\times 3 + 5\times(-4) & 6\times 8 + 5\times 2 \end{pmatrix} = \begin{pmatrix} 1 & 28 \\ -2 & 58 \end{pmatrix}$$

$$\mathbf{DA} = \begin{pmatrix} 3 & 8 \\ -4 & 2 \end{pmatrix}\begin{pmatrix} 3 & 2 \\ 6 & 5 \end{pmatrix} = \begin{pmatrix} 3\times 3 + 8\times 6 & 3\times 2 + 8\times 5 \\ -4\times 3 + 2\times 6 & -4\times 2 + 2\times 5 \end{pmatrix} = \begin{pmatrix} 57 & 46 \\ 0 & 2 \end{pmatrix}$$

で計算される。

例題 4.6 の結果は、たとえ行列の積 $\mathbf{AD}$ と $\mathbf{DA}$ が定義されたとしても、一般には $\mathbf{AD}$ と $\mathbf{DA}$ は等しくならず、掛ける順番によって結果が異なることを示してい

る。言い換えれば、行列の積においては、**交換法則**は成り立たない。

演習 4.7

行列 **A** の列の数と、行列 **D** の行の数が等しい以下の行列を考える。

$$\mathbf{A} = \begin{pmatrix} 3 & 2 \\ 6 & 5 \\ 4 & 7 \end{pmatrix}, \quad \mathbf{D} = \begin{pmatrix} 3 & 8 \\ -4 & 2 \end{pmatrix}$$

行列の積 **AD** を公式(4.3)に従って計算し、次に Excel を用いて確認せよ。

ヒント！

☆Excelで行列の積を計算するには、MMULT という関数を用いればよい。

ここで、単位行列 **I** を用いた行列の積について考える。

$$\mathbf{DI} = \begin{pmatrix} 3 & 8 \\ -4 & 2 \end{pmatrix} \begin{pmatrix} 1 & 0 \\ 0 & 1 \end{pmatrix} = \begin{pmatrix} 3 & 8 \\ -4 & 2 \end{pmatrix} = \mathbf{D}$$

$$\mathbf{ID} = \begin{pmatrix} 1 & 0 \\ 0 & 1 \end{pmatrix} \begin{pmatrix} 3 & 8 \\ -4 & 2 \end{pmatrix} = \begin{pmatrix} 3 & 8 \\ -4 & 2 \end{pmatrix} = \mathbf{D}$$

すなわち、行列 **D** に単位行列 **I** を掛けても行列は変わらないが、これは通常の掛け算において 1 を掛けても数値は変わらないことと同じ意味をもっている。

一般には **AD** と **DA** は等しくならないが、**ABCD** のような複数の行列の積が定義される場合には、掛け合わせる順番は任意に変更できる（行列の積の**結合法則**）。つまり

$$\mathbf{ABCD} = (\mathbf{AB})\mathbf{CD} = \mathbf{A}(\mathbf{BC})\mathbf{D} = \mathbf{AB}(\mathbf{CD})$$

したがって、**A** が正方行列の場合には、その p 個の積は **A** の p 乗で計算可能である。

$$\underbrace{\mathbf{AA}\cdots\mathbf{A}}_{p} = \mathbf{AA}^{p-1} = \mathbf{A}^{p-1}\mathbf{A} = \mathbf{A}^{p-2}\mathbf{A}^2 = \cdots = \mathbf{A}^p$$

4.2.4 内積

以下のような n 次の列ベクトルを考えると、これらは $n \times 1$ 行列とみなすことができる。

$$\mathbf{a} = \begin{pmatrix} a_1 \\ a_2 \\ \vdots \\ a_n \end{pmatrix} \quad , \quad \mathbf{b} = \begin{pmatrix} b_1 \\ b_2 \\ \vdots \\ b_n \end{pmatrix}$$

ここで、ベクトルの**内積**について定義する。ベクトル $\mathbf{a}$ とベクトル $\mathbf{b}$ の内積とは、$\mathbf{a}^\mathrm{T}\mathbf{b}$ で計算される値のことである。行列の積の定義から、

$$\mathbf{a}^\mathrm{T}\mathbf{b} = \begin{pmatrix} a_1 & a_2 & \cdots & a_n \end{pmatrix} \begin{pmatrix} b_1 \\ b_2 \\ \vdots \\ b_n \end{pmatrix} = a_1 b_1 + a_2 b_2 + \cdots + a_n b_n = \sum_{i=1}^n a_i b_i \tag{4.4}$$

また、$\mathbf{a}^\mathrm{T}\mathbf{b} = 0$ のとき、これらのベクトルは**直交**すると呼ばれる。

(4.3)式の行列の積は、(4.4)式の内積を用いて表現することができ、(4.3)式の (i, j) 要素は内積 $\mathbf{a}_i^\mathrm{T}\mathbf{d}_j$ で与えられる。ただし、$\mathbf{a}_i^\mathrm{T}$ は行列 $\mathbf{A}$ の第 i 行を表す行ベクトル、$\mathbf{d}_j$ は行列 $\mathbf{D}$ の第 j 列を表す列ベクトルである。

演習 4.8

次の行列 $\mathbf{A}, \mathbf{B}, \mathbf{D}$ がある。

$$\mathbf{A} = \begin{pmatrix} 3 & 2 \\ 6 & 5 \\ 4 & 7 \end{pmatrix} \quad , \quad \mathbf{B} = \begin{pmatrix} -4 & 7 \\ 2 & -9 \\ 5 & 3 \end{pmatrix} \quad , \quad \mathbf{D} = \begin{pmatrix} 3 & 8 \\ -4 & 2 \end{pmatrix}$$

以下の行列の演算を Excel を用いて計算せよ。

① $5\mathbf{A} + 3\mathbf{B}$

② $\mathbf{A}^\mathrm{T}$

③ $(5\mathbf{A} + 3\mathbf{B})\mathbf{D}$

④ **5AD + 3BD**

> **ヒント！**
> ☆Excel では、転置行列は TRANSPOSE という関数で計算できる。

演習 4.9

表 4.2 と表 4.3 に示したデータが与えられている。この二つのテーブルを行列で表現したうえで、各ポートフォリオの月ごとの時価総額を Excel によって計算せよ。

4.3 行列式

この節では、行列式について説明する。行列式とは正方行列に対して定まる一つの値（式ではない）のことである。

まず

$$\begin{cases} ax + by = p \\ cx + dy = q \end{cases} \qquad ただし、ad - bc \neq 0 \tag{4.5}$$

という二つの未知数 x, y に関する2元連立1次方程式を考える。この連立1次方程式を実際に解いてみると、$ad - bc \neq 0$ であるので以下のようになる。最初に、第1式に d を掛けたものから第2式に b を掛けたものを引くと

$$(ad - bc)x = pd - qb$$

したがって

$$x = \frac{dp - bq}{ad - bc} \tag{4.6}$$

次に、第2式に a を掛けたものから第1式に c を掛けたものを引くと

$$(ad - bc)y = qa - pc$$

したがって

$$y = \frac{aq - cp}{ad - bc} \tag{4.7}$$

この関係を簡易に表現するために、

$$\begin{vmatrix} a & b \\ c & d \end{vmatrix} = ad - bc \tag{4.8}$$

で**行列式**を定義すると、(4.6)式と(4.7)式は

$$x = \frac{\begin{vmatrix} p & b \\ q & d \end{vmatrix}}{\begin{vmatrix} a & b \\ c & d \end{vmatrix}} \quad , \quad y = \frac{\begin{vmatrix} a & p \\ c & q \end{vmatrix}}{\begin{vmatrix} a & b \\ c & d \end{vmatrix}} \tag{4.9}$$

で表現される。これが2元連立1次方程式の解に関する**クラメルの公式**である。

4.3.1 行列式の性質

(4.8)式は2次の行列式を定義したものであるが、ここでその性質をまとめておこう。

性質1：ある行列に対する行列式の値と、その行列の転置行列に対する行列式の値は等しい。すなわち、$|\mathbf{A}| = |\mathbf{A}^\mathrm{T}|$

［証明］　(4.8)式より

$$\begin{vmatrix} a & b \\ c & d \end{vmatrix} = ad - bc = ad - cb = \begin{vmatrix} a & c \\ b & d \end{vmatrix}$$

性質2：二つの行、あるいは二つの列を入れ換えると、行列式の値は（−1）倍される。

［証明］　(4.8)式の第1行と第2行を入れ換えると、

$$\begin{vmatrix} c & d \\ a & b \end{vmatrix} = bc - ad = -\begin{vmatrix} a & b \\ c & d \end{vmatrix}$$

また、第1列と第2列を入れ換えると、

$$\begin{vmatrix} b & a \\ d & c \end{vmatrix} = bc - ad = -\begin{vmatrix} a & b \\ c & d \end{vmatrix}$$

性質3：二つの行、あるいは二つの列が等しい行列式の値は0である。

［証明］　(4.8)式で、$a = c, b = d$ とすると、

$$\begin{vmatrix} c & d \\ c & d \end{vmatrix} = cd - cd = 0$$

また、$a = b, c = d$ とすると、

$$\begin{vmatrix} b & b \\ d & d \end{vmatrix} = bd - bd = 0$$

性質4：行列のある行、あるいはある列を g 倍すると、行列式の値は g 倍になる。

[証明]　(4.8)式で、第1行を g 倍すると、

$$\begin{vmatrix} ga & gb \\ c & d \end{vmatrix} = gad - gbc = g(ad - bc) = g\begin{vmatrix} a & b \\ c & d \end{vmatrix}$$

また、第1列を g 倍すると、

$$\begin{vmatrix} a & gb \\ c & gd \end{vmatrix} = gad - gbc = g(ad - bc) = g\begin{vmatrix} a & b \\ c & d \end{vmatrix}$$

性質5：ある行、あるいはある列の要素が二つの変数の和として表現される場合、それ以外の行、あるいは列をそのままにして、和で表現される行あるいは列の要素を二つに分けてできる二つの行列式の和と、元の行列式の値は等しい。

[証明]　(4.8)式の第1行が二つの要素で表されているとする。

$$\begin{vmatrix} a+\hat{a} & b+\hat{b} \\ c & d \end{vmatrix} = (a+\hat{a})d - (b+\hat{b})c$$

$$= (ad - bc) + (\hat{a}d - \hat{b}c) = \begin{vmatrix} a & b \\ c & d \end{vmatrix} + \begin{vmatrix} \hat{a} & \hat{b} \\ c & d \end{vmatrix}$$

また、第1列が二つの要素で表されているとすると

$$\begin{vmatrix} a+\hat{a} & b \\ c+\hat{c} & d \end{vmatrix} = (a+\hat{a})d - b(c+\hat{c})$$

$$= (ad - bc) + (\hat{a}d - b\hat{c}) = \begin{vmatrix} a & b \\ c & d \end{vmatrix} + \begin{vmatrix} \hat{a} & b \\ \hat{c} & d \end{vmatrix}$$

性質6：行列のある行あるいはある列に他の行あるいは他の列の h 倍を加えても行列式の値は変わらない。

[証明]　第1行に対して第2行を h 倍したものを加えた場合について考える。

第4章　行列計算と多変量正規分布

$$\begin{vmatrix} a+hc & b+hd \\ c & d \end{vmatrix} = \begin{vmatrix} a & b \\ c & d \end{vmatrix} + \begin{vmatrix} hc & hd \\ c & d \end{vmatrix}$$

$$= \begin{vmatrix} a & b \\ c & d \end{vmatrix} + h \begin{vmatrix} c & d \\ c & d \end{vmatrix}$$

$$= \begin{vmatrix} a & b \\ c & d \end{vmatrix} + h \cdot 0$$

また、第1列に対して第2列をh倍したものを加えた場合を考えると、

$$\begin{vmatrix} a+hb & b \\ c+hd & d \end{vmatrix} = \begin{vmatrix} a & b \\ c & d \end{vmatrix} + \begin{vmatrix} hb & b \\ hd & d \end{vmatrix}$$

$$= \begin{vmatrix} a & b \\ c & d \end{vmatrix} + h \begin{vmatrix} b & b \\ d & d \end{vmatrix}$$

$$= \begin{vmatrix} a & b \\ c & d \end{vmatrix} + h \cdot 0$$

性質7：三角行列の行列式の値は各対角要素の積で与えられる。

[証明] **上三角行列**とは、行列の左下部分にある要素の値がすべて0である正方行列

$$\begin{pmatrix} a_{11} & a_{12} & \cdots & a_{1n} \\ 0 & a_{22} & \cdots & a_{2n} \\ \vdots & \vdots & \ddots & \vdots \\ 0 & 0 & \cdots & a_{nn} \end{pmatrix}$$

下三角行列とは、行列の右上部分にある要素の値がすべて0である正方行列

$$\begin{pmatrix} a_{11} & 0 & \cdots & 0 \\ a_{21} & a_{22} & \cdots & 0 \\ \vdots & \vdots & \ddots & \vdots \\ a_{m1} & a_{m2} & \cdots & a_{nn} \end{pmatrix}$$

のことである。2次の行列を想定すると、(4.8)式から、

$$\begin{vmatrix} a_{11} & a_{12} \\ 0 & a_{22} \end{vmatrix} = a_{11}a_{22} - a_{12} \cdot 0 = a_{11}a_{22}$$

4.3.2 一般の行列式

これまで 2 次の行列式を取り扱ってきたが、これを n 次の正方行列に拡張するためには**置換**および**順列**の概念が必要となる。これらを直感的に理解するために、3 次の正方行列を意識した文字列（1,2,3）について考える。これら三つの文字の並び方の数は順列で計算でき、$3! = 3 \cdot 2 \cdot 1 = 6$ 通りとなる。基本となる最初の並び方を（1,2,3）とし、このなか 2 個の文字を入れ換えるのが置換である。

置換の回数が偶数回の場合を**偶置換**、奇数回の場合を**奇置換**と呼ぶ。文字列（1,2,3）のなかから適当な 2 個の文字を取り出し、その順番を交換してその交換回数をカウントしていくと、例えば以下のような結果となる。

$(1,2,3) \Rightarrow (2,1,3) \Rightarrow (2,3,1) \Rightarrow (3,2,1) \Rightarrow (3,1,2) \Rightarrow (1,3,2)$

これらを偶置換と奇置換に分類すると、偶数回の交換回数によって得られた文字列が偶置換、奇数回で得られたものが奇置換であるから

偶置換：(1,2,3) (2,3,1) (3,1,2)

奇置換：(2,1,3) (3,2,1) (1,3,2)

に分類される。

ここで、n 次の文字列 $(1,2,\cdots,n)$ について検討する。こうした交換回数を k、そのときの各文字の状態を順列 $\sigma = (i_1, i_2, \cdots, i_n)$ で表す。このとき、正方行列 $\mathbf{A}$ が n 次である場合の行列式 $|\mathbf{A}|$ は

$$|\mathbf{A}| = \sum_{\sigma} (-1)^k a_{1i_1} a_{2i_2} \cdots a_{ni_n} \tag{4.10}$$

で定義される。k は交換回数であるから、$(-1)^k$ の値は偶置換のとき正、奇置換のときには負となる。この結果を $n = 3$ のときに代入すると、

$$\begin{vmatrix} a_{11} & a_{12} & a_{13} \\ a_{21} & a_{22} & a_{23} \\ a_{31} & a_{32} & a_{33} \end{vmatrix} = a_{11}a_{22}a_{33} + a_{12}a_{23}a_{31} + a_{13}a_{21}a_{32} - a_{11}a_{23}a_{32} - a_{12}a_{21}a_{33} - a_{13}a_{22}a_{31}$$

$$\tag{4.11}$$

が得られる。

演習 4.10

以下の行列の行列式の値を(4.11)式に従って計算し、その結果を Excel を用いて確認せよ。

$$\mathbf{A} = \begin{pmatrix} -1 & 3 & 1 \\ 2 & 4 & 6 \\ 5 & 3 & 1 \end{pmatrix}$$

ヒント!

☆Excel では、行列式は MDETERM 関数で計算される。

正方行列 $\mathbf{A}$ の行列式が 0 ではない、つまり $|\mathbf{A}| \neq 0$ のとき正方行列 $\mathbf{A}$ は**正則**であると呼ばれ、$|\mathbf{A}| = 0$ のとき正方行列 $\mathbf{A}$ は**特異**であると呼ばれる。

ここで、次の n 元連立 1 次方程式を考える。

$$\begin{cases} a_{11}x_1 + a_{12}x_2 + \cdots + a_{1n}x_n = b_1 \\ a_{21}x_1 + a_{22}x_2 + \cdots + a_{2n}x_n = b_2 \\ \quad\quad\quad\quad\quad\quad \vdots \\ a_{n1}x_1 + a_{n2}x_2 + \cdots + a_{nn}x_n = b_n \end{cases} \tag{4.12}$$

各係数からなる行列式

$$\begin{vmatrix} a_{11} & a_{12} & \cdots & a_{1n} \\ a_{21} & a_{22} & \cdots & a_{2n} \\ \vdots & \vdots & \ddots & \vdots \\ a_{n1} & a_{n2} & \cdots & a_{nn} \end{vmatrix}$$

の値が 0 でないとき、x_j の値は

$$x_j = \begin{vmatrix} a_{11} & \cdots & b_1 & \cdots & a_{1n} \\ a_{21} & \cdots & b_2 & \cdots & a_{2n} \\ \vdots & & \vdots & & \vdots \\ a_{n1} & \cdots & b_n & \cdots & a_{nn} \end{vmatrix} \Big/ \begin{vmatrix} a_{11} & a_{12} & \cdots & a_{1n} \\ a_{21} & a_{22} & \cdots & a_{2n} \\ \vdots & \vdots & \ddots & \vdots \\ a_{n1} & a_{n2} & \cdots & a_{nn} \end{vmatrix}, \quad j = 1, 2, \cdots, n \tag{4.13}$$

（j 番目）

で計算される。これを一般の**クラメルの公式**という。2 次元の場合(4.9)と比較

せよ。

例題 4.11

3元連立1次方程式

$$\begin{cases} 5x + 2y + z = 19 \\ 3x - 4y + 3z = -7 \\ 4x - 2y - z = -1 \end{cases}$$

の解をクラメルの公式を使って解く。(4.13)式に各係数の値を代入すると

$$x = \frac{\begin{vmatrix} 19 & 2 & 1 \\ -7 & -4 & 3 \\ -1 & -2 & -1 \end{vmatrix}}{\begin{vmatrix} 5 & 2 & 1 \\ 3 & -4 & 3 \\ 4 & -2 & -1 \end{vmatrix}} = \frac{180}{90} = 2, \quad y = \frac{\begin{vmatrix} 5 & 19 & 1 \\ 3 & -7 & 3 \\ 4 & -1 & -1 \end{vmatrix}}{\begin{vmatrix} 5 & 2 & 1 \\ 3 & -4 & 3 \\ 4 & -2 & -1 \end{vmatrix}} = \frac{360}{90} = 4,$$

$$z = \frac{\begin{vmatrix} 5 & 2 & 19 \\ 3 & -4 & -7 \\ 4 & -2 & -1 \end{vmatrix}}{\begin{vmatrix} 5 & 2 & 1 \\ 3 & -4 & 3 \\ 4 & -2 & -1 \end{vmatrix}} = \frac{90}{90} = 1$$

が得られる。

演習 4.12

4元連立1次方程式

$$\begin{cases} 6x_1 - 2x_2 - 3x_3 + x_4 = -2 \\ 4x_1 + 2x_2 - 5x_3 + 3x_4 = -4 \\ -3x_1 + 4x_2 + 2x_3 - 2x_4 = 3 \\ x_1 + 3x_2 - 2x_3 + 4x_4 = 15 \end{cases}$$

をクラメルの公式に従って解け。行列の計算は Excel を用いて行うこと。

4.3.3 余因子展開

例えば、3次の正方行列

$$\mathbf{A} = \begin{pmatrix} a_{11} & a_{12} & a_{13} \\ a_{21} & a_{22} & a_{23} \\ a_{31} & a_{32} & a_{33} \end{pmatrix}$$

の行列式は(4.11)式で定義された。この行列 $\mathbf{A}$ から第 i 行と第 j 列を取り除いた行列の行列式を D_{ij} で表すと、(4.11)式は

$$|\mathbf{A}| = a_{11}(-1)^{1+1} D_{11} + a_{12}(-1)^{1+2} D_{12} + a_{13}(-1)^{1+3} D_{13} \tag{4.14}$$

と表すことができる。各自で確認せよ。(4.14)式の右辺各項の(−1)の指数部分は、元の行列 $\mathbf{A}$ から取り除いた行と列の番号を加えたものであり、この式の $(-1)^{1+2} D_{12}$ のような形で表される部分を、要素 a_{12} の**余因子**といい $\widetilde{a}_{12}$ で表す。具体的には余因子 $\widetilde{a}_{12}$ は、

$$\widetilde{a}_{12} = \begin{vmatrix} a_{11} & 1 & a_{13} \\ a_{21} & 0 & a_{23} \\ a_{31} & 0 & a_{33} \end{vmatrix} \tag{4.15}$$

で与えられる。(4.14)式は余因子を使って表現すると、

$$|\mathbf{A}| = a_{11}\widetilde{a}_{11} + a_{12}\widetilde{a}_{12} + a_{13}\widetilde{a}_{13} = \sum_{j=1}^{3} a_{1j}\widetilde{a}_{1j}$$

となり、これを行列の**余因子展開**という。

一般に n 次の正方行列

$$\mathbf{A} = \begin{pmatrix} a_{11} & a_{12} & \cdots & a_{1n} \\ a_{21} & a_{22} & \cdots & a_{2n} \\ \vdots & \vdots & \ddots & \vdots \\ a_{n1} & a_{n2} & \cdots & a_{nn} \end{pmatrix}$$

が与えられたとき、第 i 行と第 j 列を取り除いてできる $(n-1)$ 次の正方行列に対する行列式を D_{ij} とし、要素 a_{ij} の余因子を $\widetilde{a}_{ij}$ とすると、

$$\widetilde{a}_{ij} = (-1)^{i+j} D_{ij}$$

が成立する。したがって、n 次の行列式 $|\mathbf{A}|$ は第 i 行で展開すると、

$$|\mathbf{A}| = a_{i1}\widetilde{a}_{i1} + a_{i2}\widetilde{a}_{i2} + \cdots + a_{in}\widetilde{a}_{in} = \sum_{j=1}^{n} a_{ij}\widetilde{a}_{ij} \tag{4.16}$$

第 j 列で展開すると、

$$|\mathbf{A}| = a_{1j}\widetilde{a}_{1j} + a_{2j}\widetilde{a}_{2j} + \cdots + a_{nj}\widetilde{a}_{nj} = \sum_{i=1}^{n} a_{ij}\widetilde{a}_{ij} \tag{4.17}$$

となる。

4.3.4 積の行列式

二つの2次の正方行列

$$\mathbf{A} = \begin{pmatrix} a_{11} & a_{12} \\ a_{21} & a_{22} \end{pmatrix}, \quad \mathbf{B} = \begin{pmatrix} b_{11} & b_{12} \\ b_{21} & b_{22} \end{pmatrix}$$

に対して、この二つの行列の積についてその行列式 $|\mathbf{AB}|$ を計算する。

$$\begin{aligned}
|\mathbf{AB}| &= \begin{vmatrix} a_{11}b_{11} + a_{12}b_{21} & a_{11}b_{12} + a_{12}b_{22} \\ a_{21}b_{11} + a_{22}b_{21} & a_{21}b_{12} + a_{22}b_{22} \end{vmatrix} \\
&= (a_{11}b_{11} + a_{12}b_{21})(a_{21}b_{12} + a_{22}b_{22}) - (a_{11}b_{12} + a_{12}b_{22})(a_{21}b_{11} + a_{22}b_{21}) \\
&= b_{11}b_{22}(a_{11}a_{22} - a_{12}a_{21}) - b_{21}b_{12}(a_{11}a_{22} - a_{12}a_{21}) \\
&= (a_{11}a_{22} - a_{12}a_{21})(b_{11}b_{22} - b_{21}b_{12})
\end{aligned}$$

同様に

$$\begin{aligned}
|\mathbf{BA}| &= \begin{vmatrix} b_{11}a_{11} + b_{12}a_{21} & b_{11}a_{12} + b_{12}a_{22} \\ b_{21}a_{11} + b_{22}a_{21} & b_{21}a_{12} + b_{22}a_{22} \end{vmatrix} \\
&= (b_{11}a_{11} + b_{12}a_{21})(b_{21}a_{12} + b_{22}a_{22}) - (b_{11}a_{12} + b_{12}a_{22})(b_{21}a_{11} + b_{22}a_{21}) \\
&= (a_{11}a_{22} - a_{12}a_{21})(b_{11}b_{22} - b_{21}b_{12})
\end{aligned}$$

一方、ふたたび(4.8)式より

$$|\mathbf{A}| = a_{11}a_{22} - a_{12}a_{21}, \quad |\mathbf{B}| = b_{11}b_{22} - b_{12}b_{21}$$

であるから、

$$|\mathbf{A}||\mathbf{B}| = (a_{11}a_{22} - a_{12}a_{21})(b_{11}b_{22} - b_{12}b_{21})$$

したがって、

$$|\mathbf{AB}| = |\mathbf{A}||\mathbf{B}| = |\mathbf{BA}| \tag{4.18}$$

が成立する。(4.18)式は、一般の正方行列に対して成立する。

演習 4.13

演習 4.10 の行列 **A** と以下の行列 **B** を考える。

$$\mathbf{B} = \begin{pmatrix} 1 & -3 & 3 \\ 3 & 2 & -2 \\ -2 & 4 & 1 \end{pmatrix}$$

Excel を使って $|\mathbf{A}|, |\mathbf{B}|, |\mathbf{AB}|$ および $|\mathbf{BA}|$ を計算し、(4.18)式が成立していることを確認せよ。

4.4 逆行列

9の逆数は1/9であるが、逆数とは、もとの数と逆数との積が 1 になるような数のことである（つまり $9 \times 1/9 = 1$ という関係が成り立つ）。これと同じ概念を行列に対して定義したものが**逆行列**であり、行列で表現したときの 1 に相当するものが単位行列である。すなわち、正方行列 **A** の逆行列を $\mathbf{A}^{-1}$ と表すと、これは以下の式を満たす正方行列である。

$$\mathbf{A}\mathbf{A}^{-1} = \mathbf{A}^{-1}\mathbf{A} = \mathbf{I} \tag{4.19}$$

なお、逆行列はすべての正方行列に対して存在するものではなく、行列式が 0 でない、すなわち**正則**であるときのみ存在する。

4.4.1 行列を用いた連立 1 次方程式の解法

未知数を x, y, z とする次の連立方程式を考える。

$$\begin{cases} x + 3y + 3z = 23 \\ 3x - y + 2z = 8 \\ 2x + 4y - z = 21 \end{cases} \tag{4.20}$$

このとき、

$$\mathbf{A} = \begin{pmatrix} 1 & 3 & 3 \\ 3 & -1 & 2 \\ 2 & 4 & -1 \end{pmatrix} \quad , \quad \mathbf{c} = \begin{pmatrix} x \\ y \\ z \end{pmatrix} \quad , \quad \mathbf{b} = \begin{pmatrix} 23 \\ 8 \\ 21 \end{pmatrix}$$

と定義すると、この連立方程式は

$\mathbf{Ac} = \mathbf{b}$

という行列形式で書くことができる。$\mathbf{A}$ が正則である場合には、逆行列 $\mathbf{A}^{-1}$ を用いて

$\mathbf{c} = \mathbf{A}^{-1}\mathbf{b}$ (4.21)

で解 $\mathbf{c}$ を計算することができる。

演習 4.14

演習 4.12 を Excel による逆行列の関数を用いて解け。

ヒント!

☆Excel では、逆行列は MINVERSE という関数で計算される。

4.4.2 逆行列と行列式

まず、逆行列の定義と公式(4.18)から

$|\mathbf{AA}^{-1}| = |\mathbf{A}| \cdot |\mathbf{A}^{-1}| = |\mathbf{I}|$

が成立するが、単位行列 $\mathbf{I}$ の行列式の値は行列式の性質 7 から $|\mathbf{I}| = 1$ である。したがって、正方行列 $\mathbf{A}$ が正則ならば逆行列 $\mathbf{A}^{-1}$ が存在し、

$|\mathbf{A}^{-1}| = \dfrac{1}{|\mathbf{A}|}$

が成立する。

ここで、以下の正則な 3×3 行列を想定する。

$$\mathbf{A} = \begin{pmatrix} a_{11} & a_{12} & a_{13} \\ a_{21} & a_{22} & a_{23} \\ a_{31} & a_{32} & a_{33} \end{pmatrix} \quad , \quad |\mathbf{A}| \neq 0$$

求めたい逆行列を

$$\mathbf{A}^{-1} = \begin{pmatrix} x_{11} & x_{12} & x_{13} \\ x_{21} & x_{22} & x_{23} \\ x_{31} & x_{32} & x_{33} \end{pmatrix} \tag{4.22}$$

とおくと、逆行列の定義から

$$\begin{pmatrix} a_{11} & a_{12} & a_{13} \\ a_{21} & a_{22} & a_{23} \\ a_{31} & a_{32} & a_{33} \end{pmatrix} \begin{pmatrix} x_{11} & x_{12} & x_{13} \\ x_{21} & x_{22} & x_{23} \\ x_{31} & x_{32} & x_{33} \end{pmatrix} = \begin{pmatrix} 1 & 0 & 0 \\ 0 & 1 & 0 \\ 0 & 0 & 1 \end{pmatrix}$$

が成立する。この行列の積を計算すると、次の3組の連立1次方程式が得られる。

$$\begin{cases} a_{11}x_{11} + a_{12}x_{21} + a_{13}x_{31} = 1 \\ a_{21}x_{11} + a_{22}x_{21} + a_{23}x_{31} = 0 \\ a_{31}x_{11} + a_{32}x_{21} + a_{33}x_{31} = 0 \end{cases} \tag{4.23}$$

$$\begin{cases} a_{11}x_{12} + a_{12}x_{22} + a_{13}x_{32} = 0 \\ a_{21}x_{12} + a_{22}x_{22} + a_{23}x_{32} = 1 \\ a_{31}x_{12} + a_{32}x_{22} + a_{33}x_{32} = 0 \end{cases}$$

$$\begin{cases} a_{11}x_{13} + a_{12}x_{23} + a_{13}x_{33} = 0 \\ a_{21}x_{13} + a_{22}x_{23} + a_{23}x_{33} = 0 \\ a_{31}x_{13} + a_{32}x_{23} + a_{33}x_{33} = 1 \end{cases}$$

行列$\mathbf{A}$は正則なので、これらの連立1次方程式にクラメルの公式(4.13)を適用することで解を求めることができる。例えば、(4.23)式の解は

$$x_{11} = \frac{\begin{vmatrix} 1 & a_{12} & a_{13} \\ 0 & a_{22} & a_{23} \\ 0 & a_{32} & a_{33} \end{vmatrix}}{|\mathbf{A}|} \quad , \quad x_{21} = \frac{\begin{vmatrix} a_{11} & 1 & a_{13} \\ a_{21} & 0 & a_{23} \\ a_{31} & 0 & a_{33} \end{vmatrix}}{|\mathbf{A}|} \quad , \quad x_{31} = \frac{\begin{vmatrix} a_{11} & a_{12} & 1 \\ a_{21} & a_{22} & 0 \\ a_{31} & a_{32} & 0 \end{vmatrix}}{|\mathbf{A}|}$$

となる。さらに、これらの解の分子の行列式を余因子$\widetilde{a}_{11}, \widetilde{a}_{12}, \widetilde{a}_{13}$を使って書き直すと、(4.15)式から

$$x_{11} = \frac{\widetilde{a}_{11}}{|\mathbf{A}|} \quad , \quad x_{21} = \frac{\widetilde{a}_{12}}{|\mathbf{A}|} \quad , \quad x_{31} = \frac{\widetilde{a}_{13}}{|\mathbf{A}|}$$

同様に

$$x_{12} = \frac{\widetilde{a}_{21}}{|\mathbf{A}|} \quad , \quad x_{22} = \frac{\widetilde{a}_{22}}{|\mathbf{A}|} \quad , \quad x_{32} = \frac{\widetilde{a}_{23}}{|\mathbf{A}|}$$

$$x_{13} = \frac{\widetilde{a}_{31}}{|\mathbf{A}|}, \quad x_{23} = \frac{\widetilde{a}_{32}}{|\mathbf{A}|}, \quad x_{33} = \frac{\widetilde{a}_{33}}{|\mathbf{A}|}$$

が得られる。したがって、逆行列 $\mathbf{A}^{-1}$ は

$$\mathbf{A}^{-1} = \frac{1}{|\mathbf{A}|} \begin{pmatrix} \widetilde{a}_{11} & \widetilde{a}_{21} & \widetilde{a}_{31} \\ \widetilde{a}_{12} & \widetilde{a}_{22} & \widetilde{a}_{32} \\ \widetilde{a}_{13} & \widetilde{a}_{23} & \widetilde{a}_{33} \end{pmatrix} \tag{4.24}$$

で計算され、この式を**逆行列の公式**と呼ぶ。(i, j) 要素は $\widetilde{a}_{ji}/|\mathbf{A}|$ であり、添字が反対になっていることに注意が必要である。この公式は一般の正則行列に対して成立する。

例題 4.15

連立方程式(4.20)の係数行列 $\mathbf{A}$ を考える。逆行列 $\mathbf{A}^{-1}$ を求めるために、(4.11)式から

$$|\mathbf{A}| = \begin{vmatrix} 1 & 3 & 3 \\ 3 & -1 & 2 \\ 2 & 4 & -1 \end{vmatrix} = 56$$

一方、余因子 $\widetilde{a}_{11}$ は、

$$\widetilde{a}_{11} = \begin{vmatrix} 1 & 3 & 3 \\ 0 & -1 & 2 \\ 0 & 4 & -1 \end{vmatrix} = -7$$

同様にして他の余因子を求めると、逆行列は(4.24)式から

$$\mathbf{A}^{-1} = \frac{1}{56} \begin{pmatrix} -7 & 15 & 9 \\ 7 & -7 & 9 \\ 14 & 2 & -10 \end{pmatrix}$$

となる。

4.5 固有値と固有ベクトル

二つの変数 x と y が正比例していることを $y = ax$ で表す。これを行列に拡張したものが**線形変換**（もしくは1次変換）と呼ばれるものであり、ある平面上の

1点 $\mathbf{x}$ を他の1点 $\mathbf{y}$ に写すという幾何学的な意味をもち、座標系を変換するために用いられる。正比例の式 $y = ax$ では、比例定数 a が変換を特徴づけるが、$\mathbf{y} = \mathbf{Ax}$ で表される線形変換を特徴付けるのは固有値と呼ばれるものである。すなわち、固有値は線形変換における比例定数の役割を担っている。

正方行列 $\mathbf{A}$ において

$$\lambda \mathbf{x} = \mathbf{Ax} \tag{4.25}$$

となる λ とベクトル $\mathbf{x}$ が存在するとき、λ を行列 $\mathbf{A}$ の**固有値**、$\mathbf{x}$ を**固有ベクトル**と呼ぶ。

正方行列の固有値 λ は、以下の方程式の解である。

$$|\lambda \mathbf{I} - \mathbf{A}| = 0$$

なお、この方程式を**固有方程式**と呼ぶ。

正方行列 $\mathbf{A}$ が n 次正方行列である場合、固有値は n 個(重複を含む)存在し[1]、これらの値を $\lambda_1, \lambda_2, \cdots, \lambda_n$ とすると、

$$\prod_{i=1}^{n} \lambda_i = |\mathbf{A}| \quad , \quad \sum_{i=1}^{n} \lambda_i = \sum_{i=1}^{n} a_{ii} \tag{4.26}$$

が成り立つ。

正方行列 $\mathbf{A}$ とその転置行列 $\mathbf{A}^T$ が等しい、つまり $\mathbf{A} = \mathbf{A}^T$ のとき、正方行列 $\mathbf{A}$ を**対称行列**と呼ぶ。対称行列の固有値には、以下のような特徴がある。

① 固有値はすべて実数である。
② 異なる固有値に対応する固有ベクトルは互いに直交する。

例題 4.16

$\mathbf{A} = \begin{pmatrix} 2 & 1 \\ 1 & 2 \end{pmatrix}$ であるとき、固有値 λ は

$$|\lambda \mathbf{I} - \mathbf{A}| = \begin{vmatrix} \lambda - 2 & -1 \\ -1 & \lambda - 2 \end{vmatrix} = (\lambda - 2)(\lambda - 2) - 1 = (\lambda - 1)(\lambda - 3) = 0$$

---

[1] 固有値は実数のみとする立場もある。その場合には複素数の固有値は含まれないので固有値の数は n 個以下となる。

の解として計算されるので、$\lambda_1 = 1, \lambda_2 = 3$ となる。$\mathbf{x} = \begin{pmatrix} x_1 \\ x_2 \end{pmatrix}$ とすると、(4.25)式より、$\lambda_1 = 1$のときには

$$1 \cdot \begin{pmatrix} x_1 \\ x_2 \end{pmatrix} = \begin{pmatrix} 2 & 1 \\ 1 & 2 \end{pmatrix} \cdot \begin{pmatrix} x_1 \\ x_2 \end{pmatrix}$$

であるので

$$\begin{cases} x_1 + x_2 = 0 \\ x_1 + x_2 = 0 \end{cases}$$

となり、固有ベクトルは

$$\mathbf{x}_1 = v_1 \begin{pmatrix} 1 \\ -1 \end{pmatrix}$$

で与えられる。ただし、v_1は 0 でない任意の実数である。また、$\lambda_2 = 3$のときには

$$3 \cdot \begin{pmatrix} x_1 \\ x_2 \end{pmatrix} = \begin{pmatrix} 2 & 1 \\ 1 & 2 \end{pmatrix} \cdot \begin{pmatrix} x_1 \\ x_2 \end{pmatrix}$$

であるので

$$\begin{cases} x_1 - x_2 = 0 \\ x_1 - x_2 = 0 \end{cases}$$

となり、固有ベクトルは

$$\mathbf{x}_2 = v_2 \begin{pmatrix} 1 \\ 1 \end{pmatrix}$$

で計算される。ただし、v_2は 0 でない任意の実数である。さらに、これら 2 つの固有ベクトルの内積は、(4.4)式より、

$$\mathbf{x}_1^T \mathbf{x}_2 = v_1 \begin{pmatrix} 1 & -1 \end{pmatrix} v_2 \begin{pmatrix} 1 \\ 1 \end{pmatrix} = v_1 v_2 - v_1 v_2 = 0$$

となるので、これら二つの固有ベクトルは直交する。

次に、$\mathbf{B} = \begin{pmatrix} 1 & 5 \\ -3 & 1 \end{pmatrix}$ について検討する。この場合の固有方程式は、

$$|\lambda \mathbf{I} - \mathbf{B}| = \begin{vmatrix} \lambda - 1 & -5 \\ 3 & \lambda - 1 \end{vmatrix} = \lambda^2 - 2\lambda + 16 = 0$$

であるので、$\lambda = 1 \pm 2\sqrt{-15}$ となり、固有値は複素数となる。

n 次の対称行列 $\mathbf{A}$ の固有値を λ_i ($i=1,2,\cdots,n$)、それぞれの固有値 λ_i に対応する固有ベクトルを $\mathbf{x}_i$ とし、$\mathbf{x}_i$ は正規化されているものと仮定する（すなわち $\mathbf{x}_i^\top \mathbf{x}_i = 1$）。このとき、行列 $\mathbf{A}$ は以下のように分解されるが、この分解のことを**スペクトル分解**という。

$$\mathbf{A} = \sum_{i=1}^{n} \lambda_i \mathbf{x}_i \mathbf{x}_i^\top \tag{4.27}$$

スペクトル分解は一意であり、$\mathbf{x}_i$ は互いに直交するので、

$$\mathbf{A}^k = \sum_{i=1}^{n} \lambda_i^k \mathbf{x}_i \mathbf{x}_i^\top, \quad k = 0, 1, \cdots$$

が成り立つ。ただし、$\mathbf{A}^0 = \mathbf{I}$ である。

例題 4.17

例題 4.16 の対称行列 $\mathbf{A}$ のスペクトル分解を求めてみる。各固有ベクトルを正規化すると、

$$v_1^2 \begin{pmatrix} 1 & -1 \end{pmatrix} \begin{pmatrix} 1 \\ -1 \end{pmatrix} = 2v_1^2 = 1, \quad v_2^2 \begin{pmatrix} 1 & 1 \end{pmatrix} \begin{pmatrix} 1 \\ 1 \end{pmatrix} = 2v_2^2 = 1$$

したがって、$v_1 = v_2 = \sqrt{2}/2$ が得られる。よって、求めるスペクトル分解は

$$A = 1 \cdot v_1 \begin{pmatrix} 1 \\ -1 \end{pmatrix} \cdot v_1 \begin{pmatrix} 1 & -1 \end{pmatrix} + 3 \cdot v_2 \begin{pmatrix} 1 \\ 1 \end{pmatrix} \cdot v_2 \begin{pmatrix} 1 & 1 \end{pmatrix} = \left(\frac{\sqrt{2}}{2}\right)^2 \begin{pmatrix} 1 & -1 \\ -1 & 1 \end{pmatrix} + 3 \left(\frac{\sqrt{2}}{2}\right)^2 \begin{pmatrix} 1 & 1 \\ 1 & 1 \end{pmatrix}$$

である。

n 次対称行列 $\mathbf{A}$ と n 次ベクトル $\mathbf{b}$ に対して、

$$\mathbf{b}^\top \mathbf{A} \mathbf{b} = \sum_{i=1}^{n} \sum_{j=1}^{n} b_i a_{ij} b_j \tag{4.28}$$

で定義される実数値を $\mathbf{A}$ の **2 次形式**と呼ぶ（(3.22)式をみよ）。

ゼロでない任意の n 次ベクトル $\mathbf{b}$ に対して n 次対称行列 $\mathbf{A}$ の 2 次形式の値が常に正となるとき、n 次対称行列 $\mathbf{A}$ は**正定値**であるといわれ、2 次形式の値が常に非負であるときには**非負定値**と呼ばれる。次の結果は重要である。証明は木島・岩城（1999）の 78 ページを参照せよ。

| 定理 4.18 |

> Aが正定値 $\Leftrightarrow$ Aのすべての固有値が正

4.6 多変量正規分布

ポートフォリオのリスク評価などにおいては、収益率分布に多変量正規分布が仮定されることが多いが、これは正規分布の場合、多変量への拡張が自然な形で可能なことに起因している。

いま、確率ベクトル $\mathbf{X} = (X_1, X_2, \cdots, X_n)$ をn変量確率変数とする。各々の確率変数X_iの平均を $\mu_i = E[X_i]$、分散を $\sigma_i^2 = \sigma_{ii} = V[X_i]$、共分散を $\sigma_{ij} = C[X_i, X_j]$ とする。また、平均を $\boldsymbol{\mu} = (\mu_1, \mu_2, \cdots, \mu_n)^T$、分散と共分散を $\boldsymbol{\Sigma} = (\sigma_{ij})$ で表すと、$\boldsymbol{\mu}$ はn次元列ベクトル、$\boldsymbol{\Sigma}$ はn次元対称行列である。ただし、$\sigma_{ii} = \sigma_i^2$ とする。

ここで、n次元ベクトル $\mathbf{c} = (c_1, c_2, \cdots, c_n)$ に対して $Y = \sum_{i=1}^{n} c_i (X_i - \mu_i)$ とおくと

$$E[Y^2] = \sum_{i=1}^{n}\sum_{j=1}^{n} c_i c_j \sigma_{ij} = \mathbf{c}^T \boldsymbol{\Sigma} \mathbf{c} \geq 0 \tag{4.29}$$

となるので、一般に共分散行列 $\boldsymbol{\Sigma}$ は非負定値である。以下では、共分散行列 $\boldsymbol{\Sigma}$ は正定値と仮定する。すなわち、ゼロでない任意のn次元ベクトル$\mathbf{c}$に対して

$$\mathbf{c}^T \boldsymbol{\Sigma} \mathbf{c} > 0 \quad , \quad \mathbf{c} \neq 0 \tag{4.30}$$

と仮定する。

| 定義 4.19（n変量正規分布） |

確率ベクトル $\mathbf{X}$ の同時密度関数が

$$f(\mathbf{x}) = \frac{1}{(2\pi)^{n/2} \sqrt{|\boldsymbol{\Sigma}|}} \exp\left\{-\frac{(\mathbf{x}-\boldsymbol{\mu})^T \boldsymbol{\Sigma}^{-1} (\mathbf{x}-\boldsymbol{\mu})}{2}\right\} \quad , \quad \mathbf{x} = (x_1, x_2, \cdots, x_n)^T \tag{4.31}$$

で与えられるとき、$\mathbf{X}$はパラメータ $(\boldsymbol{\mu}, \boldsymbol{\Sigma})$ のn変量正規分布に従うといい、$X \sim N_n(\boldsymbol{\mu}, \boldsymbol{\Sigma})$ と表す。ここで、$|\boldsymbol{\Sigma}|$は$\boldsymbol{\Sigma}$の行列式を、$\boldsymbol{\Sigma}^{-1}$は$\boldsymbol{\Sigma}$の逆行列を表す。

確率ベクトル $\mathbf{X} = (X_1, X_2, \cdots, X_n)$ に対して

$$m_X(\mathbf{t}) = E\left[\exp\{\mathbf{t}^T \mathbf{X}\}\right] \quad , \quad \mathbf{t} = (t_1, t_2, \cdots, t_n) \tag{4.32}$$

が、$\mathbf{t} = \mathbf{0}$ を含む開区間で存在するとき、$\mathbf{t}$ の n 変数関数 $m_X(\mathbf{t})$ を $\mathbf{X}$ の積率母関数と呼ぶ。1 変量正規分布の積率母関数は(2.31)式で与えられたが、多変量の場合も同様の結果が成立する。証明は木島(1994a)を参照せよ。

定理 4.20

n 変量正規分布 $N_n(\boldsymbol{\mu}, \boldsymbol{\Sigma})$ に従う確率ベクトル $\mathbf{X} = (X_1, X_2, \cdots, X_n)$ の積率母関数は、次式で与えられる。

$$m_X(\mathbf{t}) = \exp\left\{\mathbf{t}^T \boldsymbol{\mu} + \frac{1}{2}\mathbf{t}^T \boldsymbol{\Sigma} \mathbf{t}\right\} \quad , \quad \mathbf{t} = (t_1, t_2, \cdots, t_n) \tag{4.33}$$

金融工学では、正規分布に従う確率変数の線形結合を考えるケースが多い。n 変量正規分布 $N_n(\boldsymbol{\mu}, \boldsymbol{\Sigma})$ に従う確率ベクトル $\mathbf{X} = (X_1, X_2, \cdots, X_n)$ と、ゼロでない実数ベクトル $\mathbf{c} = (c_1, c_2, \cdots, c_n)$ に対して、以下の線形結合を考える。

$$P = \sum_{i=1}^n c_i X_i = \mathbf{c}^T \mathbf{X} \tag{4.34}$$

このとき P は、平均 $\mathbf{c}^T \boldsymbol{\mu}$ と分散 $\mathbf{c}^T \boldsymbol{\Sigma} \mathbf{c}$ をもつ（1 変量）正規分布に従う。なぜならば、P の積率母関数は、

$$m_P(t) = E\left[e^{tP}\right] = E\left[\exp\{t\mathbf{c}^T \mathbf{X}\}\right]$$

であるが、最後の式は $\mathbf{X}$ の積率母関数 $m_X(t\mathbf{c})$ に等しい。したがって、(4.33)式から

$$m_P(t) = \exp\left\{t\mathbf{c}^T \boldsymbol{\mu} + \frac{t^2}{2}\mathbf{c}^T \boldsymbol{\Sigma} \mathbf{c}\right\}$$

となるが、これを(2.31)式と比べると、これは平均 $\mathbf{c}^T \boldsymbol{\mu}$、分散 $\mathbf{c}^T \boldsymbol{\Sigma} \mathbf{c}$ の正規分布の積率母関数である。

例題 4.21

R_i を証券 i の（期間 T の）収益率を表す確率変数とし、この証券への投資比率が w_i のポートフォリオを考える。定理 3.19 でみたように、このポートフォリオの収益率 R_P は

$$R_P = \sum_{i=1}^{n} w_i R_i = \mathbf{w}^\top \mathbf{R}, \quad \mathbf{w} = (w_1, w_2, \cdots, w_n)^\top, \quad \mathbf{R} = (R_1, R_2, \cdots, R_n)$$

で与えられる。ここで、$\mathbf{R}$ は n 変量正規分布 $N_n(\boldsymbol{\mu}, \boldsymbol{\Sigma})$ に従っているとすると、ポートフォリオの収益率は平均 $\mu_P = \mathbf{w}^\top \boldsymbol{\mu}$、分散 $\sigma_P^2 = \mathbf{w}^\top \boldsymbol{\Sigma} \mathbf{w}$ の正規分布に従う。

さて、例題 2.28 で定義したポートフォリオの VaR を考えよう。このポートフォリオの現在価値を Q_0、T 時点後におけるポートフォリオ価値を Q_T とすると、収益率の定義から、

$$Q_T - Q_0 = Q_0 R_P$$

したがって、水準 $100\alpha\%$ の VaR は

$$P\{R_P \geq -z_\alpha/Q_0\} = \alpha, \quad z_\alpha > 0$$

を満たす z_α である。標準化 (2.12) によれば

$$Y = \frac{R_P - \mu_P}{\sigma_P} \sim N(0,1)$$

が成立するので、標準正規分布 $N(0,1)$ の生存関数 (2.14) を使えば、

$$1 - \alpha = P\{R_P < -z_\alpha/Q_0\} = P\left\{ Y < -\frac{z_\alpha/Q_0 + \mu_P}{\sigma_P} \right\}$$

が得られる。よって、$1 - \alpha = L(x)$ を満たす x を $x_{1-\alpha}$ とすれば[2]、求める VaR は

$$x_{1-\alpha} = \frac{z_\alpha/Q_0 + \mu_P}{\sigma_P} \Rightarrow z_\alpha = Q_0(\sigma_P x_{1-\alpha} - \mu_P)$$

で与えられる。例えば、$\mu_P = 0.2\%, \sigma_P = 2.5\%$ とすれば、水準 99% の VaR は

$$z_{0.99} = Q_0(0.025 \times 2.33 - 0.002) = 0.05625 \times Q_0$$

となる。

---

[2] このような $x_{1-\alpha}$ を標準正規分布の $100(1-\alpha)$ パーセント点と呼ぶ。よく使われるパーセント点は $x_{0.01} = 2.33$、$x_{0.05} = 1.65$ などである。

演習 4.22

以下の相関行列 $\boldsymbol{\rho}$、標準偏差ベクトル $\boldsymbol{\sigma}$ をもつポートフォリオの水準99% VaRを計算せよ。ただし、ポートフォリオの期待収益率は0、現在のポートフォリオ価値は100億円で、投資比率は等分とする。

$$\boldsymbol{\rho} = \begin{pmatrix} 1 & 0.7 & 0.5 & 0.3 & 0.2 & 0.1 \\ 0.7 & 1 & 0.6 & 0.4 & 0.3 & 0.2 \\ 0.5 & 0.6 & 1 & 0.5 & 0.4 & 0.3 \\ 0.3 & 0.4 & 0.5 & 1 & 0.5 & 0.4 \\ 0.2 & 0.3 & 0.4 & 0.5 & 1 & 0.5 \\ 0.1 & 0.2 & 0.3 & 0.4 & 0.5 & 1 \end{pmatrix}, \quad \boldsymbol{\sigma} = \begin{pmatrix} 0.05 \\ 0.02 \\ 0.04 \\ 0.06 \\ 0.02 \\ 0.10 \end{pmatrix}$$

平均ベクトル $\boldsymbol{\mu}$ がゼロ・ベクトル $\boldsymbol{0}$ で、共分散行列 $\boldsymbol{\Sigma}$ が単位行列 $\boldsymbol{I}$ である n 変量正規分布 $N_n(\boldsymbol{0}, \boldsymbol{I})$ を、n 次元標準正規分布と呼ぶ。このとき、(4.31)式の同時密度関数は

$$f(\mathbf{x}) = \frac{1}{\sqrt{(2\pi)^n}} \exp\left\{-\frac{1}{2}\sum_{i=1}^n x_i^2\right\} = \prod_{i=1}^n \frac{1}{\sqrt{2\pi}} \exp\left\{-\frac{x_i^2}{2}\right\}$$

となる。各自で確認せよ。したがって、$\mathbf{X} = (X_1, X_2, \cdots, X_n)$ が n 次元標準正規分布に従う場合には、各確率変数 $X_1, X_2, \cdots, X_n$ は互いに独立で、各々が（1変量）標準正規分布に従う[3]。独立性の定義(3.6)を思い出そう。

最後に、**コレスキー分解**について証明なしに述べておく。いま、共分散行列 $\boldsymbol{\Sigma} = (\sigma_{ij})$ は正定値（すなわち正則）とする。このとき、下三角行列

$$\mathbf{C} = \begin{pmatrix} c_{11} & 0 & 0 & \cdots & 0 \\ c_{21} & c_{22} & 0 & \cdots & 0 \\ c_{31} & c_{32} & c_{33} & \cdots & 0 \\ \vdots & \vdots & \vdots & \ddots & \vdots \\ c_{n1} & c_{n2} & c_{n3} & \cdots & c_{nn} \end{pmatrix}$$

---

[3] 本書では、n 次元標準正規分布と n 変量標準正規分布は異なる意味で使われる。n 変量標準正規分布では、各確率変数は（1変量）標準正規分布に従うが、それらには互いに相関があっても構わない。第3.1.4節を参照せよ。

により、$\boldsymbol{\Sigma}$ は

$$\boldsymbol{\Sigma} = \mathbf{C}\mathbf{C}^\mathrm{T} \tag{4.35}$$

と分解できる。ただし、

$$c_{11} = \sqrt{\sigma_{11}}$$

$$c_{i1} = \frac{\sigma_{i1}}{\sqrt{\sigma_{11}}} \quad , \quad i = 2, \cdots, n$$

$$c_{jj} = \sqrt{\sigma_{jj} - \sum_{k=1}^{j-1} c_{jk}^2} \quad , \quad j = 2, \cdots, n$$

$$c_{ij} = \frac{1}{c_{jj}} \left(\sigma_{ij} - \sum_{k=1}^{j-1} c_{ik} c_{jk} \right) \quad , \quad j < i \quad , \quad i = 2, \cdots, n$$

ここで、(4.18)式から、

$$|\boldsymbol{\Sigma}| = |\mathbf{C}||\mathbf{C}^\mathrm{T}|$$

であるが、行列式の性質より $|\mathbf{C}^\mathrm{T}| = |\mathbf{C}|$、したがって $|\mathbf{C}|^2 = |\boldsymbol{\Sigma}| \neq 0$ となり、$\mathbf{C}$ は正則（すなわち $c_{ii} \neq 0$）である。

定理 4.23

コレスキー分解(4.35)において $\mathbf{C}$ が正則であり、$\mathbf{X} \sim N_n(\mathbf{0}, \mathbf{I})$ とする。このとき $\mathbf{Y} = \mathbf{C}\mathbf{X} + \boldsymbol{\mu}$ で定義される確率ベクトルは n 変量正規分布 $N_n(\boldsymbol{\mu}, \boldsymbol{\Sigma})$ に従う。逆に $\mathbf{Y} \sim N_n(\boldsymbol{\mu}, \boldsymbol{\Sigma})$ に対して、$\mathbf{X} = \mathbf{C}^{-1}(\mathbf{Y} - \boldsymbol{\mu})$ は n 次元標準正規分布 $N_n(\mathbf{0}, \mathbf{I})$ に従う。

演習 4.24

正定値行列をコレスキー分解するプログラムを作成し、演習4.22で与えられた相関行列をコレスキー分解せよ。

章末問題

4.1 二つの正方行列

$$\mathbf{A} = \begin{pmatrix} 2 & 8 \\ 4 & 6 \end{pmatrix}, \quad \mathbf{B} = \begin{pmatrix} 5 & 3 \\ 7 & 1 \end{pmatrix}$$

を考える。$\mathbf{AB}$ と $\mathbf{BA}$ を計算し、その結果を Excel を用いて確認せよ。

4.2 二つの正方行列

$$\mathbf{A} = \begin{pmatrix} 1 & 1 & 2 \\ 1 & 1 & 2 \\ 2 & 2 & 4 \end{pmatrix}, \quad \mathbf{B} = \begin{pmatrix} -1 & 0 & 1 \\ 0 & 1 & -1 \\ 1 & -1 & 0 \end{pmatrix}$$

を考える。以下の計算を行い、その結果を Excel を用いて確認せよ。

① $\mathbf{AB}$ と $\mathbf{BA}$

② $|\mathbf{AB}|, |\mathbf{BA}|$ と $|\mathbf{A}|$ および $|\mathbf{B}|$

4.3 3次の行列式の場合に、行列式の性質 1〜8 を(4.11)式を用いて確認せよ。

4.4 Excel を用いて、以下の5元連立方程式を①クラメルの公式、②逆行列を使う方法で解け。

$$\begin{cases} x_1 + 2x_2 - x_3 + 2x_4 + x_5 = 1 \\ \quad\quad x_2 + x_3 + x_4 \quad\quad = 4 \\ -x_1 + 3x_2 + 3x_3 \quad\quad - x_5 = 1 \\ x_1 \quad\quad - x_3 \quad\quad + 3x_5 = 1 \\ 2x_1 - x_2 + 3x_3 - 2x_4 + 4x_5 = -7 \end{cases}$$

4.5 (4.26)式を証明せよ。

4.6 $\mathbf{C} = \begin{pmatrix} 1 & 2 & 2 \\ 2 & 1 & -2 \\ 2 & -2 & 1 \end{pmatrix}$ であるとき、固有値と固有ベクトルを求めよ。次に、Excel を用いて最大の固有値を計算せよ。

ヒント！

☆Excel には、固有値や固有ベクトルを計算するための関数は用意されていない。また、固有値を計算する場合には複数の固有値が存在するため、全ての解を求めるのは難しい。そこで、ソルバーによる最適化計算によ

り、$|\lambda \mathbf{I} - \mathbf{A}| = 0$ を満たす最大の固有値 λ を求める。

4.7 章末問題 4.6 の対称行列をスペクトル分解せよ。

4.8 3次の共分散行列において、コレスキー分解(4.35)が成立することを確認せよ。

4.9 演習 4.22 と同じセッティングで、相関行列が次の場合はどうか。また、なぜ VaR の値が減ったかについて考察せよ。

$$\Sigma = \begin{pmatrix} 1 & 0.06 & -0.08 & -0.10 & 0.12 & 0.14 \\ 0.06 & 1 & -0.12 & -0.15 & 0.18 & 0.21 \\ -0.08 & -0.12 & 1 & 0.20 & -0.24 & -0.28 \\ -0.10 & -0.15 & 0.20 & 1 & -0.3 & -0.35 \\ 0.12 & 0.18 & -0.24 & -0.3 & 1 & 0.42 \\ 0.14 & 0.21 & -0.28 & -0.35 & 0.42 & 1 \end{pmatrix}$$

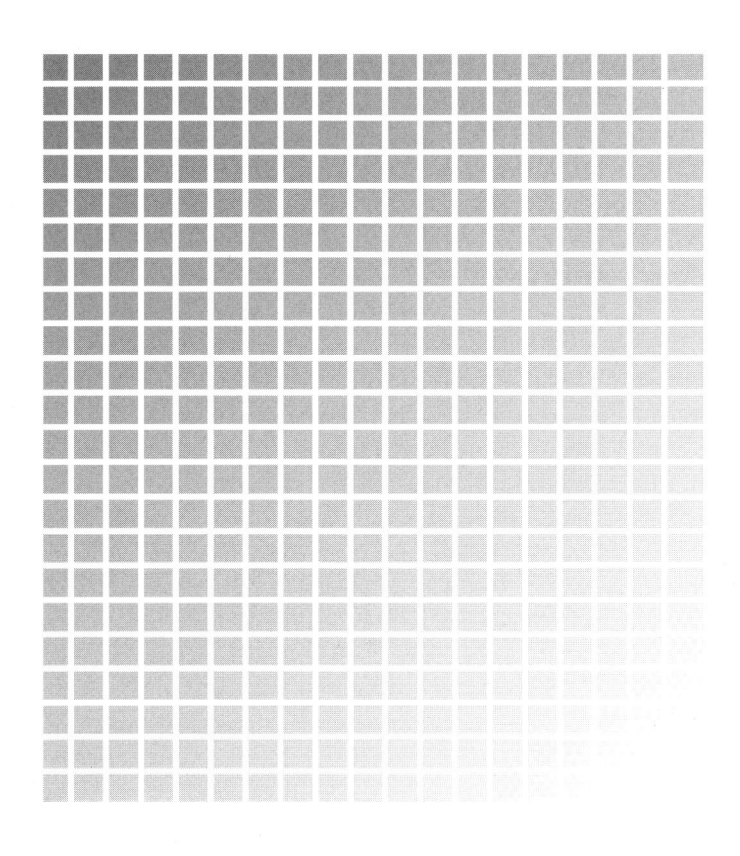

第5章
統計手法の基礎

第5章　統計手法の基礎

この章では、統計データの整理と分析手法の基礎について解説する。統計的推定および仮説検定の理論については専門書（武藤(1983)など）を参照せよ。

5.1 データの整理

統計調査によって何らかの情報を得ようとするとき、その対象とされる集合を**母集団**といい、調査のためにその母集団から取り出されたデータ

$$x_1, x_2, \cdots, x_n$$

を**標本**または**サンプル**、n を**標本の大きさ**と呼ぶ。標本中の各実現値が母集団からデタラメに取り出されたものであれば、それを**無作為標本**と呼び、無作為に標本を抽出することを**無作為抽出**という。

この節では、無限母集団から無作為に抽出されたデータ（標本）の整理方法と得られた標本の値を要約した特性値について説明する。

5.1.1 標本平均と標本分散

n 個の標本 $x_1, x_2, \cdots, x_n$ に対して

$$\bar{x} = \frac{1}{n}\sum_{i=1}^{n} x_i \tag{5.1}$$

を**標本平均**と呼ぶ。無作為抽出の場合にはどの標本も等確率で（独立に）選ばれたと考えられるから、どの標本 x_i も重みは同じである。この重みを確率と考えれば、標本平均(5.1)は実現値 x_i の生起確率が $1/n$ である場合の平均(2.21)に相当する。

次に、n 個の標本 $x_1, x_2, \cdots, x_n$ に対して

$$s_x^2 = \frac{1}{n}\sum_{i=1}^{n}(x_i - \bar{x})^2 = \frac{1}{n}\sum_{i=1}^{n} x_i^2 - \bar{x}^2 \tag{5.2}$$

を**標本分散**、標本分散の平方根 $s_x = \sqrt{s_x^2}$ を**標本標準偏差**と呼ぶ。標本分散は実現値 x_i の生起確率が $1/n$ である場合の分散(2.25)に相当する。標本分散は標本デ

ータのばらつきを測る尺度として利用される。

ところで、後述するように標本分散(5.2)は統計的性質があまり良くないことが知られており、このため実務では以下の**不偏標本分散**を利用することが多い。

$$U_x^2 = \frac{1}{n-1}\sum_{i=1}^{n}(x_i - \bar{x})^2 = \frac{1}{n-1}\sum_{i=1}^{n}x_i^2 - \frac{n}{n-1}\bar{x}^2 \tag{5.3}$$

標本分散との差はnの代わりに$n-1$で割ったことだけであり、

$$s_x^2 = \frac{n-1}{n}U_x^2$$

という関係が成立する。したがって、標本数nが十分大きいときには両者の差はほとんどない。不偏標本分散の平方根を**不偏標本標準偏差**という。

5.1.2 標本モーメント

分散は平均回りの2次のモーメントである。平均回りのk次の（不偏）モーメントは

$$m_k = \frac{1}{n-1}\sum_{i=1}^{n}(x_i - \bar{x})^k$$

で与えられる。特に、3次モーメントを標準偏差で基準化したもの

$$k_3 = \frac{m_3}{U_x^3}$$

を**標本歪度**と呼び、標本分布の対称性の度合を表す尺度である。標本分布が左右対称ならば$k_3 = 0$、分布の裾が右に尾を引いていれば$k_3 > 0$、逆に左に尾を引いていれば$k_3 < 0$となる。

4次モーメントを標準偏差で基準化したもの

$$k_4 = \frac{m_4}{U_x^4}$$

を**標本尖度**と呼ぶ。正規分布では$m_4/\sigma^4 = 3$となるので、尖度は正規分布を基準にした場合の標本分布の山のとがり具合を表す尺度である。$k_4 > 3$の場合には標本分布が正規分布よりとがっていることを示し、$k_4 < 3$ならばその逆である。

演習 5.1

　Excel ファイルとして A、B、C、D、E の 5 銘柄の日次株価収益率のデータが与えられている。銘柄 A の収益率の平均、分散、歪度、尖度などの基本統計量を計算せよ。その結果から、このデータを正規分布とみなしてよいかどうかについて検討せよ。

ヒント!

☆Excel には分析ツールが用意されており、ある程度の統計分析が可能である。「分析ツール」を用いるには、アドインとして登録する必要がある。「ツール(T)」⇒「アドイン(I)...」を選択するとメニューが表示されるので、「分析ツール」の項目をチェックする。さらに基本統計量を分析するには、以下のメニュー画面において「基本統計量」を選択しOKボタンを押す。

☆入力範囲のところに分析の対象となるデータ、出力先、出力する項目（統計情報）などを指定してOKを押すと、平均、分散、歪度、尖度などの基本統計量が出力される。

5.1.3 度数分布

サイコロ投げの実験のように、離散的な確率変数から得られるデータを整理する場合には、標本平均や分散を計算するよりも、出た目の回数がわかるように表やグラフで結果を表したほうが情報は多い。

一方、株価のように連続的な確率変数から得られるデータの場合には、標本空間を等間隔に分割して**クラス**を作り、クラスに応じた度数分布表を作成する。表 5.2 は演習 5.1 の株価収益率データを集計した表である。各クラスのデータの代表的数値を**代表値**と呼び、通常は各クラスにおける中央の値を使う。f_i をクラス i の度数としたとき、それを標本数で割った f_i/n をクラス i の**相対度数**という。このデータをヒストグラムで表したものが図 5.3 である。
度数分布表が与えられている場合に N をクラスの数、x_i をクラス i の代表値とすると、標本平均 $\bar{x}$ は

$$\bar{x} = \sum_{i=1}^{N} x_i \frac{f_i}{n} = \frac{1}{n}\sum_{i=1}^{N} x_i f_i$$

標本分散は

$$s_x^2 = \sum_{i=1}^{N} (x_i - \bar{x})^2 \frac{f_i}{n} = \frac{1}{n}\sum_{i=1}^{N} (x_i - \bar{x})^2 f_i$$

で計算される。

表5.2 株価収益率の度数分布表

データ区間	頻度	累積%	データ区間	頻度	累積%
-0.20	0	0.00%	0.00	291	31.43%
-0.18	0	0.00%	0.02	220	55.18%
-0.16	0	0.00%	-0.02	162	72.68%
-0.14	0	0.00%	0.04	111	84.67%
-0.12	1	0.11%	0.06	44	89.42%
-0.10	0	0.11%	-0.04	39	93.63%
-0.08	1	0.22%	0.08	28	96.65%
-0.06	14	1.73%	-0.06	14	98.16%
-0.04	39	5.94%	0.10	9	99.14%
-0.02	162	23.43%	0.12	2	99.35%
0.00	291	54.86%	0.16	2	99.57%
0.02	220	78.62%	-0.12	1	99.68%
0.04	111	90.60%	-0.08	1	99.78%
0.06	44	95.36%	0.14	1	99.89%
0.08	28	98.38%	0.18	1	100.00%
0.10	9	99.35%	-0.20	0	100.00%
0.12	2	99.57%	-0.18	0	100.00%
0.14	1	99.68%	-0.16	0	100.00%
0.16	2	99.89%	-0.14	0	100.00%
0.18	1	100.00%	-0.10	0	100.00%
0.20	0	100.00%	0.20	0	100.00%
次の級	0	100.00%	次の級	0	100.00%

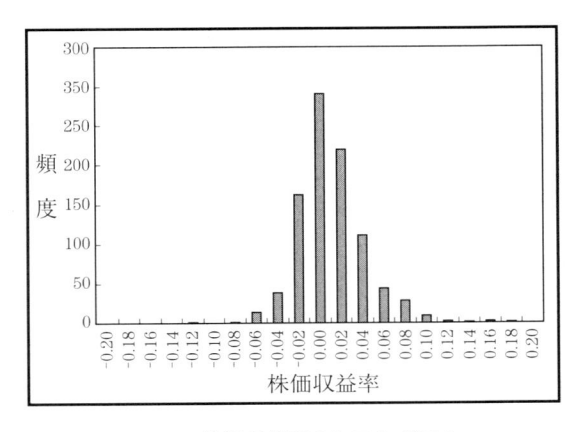

図 5.3 株価収益率のヒストグラム

演習 5.4

表 5.2 で与えられたデータについて、度数分布表から計算される標本平均・分散と、定義 (5.1)、(5.2) に基づいて計算される標本平均・分散の値を比較せよ。

演習 5.5

Excel の「分析ツール」を利用して、演習 5.1 のデータに対して度数分布表とヒストグラムを作成せよ。

ヒント！

☆度数分布表やヒストグラムを作成するには、事前にクラスの中央値を指定する必要がある。クラスの値を入力した後、「ツール(T)」⇒「分析ツール(D)...」⇒「ヒストグラム」を選択しOKボタンを押す。次のような画面が表示されるので、分析の対象となるデータを入力範囲に、入力したクラスの値をデータ区間に指定する。また、パレート図などが必要な場合には必要項目をチェックしてOKボタンを押す。

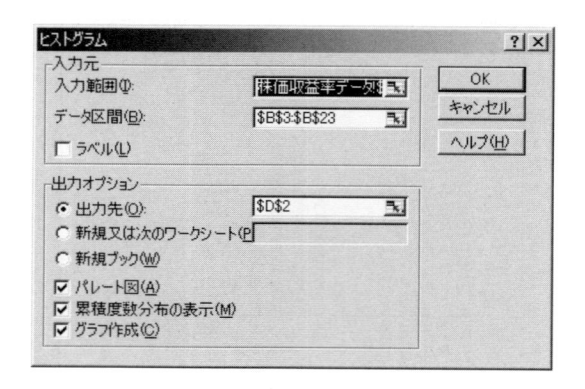

5.1.4　2変量データの整理

　表5.6は、1990年の分析対象企業数を基準とした企業倒産率[1]と経済指標に関する4変量データである[2]。このなかの2変量を取り出し、一つのデータを横軸に、他のデータを縦軸にして、それらの観測値を組み合わせて平面上にプロットしたものを**散布図**と呼ぶ。図5.7に為替とマネーサプライの散布図を描いた。

　2変量のデータ

$$(x_1, y_1), (x_2, y_2), \cdots, (x_n, y_n)$$

が与えられているときには、各変量の分析はもちろんのこと、変量間の関係を表現する特性値に興味がある。

　上のn個の標本に対して

$$c_{xy} = \frac{1}{n}\sum_{i=1}^{n}(x_i - \bar{x})(y_i - \bar{y}) = \frac{1}{n}\sum_{i=1}^{n}x_i y_i - \overline{xy} \tag{5.4}$$

を**標本共分散**と呼ぶ。

---

[1] S_tを1990年に分析対象とした企業のうち時点tで存続している企業数とすれば、時点tでの倒産率は$(S_{t-1} - S_t)/S_{t-1}$で与えられる。
[2] 以降の分析で特徴が出やすいように加工した例示用のデータであり、実際の数値ではない。

表 5.6 経済指標と企業倒産率

年度	為替	マネーサプライ	公定歩合	企業倒産率
1990	176.050	492.209	6.000	
1991	165.830	512.205	4.967	0.0147
1992	154.500	509.967	3.250	0.0120
1993	111.890	516.890	1.750	0.0056
1994	99.830	531.906	1.750	0.0038
1995	102.905	549.154	0.500	0.0023
1996	115.975	505.342	0.500	0.0018
1997	117.590	615.332	0.500	0.0031
1998	134.608	739.363	0.300	0.0043
1999	127.709	862.194	0.250	0.0041
2000	118.115	843.684	0.250	0.0040
2001	116.867	812.807	0.386	0.0037
2002	105.030	864.497	0.600	0.0040

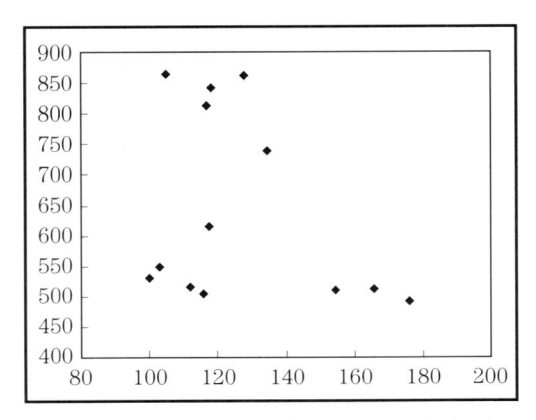

図 5.7 為替とマネーサプライの関係（散布図）

分散の場合と同様に、n ではなく $n-1$ で割った

第 5 章 統計手法の基礎

$$U_{xy} = \frac{1}{n-1}\sum_{i=1}^{n}(x_i - \bar{x})(y_i - \bar{y}) = \frac{1}{n-1}\sum_{i=1}^{n}x_i y_i - \frac{n}{n-1}\overline{xy} \tag{5.5}$$

を標本共分散とすることも多い。いずれにしても、**標本相関係数**は次式で定義される。

$$r_{xy} = \frac{c_{xy}}{s_x s_y} = \frac{U_{xy}}{U_x U_y} \tag{5.6}$$

標本共分散は実現値 (x_i, y_i) の生起確率が $1/n$ である場合の共分散である。共分散と相関係数の意味を第 3.1.3 節に戻って確認せよ。

演習 5.8

表 5.6 で与えられたデータについて、Excel の分析ツールを利用して各変数の標本平均と分散および相関係数を求めよ。

以下では、標本分散（標準偏差）といえば不偏分散（不偏標準偏差）を表すことにする。また、混乱の恐れのないときには、標本を付けないで標本平均を単に平均、標本分散を分散などと呼ぶことにする。

5.2 基本的な定理

表の出る確率が p のコインを独立に n 回投げる試行を考え、X_t を第 t 回目の結果を表す確率変数とする。$X_t = 1$ ならばコインの表が出たことを、$X_t = 0$ ならばコインの裏が出たことを表す。試行が独立で同一なので、確率変数も独立で同一の分布に従う。このように、独立で同じ分布に従う試行を**ベルヌーイ試行**と呼ぶ。

さて、成功確率が p のベルヌーイ分布に従うベルヌーイ試行において

$$Y_n = X_1 + X_2 + \cdots + X_n \tag{5.7}$$

で定義される確率変数 Y_n を考えよう。コイン投げの例では、Y_n は n 回のコイン投げにおいて表の出た回数を表す確率変数で、Y_n は前出の**二項分布** $B(n, p)$ に従う。二項分布がベルヌーイ試行の結果として得られるという事実は重要である。

期待値の線形性と(5.7)式から、

$$E[Y_n] = E[X_1] + E[X_2] + \cdots + E[X_n]$$

であるが、各ベルヌーイ分布 $Be(p)$ の平均は p なので、二項分布 $B(n,p)$ の平均は np になる。一方、二項分布の分散は、独立性と(5.7)式から

$$V[Y_n] = V[X_1] + V[X_2] + \cdots + V[X_n]$$

となるが、各ベルヌーイ分布の分散は $p(1-p)$ なので、二項分布の分散は $np(1-p)$ となる。表 2.25 を確認せよ。

5.2.1 大数の法則

X_t をあるベルヌーイ試行の t 回目の実験（または観察）の結果を表す確率変数とし、それら n 個の**算術平均**

$$\overline{X}_n = \frac{Y_n}{n} = \frac{X_1 + X_2 + \cdots + X_n}{n} \tag{5.8}$$

を考える。各試行は同じ分布に従うので、各 X_t の平均と分散は同じである。平均を $\mu = E[X_t]$、分散を $\sigma^2 = V[X_t]$ とおけば、上とまったく同じ方法で、$\overline{X}_n$ の平均と分散はそれぞれ

$$E[\overline{X}_n] = \mu \quad , \quad V[\overline{X}_n] = \frac{\sigma^2}{n}$$

となる。したがって、ベルヌーイ試行を無限回続けることで算術平均 $\overline{X}_n$ の分散を 0 に近づけることができる。分散の性質（定理 2.24）から、分散が 0 ならば確率変数は平均に一致する。つまり、ベルヌーイ試行を無限回続けることで、算術平均 $\overline{X}_n$ は各試行の平均 μ に（確実）に収束するのである。これを**大数の法則**と呼んでいる。

演習 5.9

各 X_t が成功確率 $p = 0.4$ のベルヌーイ分布に従う場合に、算術平均 $\overline{X}_n$ の従う確率分布を $n = 5, 10, 30, 60$ の場合に描け。n の増加とともにどのようになるかを観察せよ。

> **ヒント!**
> ☆ Y_n は二項分布 $B(n, p)$ に従う。

　大数の法則は統計学において重要な役割を演じる。統計調査によって何らかの情報を得ようとするとき、その母集団から標本を抽出する際に、標本を実際に抽出するまでは何が得られるかわからないので、t 番目に得られる標本を確率変数 X_t で表しておく。無限母集団から無作為に標本を抽出するということは、ベルヌーイ試行で標本を抽出することと同じである。実際に得られた標本は、確率変数 X_t の実現値であるから $x_t = X_t(\omega)$ と表される。統計学では算術平均(5.8)の実現値を標本平均と呼んだことに注意すれば、大数の法則から、標本数 n が十分大きければ標本平均 $\bar{x}_n = \bar{X}_n(\omega)$ は確実に母平均 μ を推定することができる。これが**統計的推定**の考え方である。

例題 5.10

　ある株式の t 日の終値を $S(t)$ とする。対数収益率とは
$$x_t = \log \frac{S(t+1)}{S(t)}$$
で定義される実現値である。もし対数収益率がベルヌーイ試行による標本であるとすれば、大数の法則より、平均対数収益率 μ_X は
$$\mu_X = \lim_{n \to \infty} \frac{x_1 + x_2 + \cdots + x_n}{n}$$
で確実に推定される。実際には、無限個のデータを入手できないので、適当な標本サイズ n を使って μ_X を
$$\mu_X \approx \bar{x}_n \equiv \frac{x_1 + x_2 + \cdots + x_n}{n}$$
により推定することになる。この場合には、推定値 $\bar{x}_n$ は標本の実現値に依存するので、その統計的性質を議論するためには、後述するように、標本 $S(t)$ を確率変数として捉える（その結果、推定値も確率変数になる）必要がある。

演習 5.11

Excel ファイルに A、B、C、D、E の 5 銘柄の株式の日次終値が与えられている。それぞれの平均対数収益率と平均収益率を推定し、それらを比較せよ。

5.2.2 中心極限定理

成功確率が p のベルヌーイ分布に従うベルヌーイ試行において、(5.7)式で定義される確率変数 Y_n を考える。上述のように、Y_n の平均と分散は

$$E[Y_n] = np \quad , \quad V[Y_n] = np(1-p)$$

で与えられる。大数の法則とは異なり、ここでは算術平均ではなく、Y_n の標準化(2.12)を考える。すなわち、

$$\overline{S}_n = \frac{X_1 + X_2 \cdots + X_n - np}{\sqrt{np(1-p)}} \tag{5.9}$$

簡単な計算から $\overline{S}_n$ の平均は 0、分散は 1 であることがわかる。したがって、この場合には、大数の法則とは異なり $\overline{S}_n$ は定数には収束しない。ところが、n が大きくなると、標準化された確率変数 $\overline{S}_n$ の従う分布は標準正規分布に近づくことが知られている。これを**ドモアブル・ラプラスの定理**と呼んでいる。

演習 5.12

各 X_i が成功確率 $p = 0.4$ のベルヌーイ分布に従う場合に、$\overline{S}_n$ の従う確率分布を $n = 5, 10, 30, 60$ の場合に描け。n の増加とともに分布形がどのようになるかを観察せよ。

ドモアブル・ラプラスの定理を拡張すると、確率論におけるもっとも重要な結果の一つである**中心極限定理**が導かれる。証明は、例えば木島(1994a)の第 3 章を参照せよ。

定理 5.13（中心極限定理）

$X_1, X_2, \cdots$ を独立で同一の分布に従う確率変数の列とし、平均を $E[X_1] = \mu$、分散を $V[X_1] = \sigma^2$ とする。このとき、標準化された確率変数

$$\overline{S}_n = \frac{X_1 + X_2 \cdots + X_n - n\mu}{\sqrt{n\sigma^2}} \tag{5.10}$$

の従う分布は、$n \to \infty$ のとき標準正規分布に収束する。

中心極限定理から、十分大きな n に対して、$X_1, X_2, \cdots$ の従う確率分布が何であれ、それらが独立で同一ならば、和 $X_1 + X_2 + \cdots + X_n$ は平均 $n\mu$ と分散 $n\sigma^2$ をもつ正規分布で近似されることがわかる。

例題 5.14

例題 5.10 と同様に、$S(t)$ をある株式の t 日の終値とする。

$$\frac{S(T)}{S(0)} = \frac{S(1)}{S(0)} \frac{S(2)}{S(1)} \cdots \frac{S(T)}{S(T-1)}$$

であるから、対数収益率 $X_t = \log[S(t)/S(t-1)]$ に関して

$$\log \frac{S(T)}{S(0)} = X_1 + X_2 + \cdots + X_T$$

が成立する。ここで X_t は独立で同一分布に従う確率変数で、平均を $\mu = E[X_t]$、分散を $\sigma^2 = V[X_t]$ とすれば、中心極限定理から、十分大きな T に対して $\log[S(T)/S(0)]$ は正規分布 $N(T\mu, T\sigma^2)$ で近似されることになる。対数をとったとき正規分布に従う分布を**対数正規分布**と呼ぶので、この結果は、十分大きな T に対して、株価 $S(T)$ は対数正規分布に従うことを示している。

ところで、中心極限定理では独立性の仮定が本質的であるが、実際の証券価格では、対数収益率 X_t は独立とはいえない。それにもかかわらず、実際のデータを調べてみると、表 5.15 に示すように、T が大きくなると $\log[S(T)/S(0)]$ は正規分布の特性を示すようになる（木島(1998)より抜粋）。ただし、ここでは日経平均株価のデータを使用し、k_3 を歪度、k_4 を尖度とした。X が正規分布 $N(\mu, \sigma^2)$

に従う場合には $k_3 = 0$, $k_4 = 3$ である。

表 5.15 日経平均株価の統計量

	$T=1$ （日）	$T=5$ （週）	$T=25$ （月）
k_3	0.083	-0.114	-0.0842
k_4	14.334	5.530	3.480

演習 5.16

演習 5.11 で用いた株価終値のデータに対して、各銘柄の対数収益率の歪度と尖度を計算せよ。また、対数収益率の度数分布を描け。

5.2.3 重要な分布

この項では、統計的推定と検定において重要な役割を果たす確率分布を紹介する。結果の詳細（定理の証明など）については統計学の専門書（武藤(1983)など）を参照せよ。

(1) カイ2乗分布

$(0, \infty)$ 上の密度関数

$$f(x) = \frac{1}{2^{n/2}\Gamma(n/2)} x^{(n/2)-1} e^{-x/2}, \quad x > 0 \tag{5.11}$$

をもつ確率変数 X は**自由度 n のカイ2乗分布**に従うといい、記号で

$$X \sim \chi^2(n)$$

と書く。ここで $\Gamma(y)$ は**ガンマ関数**であり、$y > 0$ のとき次式で定義される。

$$\Gamma(y) = \int_0^\infty x^{y-1} e^{-x} dx$$

特に、$\Gamma(1) = \int_0^\infty e^{-x} dx = 1$, $\Gamma(1/2) = \sqrt{\pi}$ である。

$X \sim \chi^2(n)$ の期待値と分散は、それぞれ

$$E[X] = n, \quad V[X] = 2n$$

で与えられる。

カイ2乗分布に関する重要な結果を二つ挙げておく。

定理 5.17

$X_1, X_2, \cdots, X_n$ を独立で標準正規分布に従う確率変数とする。このとき、
$$X_1^2 + X_2^2 + \cdots + X_n^2 \sim \chi^2(n)$$
が成立する。

この結果と中心極限定理により、十分大きな n に対して $\chi^2(n)$ は正規分布 $N(n, 2n)$ で近似される。

演習 5.18

Execl を使って、$n = 4, 10, 20, 50$ に対して $\chi^2(n)$ の分布関数を描き、正規分布 $N(n, 2n)$ の分布関数と比較せよ。

ヒント!

☆カイ2乗分布の密度関数を計算するには、CHIDIST 関数を利用する。

$X_1, X_2, \cdots, X_n$ を独立で正規分布 $N(\mu, \sigma^2)$ に従う確率変数とし、標本平均を
$$\bar{X} = \frac{1}{n}\sum_{i=1}^{n} X_i$$
分散を
$$U_x^2 = \frac{1}{n-1}\sum_{i=1}^{n}(X_i - \bar{X})^2$$
とする。期待値の線形性より
$$E[\bar{X}] = \mu, \quad V[\bar{X}] = \frac{\sigma^2}{n}$$
ここで、正規分布の線形和は正規分布なので、標本平均 $\bar{X}$ は平均 μ と分散 σ^2/n をもつ正規分布に従う。一方、

$$U_x^2 = \frac{1}{n-1}\sum_{i=1}^{n} X_i^2 - \frac{n}{n-1}\overline{X}^2$$

であるから

$$E[U_x^2] = \sigma^2$$

が成立する（章末問題 5.6）。U_x^2 が標本分散として用いられている理由は、まさにここにある。

定理 5.19

$X_1, X_2, \cdots, X_n$ を独立で正規分布 $N(\mu, \sigma^2)$ に従う確率変数とする。
① $\overline{X}$ と U_x^2 は独立である。
② $\overline{X} \sim N(\mu, \sigma^2/n)$。
③ $(n-1)U_x^2/\sigma^2 \sim \chi^2(n-1)$、すなわち

$$\sum_{i=1}^{n}\left(\frac{X_i - \overline{X}}{\sigma}\right)^2 \sim \chi^2(n-1)$$

が成立する。

定理 5.19 において、$\overline{X}$ と U_x^2 は同じ確率変数 $X_1, X_2, \cdots, X_n$ から作られているにもかかわらず、これらが独立になっていることに注意しよう。また、③において標本平均 $\overline{X}$ の代わりに真の平均 $\mu_X = \mu$ を使えば

$$\sum_{i=1}^{n}\left(\frac{X_i - \mu}{\sigma}\right)^2 \sim \chi^2(n)$$

すなわち、標本平均 $\overline{X}$ を平均に使ったほうが自由度は一つ低くなる。

(2) t 分布

$(-\infty, \infty)$ 上の密度関数

$$f(x) = \frac{\Gamma((n+1)/2)}{\sqrt{n\pi}\,\Gamma(n/2)}\left(1 + \frac{x^2}{n}\right)^{-(n+1)/2}, \quad -\infty < x < \infty \tag{5.12}$$

をもつ確率変数 X は、自由度 n の t **分布**に従うといい、記号で

$$X \sim t(n)$$

と書く。

$X \sim t(n)$ のとき、X は n 次以上のモーメントをもたないことに注意しよう。したがって、自由度 1 の t 分布（コーシー分布）には平均すら存在せず、自由度 2 の場合には平均は存在するが、分散は存在しない。ただし、t 分布は $n \to \infty$ のとき、標準正規分布に収束することが知られている。通常 $n \geq 30$ であれば、t 分布を標準正規分布で近似して差し支えない。

t 分布は次の定理の内容によって特徴づけられる。

定理 5.20

$Y \sim N(0,1)$, $Z \sim \chi^2(n)$ とし Y と Z は独立とする。このとき、
$$\frac{Y}{\sqrt{Z/n}} \sim t(n) \tag{5.13}$$
が成立する。

5.3 回帰モデル

　企業の倒産は、その時点での国内の経済状態、為替の水準といった外生的な要因と、企業の個別要因に密接な関係があると考えられる。企業の倒産率を推定するためには、なんらかのモデルが必要であるが、この節ではそうしたモデル構築のための手法について簡単な例を用いながら説明する。

　ところで、こうした統計モデルを適用する場合に注意が必要なのは、それぞれのモデルにはそれぞれの前提条件があり、分析しようとするデータがこうした前提条件を満たしている場合に初めて、そのモデルが意味をもつという点である。こうした前提条件に対する分析なしに、統計モデルを単純に適用しているケースもみられるので注意が必要である[3]。

---

[3] 以下の分析では、企業の倒産確率は 0～1 の範囲に収まる必要があるが、回帰モデルではこの条件を保証することができず、また「存続」と「倒産」という 2 値変数を取り扱うこともできない。したがって、厳密には**ロジット・モデル**や**比例ハザード・モデル**などを適用すべきであるが、実務では倒産に関係するパラメータの影響力を線形モデルで評価した

以下では、表 5.6 に示した年度ごとの経済データと、企業倒産率（ダミー・データ）を用いてモデル構築の例を検討する。経済データを実際に用いる場合には、倒産時期、あるいはデータの発表時期のズレなどによる影響を修正するためのデータ処理が事前に必要であるが、ここではこうした処理についての説明は省略する。

5.3.1 単回帰モデル

n 個の 2 変数データ $(x_1, y_1), (x_2, y_2), \cdots, (x_n, y_n)$ が与えられているものとする。第 3.3 節の最小 2 乗法の項で述べたように、**単回帰モデル** $y_i = \beta_0 + \beta_1 x_i + \varepsilon_i$ を想定し、y_i の推定値 $\hat{y}_i$ が

$$\hat{y}_i = b_0 + b_1 x_i, \quad i = 1, 2, \cdots, n$$

で表されると仮定すると、b_j ($j = 0, 1$) は最小 2 乗法によって推定される。

本節では、データとして n 組の倒産率（y_i）と為替水準（x_i）が観測されており、倒産率を為替水準によって説明する単回帰モデルを構築する場合の手法と前提、留意点などについて述べる。単回帰モデルの詳細についてはドブソン（1993）などを参照せよ。

> **ヒント!**
>
> ☆Excel で「ツール(T)」⇒「分析ツール(D)...」を指定すると、以下のデータ分析画面が表れるので、「回帰分析」を指定し、OK ボタンを押す。
>
> ☆回帰分析の画面が表示されるので、「入力 Y 範囲(Y)」に y の値である企

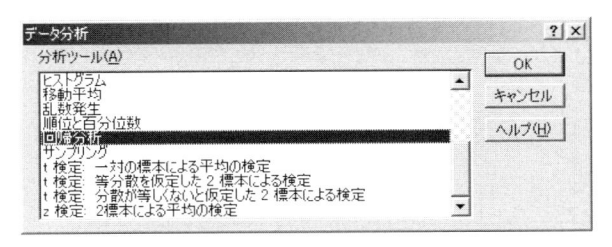

いというニーズもあることから、ここでは回帰モデルを適用する。これらのモデルの詳細については木島・小守林（1999)を参照せよ。

業倒産率のデータを指定、「入力 X 範囲(X)」に x の値である為替データを指定し、最後に、分析結果の出力先を指定する。

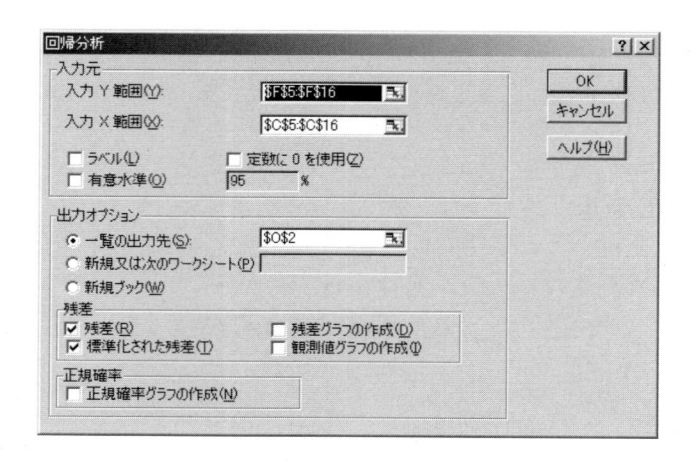

例題 5.21

第 3.3.2 節の最小 2 乗法の項で述べた単回帰モデルを参照しながら、表 5.6 に示したデータを利用して、倒産率を為替レートで説明する単回帰モデルを構築してみよう。Excel による分析結果は以下のとおりである。

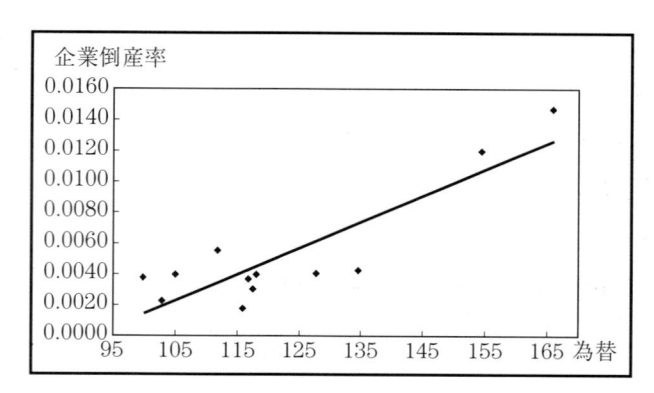

図 5.22 企業倒産率と為替

表 5.23 単回帰モデルの統計量（1991 年～2002 年のデータを使用）

概要

回帰統計	
重相関 R	0.872566
重決定 R2	0.761372
補正 R2	0.737509
標準誤差	0.002014
観測数	12

分散分析表

	自由度	変動	分散	観測された分散比	有意F
回帰	1	0.000129	0.000129	31.90625	0.000213
残差	10	4.06E-05	4.06E-06		
合計	11	0.00017			

	係数	標準誤差	t	P−値	下限95%	上限95%	下限95.0%	上限95.0%
切片	-0.01549	0.003723	-4.16012	0.001948	-0.02378	-0.00719	-0.02378	-0.00719
X 値 1	0.000169	3E-05	5.648561	0.000213	0.000103	0.000236	0.000103	0.000236

残差出力

観測値	予測値：Y	残差	標準残差
1	0.012614	0.002086	1.085912
2	0.010694	0.001306	0.679832
3	0.003473	0.002127	1.107231
4	0.00143	0.00237	1.234137
5	0.001951	0.000349	0.181866
6	0.004166	-0.00237	-1.23163
7	0.004439	-0.00134	-0.69725
8	0.007323	-0.00302	-1.57402
9	0.006154	-0.00205	-1.06942
10	0.004528	-0.00053	-0.27505
11	0.004317	-0.00062	-0.32109
12	0.002311	0.001689	0.879476

　図 5.22 の実線は、1991 年～2002 年のデータを対象に単回帰モデルを当てはめた場合の結果であり、

$$\hat{y}_i = 0.000169 x_i - 0.01549$$

という式で倒産率が推定された。この回帰式は、円安により1ドル当たり円が1円上昇すれば、倒産率は0.0169％だけ上昇することを意味している。また、表5.23は、モデルの適合度をみるための各種統計量を示したものであり、後述する重決定R2（決定係数）は、0.76137となっている。

(1) 統計量の意味

まず、モデルの前提条件などは考えずに、表 5.23 で示された主要な統計量の意味を説明する。

平方和とはデータと平均との差の 2 乗和のことであり、以下のものがある。

<u>実測値（全体）の平方和</u>：$S_T = \sum_{i=1}^{n}(y_i - \bar{y})^2$

（分散分析表の「合計」の「変動」欄に示されている 0.00017）

<u>予測値（モデル）の平方和</u>：$S_R = \sum_{i=1}^{n}(\hat{y}_i - \bar{y})^2$

（分散分析表の「回帰」の「変動」欄に示されている 0.000129）

<u>残差の平方和</u>：$S_E = \sum_{i=1}^{n}(y_i - \hat{y}_i)^2$

（分散分析表の「残差」の「変動」欄に示されている $4.06E-05$）

予測値の平方和は y のばらつきのうち x を原因として説明できる部分の大きさ、残差の平方和は x で説明できない部分の大きさを表す。また、実測値（全体）の平方和は、予測値（モデル）の平方和と残差の平方和を合計したもの（すなわち $S_T = S_R + S_E$）である。

残差の平方和が小さい回帰式のほうが当てはまりが良いと想定されるが、実測値の平方和に対する残差の平方和の割合としたほうが捉えやすい。そこで、

$$R^2 = \frac{S_R}{S_T} \left(= 1 - \frac{S_E}{S_T} \right) \tag{5.14}$$

で定義される R^2 を**決定係数**（**寄与率**）と呼び（概要の「重決定 R2」欄に表示）、R^2 の値が 1 に近いほど当てはまりがよいと考える。この値が 1 であればそのモデルは全体の残差を 100%説明することになり、0 であればまったく説明していないことになる。この例では、$R^2 = 0.761372$ であるから、全体の残差の約 76%がこのモデルにより説明されている。

実測値 y と予測値 $\hat{y}$ との相関係数は**重相関係数**（概要の「重相関 R」欄に表示）と呼ばれるが、決定係数はこの値の 2 乗であり、重相関係数は R になる。

また、x と y の相関係数を ρ_{xy} とすると、単回帰分析の場合には、R^2 は ρ_{xy}^2 に一致する。

次に、**平均平方**とは平方和を自由度で割ったものであり、次のものがある。

予測値（モデル）の平均平方 : $V_R = \dfrac{S_R}{p}$ (5.15)

（分散分析表の「回帰」の「分散」欄に示されている 0.000129）

残差の平均平方 : $V_E = \dfrac{S_E}{n-p-1}$ (5.16)

（分散分析表の「残差」の「分散」欄に示されている 4.06E−06）

ここで、p は説明変数の個数（単回帰の場合には1）であり、n はデータ数（この例では 12）である。

決定係数を分析に用いる際に注意が必要なのは、決定係数は説明変数と目的変数の間に何らかの関係があるかどうかについての判断はできるが、予測式としての有効性については何も示していないということである。この例では、応答変数の平均 $\bar{y}$ は 0.0053、残差の標準偏差 $s_e \left(= \sqrt{V_E}\right)$ は 0.002014 であるから、**変動係数**（C.V.）は

$$\text{C.V.} = \dfrac{s_e}{\bar{y}} \times 100 = \dfrac{0.002014}{0.0053} \times 100 = 38.60056$$

となり、平均値に対する残差はかなり大きいことがわかる。

(2) 推定値の検証

母集団における真の回帰係数 β_0, β_1 とサンプルから推定した b_0, b_1 とは一般には一致せず、サンプルの取り方によって異なる値となる。この推定値の標準偏差が**標準誤差**であり、β_1 の推定値の標準誤差 $D[b_1]$ は、

$$D[b_1] = \dfrac{\sigma}{\sqrt{S_{xx}}}$$ (5.17)

で計算される。ただし、σ は母標準偏差、$S_{xx} = \sum_{i=1}^{n}(x_i - \bar{x})^2$ は x 同士の偏差平方和である。ところが、母標準偏差 σ は未知であるから、その値として推定値である $\sqrt{V_E}$ を用いたのが表 5.23 の標準誤差であり、

$$\hat{D}[b_1] = \frac{\sqrt{V_E}}{\sqrt{S_{xx}}} \tag{5.18}$$

で計算される。

t 統計量は、b_1 の値を（推定）標準誤差で割った

$$t = \frac{b_1}{\hat{D}[b_1]} \tag{5.19}$$

であり、$H_0 : \beta_1 = 0$ という帰無仮説の下では、この値は自由度 $n-2$ の t 分布に従うため t 値と呼ばれる（定理 5.20 を参照）。帰無仮説 H_0 が成立する（つまり $\beta_1 = 0$ が正しい）とき、t 値は 0 付近の値となるので、t 値の絶対値が大きければ帰無仮説が棄却されることになる。

その基準として用いられるのが**有意水準**であり、t 分布の両裾の確率が α となる値を α 有意水準と呼ぶ。この値を t_α で表すと、

$$|t| = \frac{|b_1|}{\hat{D}[b_1]} > t_\alpha \tag{5.20}$$

となる確率はたかだか α であるから、この式が満たされるとき帰無仮説は棄却される。代表的な t_α の値として（$n-2 = 10$ のとき）、99％水準で $t_{0.99} = 2.896$、90％水準で $t_{0.90} = 1.397$ などが利用される。表 5.23 では「X 値 1」の「t」欄の値 5.648561 が t 値であり、この場合には帰無仮説は 99％水準で棄却されるので、b_1 は（0 とはいえないので）意味のある推定値である。

p 値とは、t 分布において求められた t 値の値を実現値が超えてしまう確率のことで、有意確率とも呼ばれる。慣習的には、p 値が 5％以下であれば「仮説 H_0 は有意である」、1％以下であれば「仮説 H_0 は高度に有意である」といわれる。表 5.23 では、「X 値 1」の「P－値」欄の値 0.000213 が p 値であり、帰無仮説は 99.9787％水準で有意であることを示している。

(3) 信頼区間

β_1 とその推定値である b_1 が一致する保証はない。そこで、b_1 が特定区間に入る確率 $(1-\alpha)$ を定めて、その区間を推定したものが**区間推定**であり、信頼率 $(1-\alpha) \times 100$ ％の信頼区間とも呼ばれる。

$\beta_1 \neq 0$ という条件の下で、(5.20)式と同様に、

$$\frac{|b_1 - \beta_1|}{\hat{D}[b_1]} \leq t_\alpha$$

を考える。このとき

$$\beta_1 - t_\alpha \hat{D}[b_1] \leq b_1 \leq \beta_1 + t_\alpha \hat{D}[b_1]$$

であり、$(1-\alpha)$ の確率で β_1 が含まれる区間は

$$b_1 - t_\alpha \hat{D}[b_1] \leq \beta_1 \leq b_1 + t_\alpha \hat{D}[b_1] \tag{5.21}$$

で与えられる。表5.23では「X値1」の「下限95%」欄の値0.000103が95%信頼区間の下限値、「上限95%」欄の値0.000236が95%信頼区間の上限値を示している。

(4) 残差分析

ここまでは、回帰分析の計算方法と各種指標について説明してきたが、注意が必要なのは、ここで求めたモデルはあくまでも仮定された単回帰モデルの前提条件が満たされるときに初めて成り立つという点である。単回帰モデルでは、分析に用いられるデータが母集団からの無作為抽出であることと、単回帰モデルを

$$y_i = \beta_0 + \beta_1 x_i + \varepsilon_i$$

と表した場合、残差 ε_i の確率分布に以下のような仮定が置かれていることを忘れてはならない。したがって、実際のデータ解析ではそれらの仮定が満たされているかどうかの検定や診断を繰り返しながらモデル構築を図ることになる。

まず、残差 ε_i の確率分布に関する仮定として

<u>仮定1</u>　**不偏性**　　　$E[\varepsilon_i] = 0$

　　　　残差 ε_i の期待値は常に0

<u>仮定2</u>　**等分散性**　　$V[\varepsilon_i] = \sigma^2$

　　　　残差 ε_i の分散は観測期間を通じて一定

<u>仮定3</u>　**残差の系列無相関性**　　$E[\varepsilon_i \varepsilon_j] = 0$ ，$i \neq j$

　　　　異なる時点の残差 ε_i は互いに無相関

<u>仮定4</u>　説明変数と残差の無相関性　$E[\varepsilon_i(x_i - E[x_i])] = 0$
　　　説明変数と残差は互いに無相関
<u>仮定5</u>　正規性　$\varepsilon_i \sim N(0, \sigma^2)$
　　　残差ε_iは正規分布に従う

　仮定1〜4までが満たされているとき「**標準的な回帰モデル**」といわれ、仮定1〜5が満たされているとき「**標準的な正規回帰モデル**」と呼ばれる。

　次に、回帰分析の診断をするための一つの手段として用いられている「**残差（誤差）−予測プロット図**」について概説する。残差−予測プロット図とは、横軸に予測値$\hat{y}$、縦軸に残差をとってプロットしたものであり、残差の振舞いを調べることを目的としたものである。この図からは、残差の全体的なばらつきのパターンについて、以下のような関係が成立しているかどうかを視覚的に検証することができる。

① 残差の平均値は0
② 残差と予測値$\hat{y}$は無相関
③ **外れ値**[4]は存在しない

　もし図のなかに、なんらかのパターンが見出せるならば、「本来は曲線で表すべきモデルに直線を当てはめた」というようなモデル選択上の問題や、モデルの前提条件が成り立っていないなどということが考えられる。

　表5.23の残差出力を使って描かれた残差−予測プロット図が図5.24である。このプロット図からは、残差と倒産率予測値は無相関のような感覚を受けるが、右側の2点を除いて考えると、右下がりの直線が傾向として表れていることに気がつく。したがって、この図から、この2点を外れ値として扱うべきかどうかについての判断材料が得られる。

---

[4] 他データの分布のまとまりと比較して大きく外れているデータのことであり、これまでの経験などによる価値判断を評価基準とする**異常値**とは区別されて用いられる。外れ値の摘出と認識に関しては専門書（武藤(1983)など）を参照せよ。

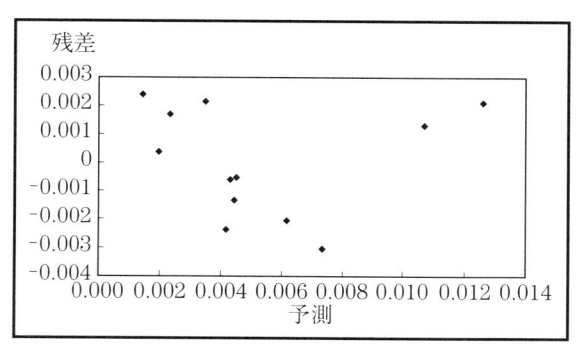

図 5.24 残差－予測プロット図

演習 5.25

1991 年と 1992 年のデータを外れ値として計算の対象から外して単回帰分析を行い、倒産率を為替レートにより推計せよ。また、このモデルの当てはまりについて議論せよ。

ヒント!

☆この場合のモデル式は $\hat{y}_i = 0.0000199 x_i + 0.001384$ となる。

5.3.2 重回帰モデル

重回帰モデルとは、ある目的変数を複数の説明変数の線形結合で説明するモデルであり、m 個の説明変数を用いた場合には

$$y_i = \beta_0 + \beta_1 x_{i1} + \beta_2 x_{i2} + \cdots + \beta_m x_{im} + \varepsilon_i \tag{5.22}$$

と表される。

重回帰モデルで用いられる統計量は単回帰モデルと共通なものが多く、また、モデルの仮定も単回帰モデルの残差 ε_i の確率分布に関するものと同じである。重回帰モデルが単回帰モデルと異なる点は

① モデル選択の基準
② 共線性

であり、実際のモデル構築に当たっては、これらの点について十分に分析しなければならない。また、当然のことであるが、こうした分析以前に説明変数に

何を用いるかという変数選択の検討が必要なことはいうまでもない。

この項では、モデル選択の基準と共線性について、例題を用いて解説する。

例題 5.26

最初に、変数選択については考慮せずに、倒産確率を為替、マネーサプライ（M2）、公定歩合（金利）といった三つの経済要因で説明する重回帰モデルを構築し、各種統計量の意味や分析の留意点などについて述べる。表 5.27 は、このモデルの出力結果を示している。

表 5.27 重回帰モデルの統計量

概要

回帰統計	
重相関 R	0.99071
重決定 R2	0.981506
補正 R2	0.974571
標準誤差	0.000627
観測数	12

分散分析表

	自由度	変動	分散	観測された分散比	有意F
回帰	3	0.000167	5.56E-05	141.526	2.86E-07
残差	8	3.14E-06	3.93E-07		
合計	11	0.00017			

	係数	標準誤差	t	P－値	下限95%	上限95%	下限95.0%	上限95.0%
切片	-0.00834	0.001593	-5.23543	0.000788	-0.01201	-0.00467	-0.01201	-0.00467
X 値 1	6.34E-05	1.46E-05	4.348442	0.00245	2.98E-05	9.7E-05	2.98E-05	9.7E-05
X 値 2	4.8E-06	1.64E-06	2.928667	0.019037	1.02E-06	8.58E-06	1.02E-06	8.58E-06
X 値 3	0.002164	0.000242	8.95877	1.92E-05	0.001607	0.002721	0.001607	0.002721

残差出力

観測値	予測値：Y	残差	標準残差
1	0.015383	-0.00068	-1.27754
2	0.010938	0.001062	1.985773
3	0.005023	0.000577	1.07862
4	0.004331	-0.00053	-0.99223
5	0.001903	0.000397	0.741973
6	0.002522	-0.00072	-1.34993
7	0.003152	-5.2E-05	-0.09744
8	0.004394	-9.4E-05	-0.17541
9	0.004438	-0.00034	-0.63138
10	0.00374	0.00026	0.485501
11	0.003808	-0.00011	-0.20198
12	0.003768	0.000232	0.434047

重回帰モデルでは、各変数の回帰係数を**偏回帰係数**と呼んでいる（Excel の分析ツールでは係数と表示）。変数 x_k のパラメータ β_k $(k=0,\cdots,m)$ の推定値を b_k とすると、推定されたモデルは

$$\hat{y}_i = -0.00834 + (6.34\text{E}-05)x_{i1} + (4.8\text{E}-06)x_{i2} + 0.002164 x_{i3}$$

である。したがって、このモデルでは公定歩合（金利）の偏回帰係数は 0.002164 であるから、他の変数を一定にした場合、金利が 1 単位増加すると倒産率は 0.2164% 増加することを意味している。ただし、重回帰モデルの場合には、説明変数として利用する各データの単位が一般には異なるため、偏回帰係数の大きさによって単純に影響度の大きさを比較することはできない。

こうした説明変数の単位の違いを修正するためには、**標準偏回帰係数**が用いられる。これは、x_k と y のそれぞれの標準偏差を s_k, s_y とすると、x_k が標準偏差（s_k）分だけ変化した時、y の変化分はその標準偏差 s_y の何倍に相当するかを示したものであり、x_k の標準偏回帰係数 b_k^* は

$$b_k^* = \frac{s_k}{s_y} b_k \tag{5.23}$$

により計算される。

重回帰モデルで注意が必要なのは、例えば二つの説明変数で作成したモデルに任意の変数を一つ追加すると、決定係数 R^2 や重相関係数 R が必ず増大してしまうという点である。したがって、モデルに含まれる説明変数の数が異なる場合には、これらの指標を用いたモデル間の説明力の評価はできない。

そこで、この問題を解決するために、**自由度調整済み決定係数**（Excel の分析ツールでは補正 R2 と表示）や **AIC**（**赤池情報量基準**）が、説明変数の個数が異なる場合のモデル間の比較に利用されている。まず、自由度調整済み決定係数 R^{*2} は(5.14)式で示された決定係数を、以下のように自由度で割って調整したものである。

$$R^{*2} = 1 - \frac{S_E/n-p-1}{S_T/(n-1)} \tag{5.24}$$

この式と(5.14)式より、決定係数と自由度調整済み決定係数との間には

$$R^{*2} = R^2 - \frac{p}{n-p-1}(1-R^2)$$

という関係があることがわかる。

一方、AIC は以下の式で計算される情報量基準である。

$$\text{AIC} = n\left(\log\left(2\pi \frac{S_E}{n}\right) + 1\right) + 2(p+2) \tag{5.25}$$

ここで S_E は残差の平方和で、表 5.27 では「残差」の「変動」の欄に表示されている。AIC をモデルの評価に用いる場合に注意が必要なのは、AIC は情報量ではなく情報量基準であるという点である。つまり AIC の値自体には、数値的な評価基準としての意味がある訳ではなく、モデル間の AIC 値を相対比較することで、説明力の有意性の大小を比較検討するときに用いられる。例えば、いくつかのモデルについて AIC を計算し、最小の AIC が得られたモデルをその中で最適なモデルとして捉えるのである。

表 5.28 は、倒産率の説明を為替、マネーサプライ、公定歩合という説明変数を組み合わせて得られたモデルについて、AIC などの統計量をまとめたものである。

表 5.28 モデル間の統計量の相違

説明変数	n	p	重決定 R2	補正 R2	SE	AIC
為替	12	1	0.761372	0.737509	4.05803E-05	-111.111
為替、マネーサプライ	12	2	0.795969	0.750628	3.46969E-05	-110.991
マネーサプライ、公定歩合	12	2	0.937794	0.923970	1.05785E-05	-125.245
為替、公定歩合	12	2	0.961678	0.953162	6.51684E-06	-131.058
為替、マネーサプライ、公定歩合	12	3	0.981506	0.974571	3.14499E-06	-137.801

まず、決定係数（重決定 R2）を比較すると、三つの説明変数を用いたモデルがいちばん高い値を示しており、説明変数の増大分を修正した自由度調整済み決定係数（補正 R2）をみても同様である。

また、AIC でみると、まず為替だけの 1 説明変数のモデルが－111.111 であり、そのモデルに公定歩合を加えた場合には－131.058 と AIC が低下したことから、モデルの説明力が上がったことがわかる。為替にマネーサプライを加えたモデルの AIC は－110.991 と為替だけで説明したモデルより AIC 値が大きくなっており、モデルとしての説明力が低下している。全体としては、AIC でみても三つの説明変数を用いたモデルが最も高い説明力を示している。

次に、重回帰分析を行うに際しての重要な注意点は**共線性**の問題である。つまり、相関の高い説明変数をモデルの中に同時に加えると、見かけ上のモデルの説明力が上昇したり、偏回帰係数の符号が本来のモデルの解釈とは逆転してしまうといった現象が表れ、信頼性の低いモデルとなってしまうことがある。

これを避けるためには、事前にデータ間の相関分析をきめ細かく実施しておくことが必要である。こうした現象が起こる理由は、重回帰分析の偏回帰係数を計算する際に行う共分散行列の逆行列の計算にある。すなわち、相関が 1 に近い場合には逆行列が計算できなかったり、できても誤差が非常に大きなものとなってしまうことがあるからである。

単回帰分析の場合の標準誤差は(5.17)式で示したとおりであるが、単回帰分析で用いた説明変数である為替の偏差平方和 S_{xx} と、重回帰分析のなかの、一つの説明変数である為替の偏差平方和 S_{11} は等しい。よって、(5.18)式は、

$$\hat{D}[b_1] = \frac{\sqrt{V_E}}{\sqrt{S_{xx}}} = \frac{\sqrt{V_E}}{\sqrt{S_{11}}}$$

となると考えられる。しかし、これは説明変数間の相関が無い場合であり、例えば二つの説明変数を用いたモデルでは、1 番目の説明変数に対する標準誤差は、1 番目と 2 番目の説明変数の相関を ρ_{12} とすると、

$$\hat{D}[b_1] = \frac{\sqrt{V_E}}{\sqrt{S_{11}(1-\rho_{12}^2)}} \tag{5.26}$$

で与えられる。

最後に、m個の説明変数を用いた場合の標準偏差の一般形について、証明なしに記述しておく。

$$\mathrm{TOL}_k \equiv 1 - R_k^2 \quad (1 \leq k \leq m) \tag{5.27}$$

は説明変数kの**トレランス**と呼ばれ、R_kは変数x_kを目的変数、他の$m-1$個の変数を説明変数とした場合の重回帰分析における重相関係数である。このとき、(5.26)と同様に

$$\hat{D}[b_k] = \frac{\sqrt{V_E}}{\sqrt{S_{kk}\mathrm{TOL}_k}} \tag{5.28}$$

が成立する。また、トレランスの逆数を VIF（分散拡大係数）と呼び、説明変数間の相関の大きさにより偏回帰係数のばらつきがどれだけ大きくなるかを示す。高い相関があると、VIF の値が大きくなり偏回帰係数が有意になりにくくなる。

金融工学で用いるデータ分析では、説明変数間に高い相関のあることが一般的なので、こうした共線性の分析は非常に重要である。

5.4 自己回帰モデル

次章で説明するように、時間のパラメータをもった確率変数の集まり$\{X_t\}$を確率過程と呼ぶ。時間は一方向性をもつので、$s < t$のときX_tはX_sに比べて将来の結果を表す確率変数である。例えば、X_tを時点tにおける株価とすれば、X_tはX_sよりも将来時点における株価を表す。特に、離散時点の確率過程において、時間の順番で並べた確率変数の列$(X_1, X_2, \cdots)$を**時系列**と呼ぶことがある。標本（データ）とは確率変数の実現値のことであったから、時系列$\{X_t\}$の実現値を**時系列データ**と呼ぶ。

明日の株価が過去と独立であると考える人はいないであろう。過去の履歴になんらかの意味で依存していると考えるほうが自然である。この「依存性」をどのようにモデル化するかがポイントであるが、時系列解析と呼ばれる統計学

の分野では、次のようなモデルを想定することが多い。

$$X_t = a + b_1 X_{t-1} + \cdots + b_p X_{t-p} + \varepsilon_t \tag{5.29}$$

すなわち、X_t は p 期前までの自己の履歴（結果）に「線形に」依存して決まっていると考える。このようなモデルを p 次の**自己回帰モデル**、あるいは AutoRegressive（自己回帰）の頭文字をとって AR(p) モデルと呼んでいる。以下では、説明を簡単にするために $p=1$ の場合

$$X_t = a + b_1 X_{t-1} + \varepsilon_t \tag{5.30}$$

を考えるが、一般の p についても議論は同様である。

「自己回帰」と呼ばれる理由は以下のとおりである。例えば、ある株式収益率の時系列データが表 5.29(a) のように与えられているとする。これを表(b) のように、1 時点ずらしたデータを横に加えてみると、表 5.6 において倒産率を為替で説明した回帰モデルに対応して、t 期の収益率を $t-1$ 期の収益率で説明する回帰モデルを構築することができる。自己の過去データで自己を説明するため、自己回帰モデルと呼ばれるのである。

表 5.29 株価収益率データ

(a)

時点	株価	収益率
1	927	
2	1,023	0.0986
3	968	−0.0556
4	1,055	0.0867
5	984	−0.0694
6	918	−0.0702
7	1,008	0.0943
8	844	−0.1783
9	996	0.1660
10	967	−0.0295
11	856	−0.1225
12	1,071	0.2248
13	1,010	−0.0592
14	935	−0.0769
15	1,062	0.1270
16	933	−0.1294
17	1,058	0.1257
18	1,004	−0.0517
19	1,021	0.0158
20	1,102	0.0773

(b)

時点	株価	収益率	収益率
1	927		
2	1,023	0.0986	
3	968	−0.0556	0.0986
4	1,055	0.0867	−0.0556
5	984	−0.0694	0.0867
6	918	−0.0702	−0.0694
7	1,008	0.0943	−0.0702
8	844	−0.1783	0.0943
9	996	0.1660	−0.1783
10	967	−0.0295	0.1660
11	856	−0.1225	−0.0295
12	1,071	0.2248	−0.1225
13	1,010	−0.0592	0.2248
14	935	−0.0769	−0.0592
15	1,062	0.1270	−0.0769
16	933	−0.1294	0.1270
17	1,058	0.1257	−0.1294
18	1,004	−0.0517	0.1257
19	1,021	0.0158	−0.0517
20	1,102	0.0773	0.0158

例題 5.30

表 5.29(a)の時系列データに対して AR(1)モデルを当てはめてみよう。この場合には、表(b)のようなデータを作成し、単回帰モデルを当てはめればよい。

表 5.31 自己回帰モデルの統計量

概要

回帰統計	
重相関 R	0.675874
重決定 R2	0.456805
補正 R2	0.422856
標準誤差	0.086749
観測数	18

分散分析表

	自由度	変動	分散	観測された分散比	有意F
回帰	1	0.101256	0.101256	13.45538	0.002077
残差	16	0.120405	0.007525		
合計	17	0.221661			

	係数	標準誤差	t	P−値	下限95%	上限95%	下限95.0%	上限95.0%
切片	0.007749	0.02047	0.378534	0.710009	−0.03565	0.03565	−0.03565	0.051144
X 値 1	−0.67052	0.182794	−3.66816	0.002077	−1.05802	−0.28301	−1.05802	−0.28301

残差出力

観測値	予測値：Y	残差	標準残差
1	−0.05838	0.002758	0.032768
2	0.045047	0.041669	0.495129
3	−0.0504	−0.019	−0.22575
4	0.054279	−0.12448	−1.47917
5	0.054823	0.039484	0.469163
6	−0.05549	−0.12283	−1.45948
7	0.127311	0.038702	0.459874
8	−0.10357	0.074056	0.879962
9	0.027535	−0.15001	−1.78253
10	0.089873	0.134881	1.602706
11	−0.14295	0.083798	0.995722
12	0.047413	−0.12432	−1.47725
13	0.059318	0.067661	0.803966
14	−0.07739	−0.05199	−0.61777
15	0.094502	0.031229	0.371079
16	−0.07656	0.02486	0.295397
17	0.042412	−0.02658	−0.31582
18	−0.00287	0.08012	0.95201

確率

百分位数	Y
2.777778	−0.17831
8.333333	−0.12938
13.88889	−0.12248
19.44444	−0.07691
25	−0.07021
30.55556	−0.06939
36.11111	−0.05915
41.66667	−0.05563
47.22222	−0.0517
52.77778	−0.02951
58.33333	0.015833
63.88889	0.077252
69.44444	0.086716
75	0.094307
80.55556	0.125732
86.11111	0.126979
91.66667	0.166013
97.22222	0.224754

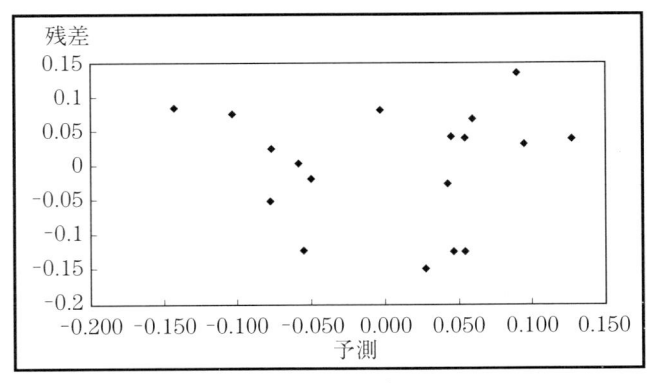

図 5.32 残差－予測プロット図

Excel による推定結果は表 5.31 にあるように

$$R_t = 0.007749 - 0.670516 R_{t-1}$$

ただし、R_t は t 期における収益率を表す。この結果を分析すると、現時点と 1 期前の株価収益率には負の関係があり、1 期前の株価収益率が悪い場合には、次の期の株価収益率は良い方向になる傾向があることがわかる。このモデルの説明力をみると、「重決定 R2」の欄の値は 0.457 となっており、あまり説明力があるとはいえない。次に、「X 値 1」の「P-値」の欄をみると 0.0021 であり、R_{t-1} の係数が 0 であるという帰無仮説が 0.2% の有意水準で棄却できることがわかる。

また、t 値の絶対値も 2.896 を超えているので、この係数の推定値は 99% 水準で有意である。最後に、残差－予測プロット図を書いてみると、図 5.32 のようになる。この図からは、残差と予測値には明確な関係は現れておらず、これらは無相関と考えてよいのではないかということが、視覚的にわかる。

演習 5.33

表 5.29 の時系列データに対して AR(2) モデルを当てはめ、Excel を使ってパラメータを推定せよ。また、各種統計量について議論せよ。

章末問題

5.1 表 5.6 の各データについて、平均、分散、歪度、尖度などの基本統計量を計算せよ。その結果から、このデータを正規分布とみなしてよいかどうかについて検討せよ。

5.2 表 5.6 の為替と公定歩合、マネーサプライと公定歩合の散布図を描け。また、これらの相関係数を計算せよ。

5.3 演習 5.9 において、各 X_n がポアソン分布 $Po(0.4)$ に従うとする。$\overline{X}_n$ の従う確率分布を $n = 5, 10, 30, 60$ の場合について描け。この結果と演習 5.9 の結果を比較せよ。

ヒント!

☆ $X \sim Po(\lambda_X), Y \sim Po(\lambda_Y)$ で独立のとき $X + Y \sim Po(\lambda_X + \lambda_Y)$

5.4 演習 5.12 において、各 X_n が $Po(0.4)$ に従うとする。$\overline{S}_n$ の従う確率分布を $n = 5, 10, 30, 60$ の場合について描け。

5.5 $X_1, X_2, \cdots, X_n$ を独立で正規分布 $N(\mu, \sigma^2)$ に従う確率変数とする。標本平均 $\overline{X} = \dfrac{1}{n}\sum_{i=1}^{n} X_i$ が正規分布 $N(\mu, \sigma^2/n)$ に従うことを積率母関数を利用して証明せよ。

5.6 章末問題 5.5 と同じセッティングで、分散 $U_x^2 = \dfrac{1}{n-1}\sum_{i=1}^{n}(X_i - \overline{X})^2$ を考える。$E[U_x^2] = \sigma^2$ であることを示せ（したがって U_x^2 は分散の不偏推定量である）。

5.7 例題 5.21 にならい、表 5.6 のデータを用いて倒産率をマネーサプライによって説明する単回帰モデル、同じく倒産率を公定歩合によって説明する単回帰モデルを構築し、表 5.28 のモデル間の統計量の相違と比較検討せよ。

5.8 ロジット・モデルとは、m 個の説明変数で時点 t における企業倒産率 $p(t)$ を

$$\log \frac{p(\mathbf{x})}{1 - p(\mathbf{x})} = \beta_0 + \beta_1 x_1 + \cdots + \beta_m x_m \quad , \quad \mathbf{x} = (x_1, x_2, \cdots, x_m)$$

で求めるものであり、この式の左辺 $\log \dfrac{p(\mathbf{x})}{1 - p(\mathbf{x})}$ のことをロジットと呼ぶ。

ロジット・モデルでは、企業倒産率 $p(t)$ は 0〜1 の間に収まることが保証されるので、こうした企業倒産率を表現するのに適している。表 5.6 に示されている時点 t における企業倒産率を $p(t)$ とし、企業倒産率 $p(t)$ は時点 t による関数

$$\log \frac{p(t)}{1-p(t)} = \beta_0 + \beta_1 t$$

によって説明されるものとする。このとき、単回帰の手法によって β_0, β_1 を計算せよ[5]。

5.9 表 5.6 のデータを使って為替を説明する重回帰モデルを構築し、モデルの説明力を議論せよ。

5.10 表 5.29 の株価収益率データにおいて、各期の収益率が独立として、その平均と分散を推定せよ。この結果を例題 5.30 の AR(1) モデルの結果と比較せよ。

5.11 表 5.29 の株価収益率データに AR(p) モデルを当てはめたい。モデル選択に AIC 基準(5.25)を利用した場合に選択されるモデルは何か。

5.12 以下に与えられた 5 資産の価格データから、次のポートフォリオの 95% 水準の VaR を計算せよ。ただし、各期の収益率は独立で正規分布に従っているものとする。

    ① 投資比率は等分

    ② 資産 1 に 50%、残りの資産に等分

---

[5] 本来は最尤法によって推定されるが、ここでは最小 2 乗法を適用するものとする。

	資産	資産	資産	資産	資産
1	11,479	18,112	7,785	6,681	1,440
2	12,282	23,311	8,453	6,155	1,908
3	12,179	16,431	8,351	5,960	1,747
4	13,766	24,063	8,515	4,548	1,809
5	12,799	19,076	7,682	5,542	1,752
6	10,589	18,887	8,056	6,601	1,710
7	12,746	25,120	7,946	5,993	1,479
8	8,856	26,175	8,133	5,638	1,280
9	12,296	22,306	7,666	6,766	1,692
10	11,726	21,986	8,170	5,312	1,805
11	9,834	19,890	7,683	5,374	1,575
12	14,099	25,557	7,720	6,204	1,605
13	12,671	24,545	7,994	8,216	1,030
14	11,842	15,877	7,756	5,214	1,886
15	14,204	23,100	8,062	5,637	1,605
16	12,085	18,700	8,346	5,151	1,297
17	13,115	24,743	8,031	7,486	1,640
18	12,727	19,954	8,811	6,063	1,517
19	12,236	25,398	7,416	7,044	1,877
20	12,803	32,429	8,051	7,814	1,826
21	12,652	29,208	7,588	4,762	1,937
22	11,089	27,844	7,840	6,662	2,073
23	9,971	26,549	8,615	5,492	1,702
24	10,840	26,697	7,790	8,366	1,848
25	12,041	9,293	8,382	6,547	1,627
26	13,969	19,773	8,664	4,999	1,572
27	11,771	19,958	8,194	6,431	1,574
28	11,526	22,137	7,843	7,188	1,402
29	12,126	24,849	8,281	5,516	1,582
30	14,506	24,045	7,803	6,295	1,977

第6章
確率過程の基礎

第6章　確率過程の基礎

$\mathcal{T}$ を時間を表すパラメータの集合とし、連続時点ではある有限な T に対して $\mathcal{T} = [0, T]$、離散時点ではある $\Delta t > 0$ に対して $\mathcal{T} = \{0, \Delta t, 2\Delta t, \cdots, T\Delta t\}$ とする。確率過程とは、時間のパラメータをもった（ある確率法則に従った）確率変数の集まり $\{X(t), t \in \mathcal{T}\}$ のことである。以下、本書では、混乱する恐れのない限り、確率過程 $\{X(t), t \in \mathcal{T}\}$ を単に $\{X(t)\}$ と書くことにする。

確率過程をどのように定義するかという問題には複雑な議論が必要なので、本章では確率過程が定義できたとして話を進める。確率過程 $\{X(t)\}$ のサンプルパスとは、$\{X(t)\}$ の実現値のことで、これは時間 t の関数である。より正確には、一つの根元事象 ω に対して 1 本のサンプルパス $\{X(\omega, t), t \in \mathcal{T}\}$ が対応している。例えば、株価の（過去の）実現値を、時間の経過とともにグラフに書いたものを想像すればよい。

$\{X(t)\}$ が確率過程であれば、任意の n に対して $(X(t_1), \cdots, X(t_n))$ は n 変量確率変数であるから、条件付き確率

$$P\{X(t_n) \leq x \mid X(t_1) = x_1, \cdots, X(t_{n-1}) = x_{n-1}\}, \quad t_1 < \cdots < t_n$$

が原理的には計算できる。しかし、将来の事象 $\{X(t_n) \leq x\}$ の確率を計算するために、すべての過去の結果 $\{X(t_1) = x_1, \cdots, X(t_n) = x_n\}$ に基づいて条件付き確率を計算するのは事実上不可能なので、通常は確率変数 $X(t)$ の間にある性質を仮定して話を進めていくのである。どういった仮定を置くかによっていろいろな確率過程が考えられるが、本章では金融工学への応用に限定して代表的な確率過程を紹介する。

6.1 ランダムウォークとブラウン運動

離散的な時間を考え、時点の集合を $\mathcal{T} = \{0, \Delta t, 2\Delta t, \cdots, T\Delta t\}$ とする。各 n に対して、確率変数 X_n を

$$X_n = \begin{cases} 1, & \text{確率 } p \\ -1, & \text{確率 } 1-p \end{cases} \tag{6.1}$$

で定義し、これらは独立であるとする。さらに $W_0 = 0$ とし、$\{X_n\}$ の部分和

$$W_n = \sum_{i=1}^{n} X_i, \quad n = 0, 1, \cdots, T \tag{6.2}$$

を考える。ただし $W(n\Delta t)$ を W_n と記した。この確率過程 $\{W_t\}$ を**ランダムウォーク**という。$\{W_t\}$ は以下のようにして再帰的に計算される。

$$W_{t+1} = W_t + X_{t+1}, \quad t = 0, 1, \cdots, T$$

例題 6.1

表の出る確率が p のコインを独立に 10 回投げて、表が出たら $X_t = 1$、裏が出たら $X_t = -1$ とする。一つの試行（根元事象）に対して、それらの実現値が

t	1	2	3	4	5	6	7	8	9	10
x_tの実現値	1	1	-1	1	1	-1	1	-1	-1	-1

であったときの W_t のサンプルパス（実現値）を描くと図 6.2 のようになる。

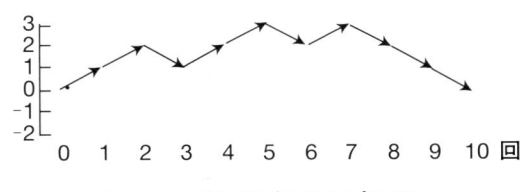

図 6.2 コイン投げのサンプルパス

この図は、あたかも酔っぱらいが歩いた足跡のようにみえるので、ランダムウォークと名づけられた。ランダムウォークを「**酔歩**」と訳す粋な本もある。

演習 6.3

コインを独立に投げる代わりに、コンピュータで乱数を使ってコインの表裏を決定する。$p = 0.4, T = 24$ としてランダムウォークのサンプルパスを描け。また、$p = 0.6$ の場合はどうか。

ヒント!
☆Excel では =RAND() と入力すると、標準一様分布 $X \sim U(0,1)$ に従う乱数が生成される。(2.20)式から、$X \leq p$ のとき表、$X > p$ のとき裏とすればよい（なぜかを考えてみよう）。

ランダムウォークにおいて $X_t = 1$ を成功、$X_t = -1$ を失敗と考えれば、T 回の試行のうち k 回成功すれば

$$W_T = k - (T - k) = 2k - T$$

となる。逆に $W_T = 2k - T$ ならば、これは T 回の試行のうち k 回成功したことを意味するので、W_T は二項分布 $B(T, p)$ に従う。すなわち、

$$P\{W_T = 2k - T\} = {}_T C_k p^k q^{T-k}, \quad k = 0, 1, \cdots, T \tag{6.3}$$

6.1.1 二項モデル

$S(t)$ を時点 t におけるある株式の価格とする。例題 2.4 で考えたように、時点 t での株価が S のとき、次の時点 $(t+\Delta t)$ での株価は確率 q で $S(t+\Delta t) = uS$ となり、確率 $(1-q)$ で $S(t+\Delta t) = dS$ となると仮定する。ただし、$d < 1 < u$ である。このような価格過程をもつモデルを**二項モデル**と呼び、通常、以下のように表現する。

$$S \begin{cases} uS, & \text{確率 } q \\ dS, & \text{確率 } (1-q) \end{cases} \tag{6.4}$$

つまり、すべての時点で、株価の上昇時での収益率は $(u-1)$、下落時での収益率は $(d-1)$、それぞれの事象の発生確率が q と $(1-q)$ で、株価の動きは過去においてこの株価がどのように推移したかには独立であるとする[1]。

二項モデル(6.4)をランダムウォーク $\{W_n\}$ を使って表現するために、

$$S_n = S u^{(n+W_n)/2} d^{(n-W_n)/2}, \quad n = 0, 1, 2, \cdots, T \tag{6.5}$$

とおく。ただし $S = S(0)$, $S_n = S(n\Delta t)$ とおいた。$W_n = W_{n-1} + X_n$ であるから、

$$S_n = S_{n-1} u^{(1+X_n)/2} d^{(1-X_n)/2}$$

が得られる。$X_n = 1$ のとき上昇（成功）、$X_n = -1$ のとき下落（失敗）と考えれば、モデル(6.5)は二項モデル(6.4)と整合的である。

演習 6.4

演習 6.3 で描いたランダムウォークのサンプルパスを使って、二項モデル(6.5)に従う株価のサンプルパスを描け。ただし $S = 100, u = 1.1, d = 0.9$ とする。

6.1.2 ブラウン運動

ランダムウォークは二項分布に従い、前章の中心極限定理の説明でみたように、二項分布は正規分布に収束する。この項では、ランダムウォークの極限と

---

[1] パラメータ u, d, q を時点 t にも状態 S にも依存させることができるが、こうするとモデルがとたんに複雑になり、このような一般的なモデルを分析するためには後述するモンテカルロ・シミュレーションの考え方が必要になる。

してブラウン運動が導かれることを確認する。

このためには、時間間隔 $\Delta t > 0$ ばかりでなく状態の間隔も同時に小さくする必要がある。ランダムウォーク $\{W_n\}$ において、前項では X_n の変位を ± 1 としたが、ここでは X_n の変位を $\pm \Delta x$ とし、Δx と時間の間隔 Δt を（ある関係を保ちながら）同時に小さくする。すなわち、十分小さな $\Delta x > 0$ に対して、

$$P\{X_n = \Delta x\} = 1 - P\{X_n = -\Delta x\} = 0.5 \tag{6.6}$$

とし、X_n は独立とする。また、時間間隔 Δt と状態間隔 Δx が

$$\Delta t = (\Delta x)^2 \tag{6.7}$$

という関係を常に保つとする。このとき、十分小さな $\Delta t > 0$ に対して得られるランダムウォークはブラウン運動 $\{z(t)\}$ を近似することが知られている。つまり、ブラウン運動はランダムウォークの極限として得られる。

例題 6.5

$T = 1$ を固定し $\Delta t = T/N$ とする。各 $\Delta t > 0$ に対して X_n を (6.6) 式と (6.7) 式で定め、ランダムウォーク $\{W_n\}$ を

$$W_0 = 0 \;;\quad W_{n+1} = W_n + X_{n+1}, \quad n = 0, 1, \cdots, N-1$$

で計算する。$N = 10, 20, 50, 100$ に対してランダムウォーク $\{W_n\}$ のサンプルパスを描いたものが図 6.6 である。収束の様子がみて取れる。

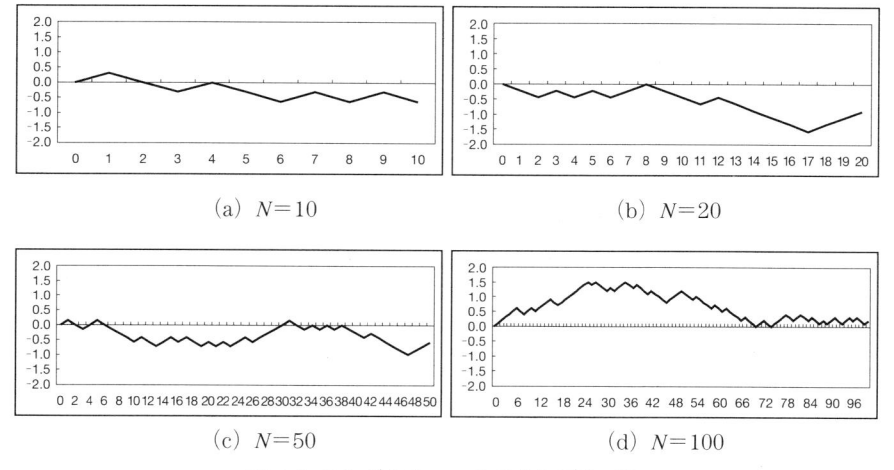

(a) $N=10$

(b) $N=20$

(c) $N=50$

(d) $N=100$

図 6.6 ランダムウォークのサンプルパス

演習 6.7

例題 6.5 の条件で $N = 150, 200, 300$ に対してランダムウォークのサンプルパスを描け。乱数は、演習 6.3 と同様の方法で発生させること。

$\Delta t \to 0$ のとき $\Delta x \to 0$ となるので、ブラウン運動 $\{z(t)\}$ は連続的なサンプルパスをもつ連続時間確率過程である。また、(6.6)式から

$$E[X_n] = 0 , \quad V[X_n] = \Delta t$$

したがって、ランダムウォークの平均と分散は

$$E[W_N] = 0, \quad V[W_N] = N\Delta t = T$$

となる。$N \to \infty$ のときランダムウォーク $\{W_n\}$ はブラウン運動 $\{z(t)\}$ に収束するので、ブラウン運動 $z(T)$ は平均 0 と分散 T をもつ正規分布 $N(0,T)$ に従うことがわかる。

さらに、ランダムウォークにおいて、

$$W_m - W_n = X_{n+1} + \cdots + X_m , \quad m > n$$

は W_n と独立である。$W_m - W_n$ は期間 $(n, m]$ における増分なので、この事実はランダムウォークの増分も過去と独立になることを示している。この性質を**独立増分**と呼ぶが、ブラウン運動はランダムウォークの極限なので、ブラウン運動 $\{z(t)\}$ も独立増分をもつ。また、上で示したことから、この増分 $z(t+s) - z(t)$ は正規分布 $N(0,s)$ に従うことがわかる。

逆に、正規分布に従う独立増分をもち、サンプルパスが連続な連続時点確率過程はブラウン運動しかないことが知られている。したがって、この三つの性質を使ってブラウン運動を以下のように定義することができる。

定義 6.8（ブラウン運動）

連続時点確率過程 $\{z(t)\}$ がブラウン運動であるとは、

> BM1　増分 $z(t+s) - z(t)$ は、時点 t までブラウン運動がどのように推移したかということとは独立である。
>
> BM2　増分 $z(t+s) - z(t)$ は、正規分布 $N(0,s)$ に従う。

BM3　$z(t)$ のサンプルパスは連続である。

また、便宜上、特に断らない限り $z(0) = 0$ とおく。

ブラウン運動 $z(t)$ は正規分布 $N(0,t)$ に従うので、正規分布の性質(2.13)から、
$$X(t) = X(0) + \mu t + \sigma z(t) \quad , \quad 0 \leq t \leq T \tag{6.8}$$
で定義される $X(t) - X(0)$ は平均 μt と分散 $\sigma^2 t$ をもつ正規分布に従う。μ は単位時間当りの確定的な変化量を表すので**ドリフト**、σ は $\{z(t)\}$ のインパクトの強さを表すので**拡散係数**と呼ばれる。(6.8)式で定義される確率過程 $\{X(t)\}$ を一般にブラウン運動と呼び、$\{z(t)\}$ を**標準ブラウン運動**と呼ぶ。

例題 6.9

T を固定し $\Delta t = T/N$ とする。各期間におけるブラウン運動 $\{X(t)\}$ の増分 $\Delta X(t) \equiv X(t + \Delta t) - X(t)$ を計算すると、(6.8)式から
$$\Delta X(t) = \mu \Delta t + \sigma \Delta z(t) \tag{6.9}$$
が得られる。ただし $\Delta z(t) = z(t + \Delta t) - z(t)$ であり、この増分は独立で正規分布 $N(0, \Delta t)$ に従う。$X_n = X(n\Delta t)$ とすれば、(6.9)式は
$$X_{n+1} = X_n + \mu \Delta t + \sigma \Delta z(t) \quad , \quad n = 0, 1, \cdots, N-1$$
となるので、正規分布 $N(0, \Delta t)$ に従う乱数 $\Delta z(t)$ を使えば[2]、$\{X_n\}$ のサンプルパスを描くことができる。

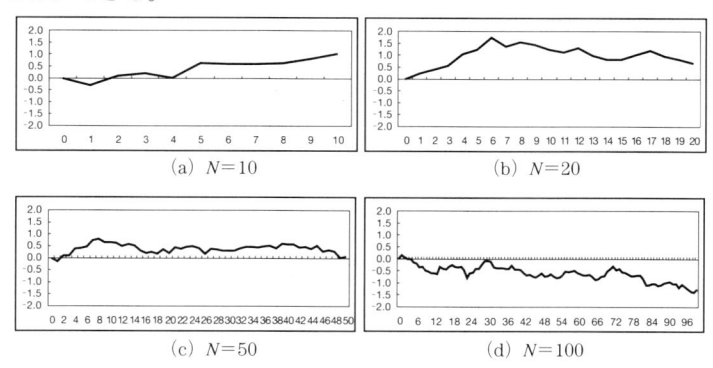

図 6.10 ブラウン運動のサンプルパス（近似）

---

[2] 実際には、標準正規分布 $N(0,1)$ に従う乱数 ε により、$\Delta z(t) = \sqrt{\Delta t}\varepsilon$ で計算する。

$\mu=0, \sigma=1, X_0=0$ として、例題 6.5 と同じ条件で $\{X_n\}$ のサンプルパスを描いたものが図 6.10 である。図 6.6 と比較せよ。$X_n = X(n\Delta t)$ であるから $\{X_n\}$ はブラウン運動 $\{X(t)\}$ の離散時点を取り出したものである。一方、$\{W_n\}$ はランダムウォークであり、これは $N \to \infty$ のときブラウン運動に収束する。

6.2 確率微分方程式

確率差分方程式(6.9)において、時間間隔 $\Delta t > 0$ を無限小にすることを考える。無限小の記号 dt を使えば、(6.9)式は形式的に

$$dX(t) = \mu\, dt + \sigma\, dz(t) \tag{6.10}$$

と書ける。ただし、ブラウン運動は通常の意味では微分不可能なので、$dz(t)$ に意味をもたせるためには特別の取扱いが必要になる。詳細は森村・木島（1991）の第6章を参照せよ。ここでは、難しい数学には立ち入らないで、(6.10)式を確率差分方程式(6.9)の形式的な極限と理解しておく。(6.10)式を**確率微分方程式**と呼んでいる。

積分の定義から、(6.10)式の両辺を形式的に積分すると、

$$\int_0^T dX(t) = \mu \int_0^T dt + \sigma \int_0^T dz(t)$$

が得られる。ここでドリフト μ と拡散係数 σ は定数なので、積分の外に出すことができることに注意しよう。さて、一般に、

$$\int_0^T df(t) = f(T) - f(0)$$

が成立するので、上式は

$$X(T) = X(0) + \mu T + \sigma z(T)$$

となり、確率微分方程式(6.10)の解はブラウン運動であることがわかる。

より一般に、確率微分方程式ではドリフトと拡散係数を状態と時間に依存させることができる。すなわち、

$$dX(t) = \mu\bigl(X(t), t\bigr) dt + \sigma\bigl(X(t), t\bigr) dz(t) \tag{6.11}$$

この確率微分方程式を形式的に積分すると

$$X(T) = X(0) + \int_0^T \mu(X(t),t)dt + \int_0^T \sigma(X(t),t)dz(t)$$

となるが、被積分関数に未知の確率過程$\{X(t)\}$が含まれているので、この方法では確率過程$\{X(t)\}$を特定することはできない。実は、確率微分方程式の解を求めることができるのは稀で、実務では、数値的に確率微分方程式を解くことが重要である。この問題については次章で再度考察する。

tを現時点として(6.11)式を考える。$X(t)$はすでに観測されているので、ドリフト$\mu(X(t),t)$と拡散係数$\sigma(X(t),t)$の値は既知である。一方、

$$dz(t) = z(t+dt) - z(t)$$

であり$z(t)$はすでに観測されているが、$z(t+dt)$は将来の値（確率変数）であり、ブラウン運動の定義から、増分$dz(t)$は正規分布$N(0,dt)$に従う。以上の情報が与えられたときに、(6.11)式で定義される増分（確率変数）$dX(t)$は平均が$\mu(X(t),t)dt$、分散が$\sigma^2(X(t),t)dt$の正規分布に従うことがわかる。

ところで、章末問題6.4から独立な正規分布の和は正規分布に従う。(6.10)式を順番に書くと

$$X(dt) - X(0) = \mu\,dt + \sigma(z(dt) - z(0))$$
$$X(2dt) - X(dt) = \mu\,dt + \sigma(z(2dt) - z(dt))$$
$$X(3dt) - X(2dt) = \mu\,dt + \sigma(z(3dt) - z(2dt))$$
$$\vdots$$

であり、各$[X((k+1)dt) - X(kdt)]$は正規分布$N(\mu\,dt, \sigma^2 dt)$に従う。ドリフトμと拡散係数σは定数なので、これらは独立な確率変数であり、したがって、これらの和

$$\sum_{k=0}^{N-1}[X(k+1)dt) - X(k\,dt)] = X(Ndt) - X(0)$$

は正規分布に従う。実際、確率微分方程式(6.10)の解はブラウン運動であり、ブラウン運動は正規分布に従っている。

一方、章末問題6.5から、パラメータが状態に依存する正規分布の和は正規分布に従うとは限らない。(6.11)式を順番に書くと

$$X(dt) - X(0) = \mu(X(0),0)dt + \sigma(X(0),0)(z(dt) - z(0))$$

第6章　確率過程の基礎　171

$$X(2dt) - X(dt) = \mu\big(X(dt), dt\big)dt + \sigma\big(X(dt), dt\big)\big(z(2dt) - z(dt)\big)$$
$$X(3dt) - X(2dt) = \mu\big(X(2dt), 2dt\big)dt + \sigma\big(X(2dt), 2dt\big)\big(z(3dt) - z(2dt)\big)$$
$$\vdots$$

であり、各 $[X((k+1)dt) - X(k\,dt)]$ は正規分布

$$N\big(\mu\big(X(k\,dt), k\,dt\big)dt, \sigma^2\big(X(k\,dt), k\,dt\big)dt\big)$$

に従うが、ドリフト $\mu(x,t)$ と拡散係数 $\sigma(x,t)$ は状態 x と時間 t に依存するので、これらの和

$$\sum_{k=1}^{N}\big[X(k\,dt) - X((k-1)dt)\big] = X(Ndt) - X(0)$$

は正規分布に従うとは限らない。実際、得られた解は、一般には正規分布には従わない。

例題 6.11

確率微分方程式(6.11)は確率差分方程式

$$\Delta X(t) = \mu\big(X(t), t\big)\Delta t + \sigma\big(X(t), t\big)\Delta z(t)$$

の極限であると考える。このため T に対して $\Delta t = T/N$ とおく。例題 6.9 と同様に、$X_n = X(n\Delta t)$ とおけば、この差分方程式は

$$X_{n+1} = X_n + \mu(X_n, n\Delta t)\Delta t + \sigma(X_n, n\Delta t)\Delta z(t)$$

となるので、正規分布 $N(0, \Delta t)$ に従う乱数 $\Delta z(t)$ を使えば、$\{X_n\}$ のサンプルパスを描くことができる。例えば、確率微分方程式

$$dr(t) = a\big(m - r(t)\big)dt + \sigma\,dz(t)$$

に対応する差分方程式は

$$r_{n+1} = r_n + a\big(m - r_n\big)\Delta t + \sigma\,\Delta z(t)$$

である（各自で確認せよ）。

$r_0 = 0.1$、$m = 0.05$、$a = 0.01$、$\sigma = 0.1$ として、$N = 10, 20, 50, 100$ の場合に $\{r_n\}$ のサンプルパスを描いたものが図 6.12 である。短期金利 $\{r(t)\}$ をこの確率微分方程式で表現したモデルを**バシチェック・モデル**と呼ぶ。バシチェック・モデルでは金利が負になる可能性がある（図(c)をみよ）。実際、バシチェック・モデルでは、$r(t)$ は正規分布に従うことが知られている。詳細は木島（1999）を参

照せよ。

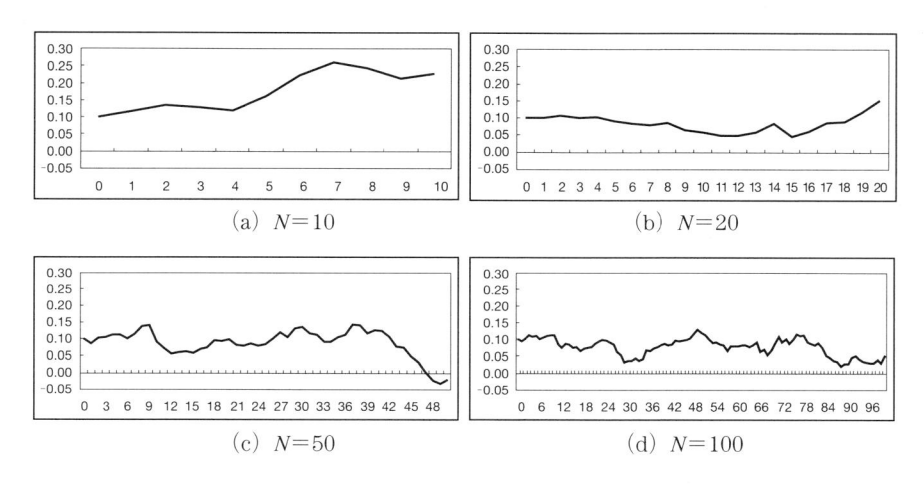

(a) $N=10$

(b) $N=20$

(c) $N=50$

(d) $N=100$

図 6.12 バシチェック・モデルのサンプルパス

例題 6.13（CIR モデル）

この例題では、短期金利 $\{r(t)\}$ が確率微分方程式

$$dr(t) = a\bigl(m - r(t)\bigr)dt + \sigma\sqrt{r(t)}\,dz(t)$$

に従うと仮定する。このモデルは CIR モデルと呼ばれるが、バシチェック・モデルとの差は拡散係数が状態 $\sqrt{r(t)}$ に依存していることである。このため、このモデルでは $r(t)$ は負にならない。なぜならば、$r(t)$ が 0 に近づくと拡散係数 $\sigma\sqrt{r(t)}$ も 0 に近づき、一方、瞬間的な変位の平均値は正なので、このときほとんど確実に $r(t)$ は増加の方向に向かうからである。例題 6.11 と同一の条件で $N=10, 20, 50, 100$ の場合に $\{r_n\}$ のサンプルパスを描くと図 6.14 のようになる。ただし、$\{r_n\}$ の値が負になった場合には、それを 0 に置き換えた[3]。

---

[3] CIR モデルでは $r(t)$ は負にならないが、時間を離散化したために、r_n は負の値をとる可能性がある。

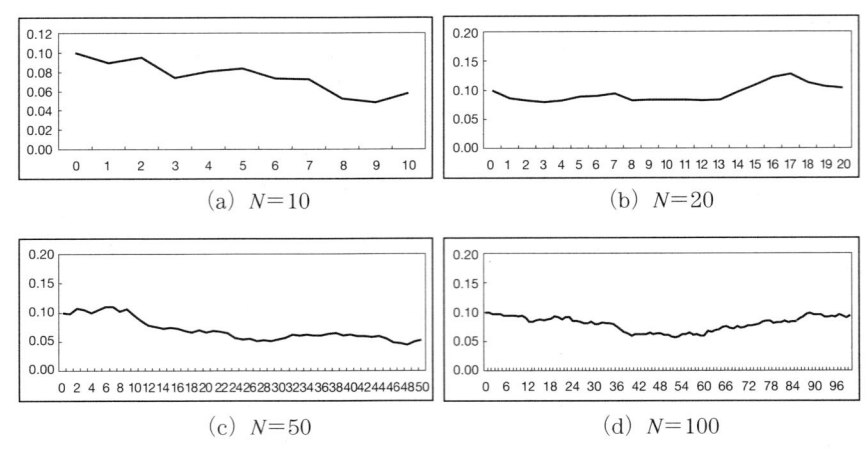

図 6.14 CIR モデルのサンプルパス

6.3 マルコフ過程

第 6.1 節で扱ったランダムウォークは、独立な確率変数の和によって定義された。この独立性の仮定があって中心極限定理が使えたのであるが、現実の問題ではこの独立性の仮定は強すぎる場合も多い。逆に、確率過程の振舞いは過去のすべての履歴に依存して決まると考えれば、一般性という点では十分であろうが、これでは複雑すぎて目ぼしい結果は何も得られない。そこで、独立性を少し弱めた**マルコフ性**を仮定する。マルコフ性をもつ確率過程を**マルコフ過程**、状態が整数値しかとらないマルコフ過程を**マルコフ連鎖**と呼ぶ。

6.3.1 マルコフ性

この項では、状態も時間も離散的な確率過程 $\{X_n\}$ を使ってマルコフ性を説明する。上述したように、一般の確率過程では、X_{t+1} の従う確率分布は時点 t までの履歴 $\{X_0 = i_0, \cdots, X_{t-1} = i_{t-1}, X_t = j\}$ に依存して決まるが、これを時点 t での X_t の値にしか依存しないと仮定する。すなわち

$$P\{X_{t+1} = k \mid X_0 = i_0, \cdots, X_{t-1} = i_{t-1}, X_t = j\} = P\{X_{t+1} = k \mid X_t = j\} \tag{6.12}$$

となるとき、$\{X_t\}$ はマルコフ性をもつという。一方、独立とは
$$P\{X_{t+1}=k \mid X_0=i_0,\cdots,X_{t-1}=i_{t-1}, X_t=j\} = P\{X_{t+1}=k\}$$
ということであった。マルコフ性(6.12)と独立性は、一見似ているようであるが、実は大きな違いがある。

このことを視覚的に理解するために、図 6.15 を使って説明する。マルコフ性とは X_t と X_{t+1} が(6.12)式で関係づけられていることを意味しており、図 6.15 では X_t X_{t+1} を楕円で囲む形で表現している。同様に、X_{t+1} と X_{t+2} も (6.12) 式で結ばれており、これらも楕円で囲む。同じことを繰り返してできあがったものが図 6.15 であるが、これはあたかも鎖（チェーン）のようにみえるので、マルコフ連鎖の名前がついたのである。マルコフ連鎖では、過去－現在－未来は鎖をとおして繋がっていることに注意しよう。一方、独立性とは鎖のない状態であり、この場合には、過去－現在－未来にはなんの関係もない。

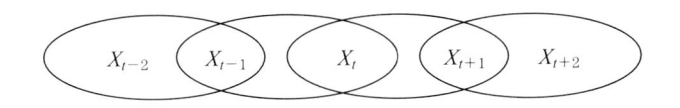

図 6.15　マルコフ連鎖の意味

マルコフ性(6.12)から、次の重要な性質を示すことができる。証明は森村・木島（1991）の第 3 章を参照せよ（章末問題 6.6）。

定理 6.16

マルコフ性(6.12)と次の二つは同値である。

(MP1) マルコフ過程の将来の確率的挙動は現時点の値だけに依存して決まり、それまでの履歴には無関係である。

(MP2) マルコフ過程では、現在のことがわかれば、未来と過去は独立である。

6.3.2 推移確率

マルコフ連鎖 $\{X_t\}$ の確率的挙動は、すべての状態 $j, k \in S$（S は状態空間）とすべての時点 $t \in T$ に対して、確率

$$p_{jk}(t) = P\{X_{t+1} = k | X_t = j\}$$

を与えることで決定される。この条件付き確率 $p_{jk}(t)$ を時点 t での状態 j から状態 k への1ステップ**推移確率**と呼ぶ。特に、推移確率が時刻に依存しない場合、すなわち

$$P\{X_{t+1} = k | X_t = j\} = p_{jk}$$

のとき、マルコフ連鎖 $\{X_t\}$ は**斉時的**であるという。斉時的でない場合には、推移確率の推定などが困難になるので、通常は斉時性を仮定して議論を進める。

マルコフ連鎖における1ステップ推移確率 p_{jk} は、二つの状態の対 (i, j) に対応して定まる。このため、推移確率をまとめて**推移確率行列**と呼ばれる行列で表現すれば便利である。状態空間を $S = \{1, 2, \cdots, N\}$ とすると、この場合の推移確率行列は

$$\mathbf{P} = \begin{pmatrix} p_{11} & p_{12} & \cdots & p_{1N} \\ p_{21} & p_{22} & \cdots & p_{2N} \\ \vdots & \vdots & \ddots & \vdots \\ p_{N1} & p_{N2} & \cdots & p_{NN} \end{pmatrix} \tag{6.13}$$

で与えられる。斉時的でない場合の推移確率行列は時点に依存するので $\mathbf{P}(t)$ などと表される。

推移確率行列 $\mathbf{P}$ の要素 p_{jk} は、確率であるから非負の値をとる。また、マルコフ連鎖がある時点で状態 j にいれば、次の時点では取りうる状態のどれかに推移するので

$$\sum_{k=1}^{N} p_{jk} = 1, \quad j \in S; \quad p_{jk} \geq 0, \quad j, k \in S \tag{6.14}$$

でなければならない。この性質を満たす行列を**確率行列**と呼ぶが、簡単な計算により、$\mathbf{P}^2$ も確率行列であることがわかる（章末問題6.7）。$\mathbf{P}^2$ の要素を $p_{jk}^{(2)}$ と書けば、行列の積の定義(4.3)と斉時性から

$$p_{jk}^{(2)} = \sum_{i=1}^{N} P\{X_{t+1} = i \mid X_t = j\} P\{X_{t+2} = k \mid X_{t+1} = i\}$$
$$= P\{X_{t+2} = k \mid X_t = j\} \tag{6.15}$$

が得られる。したがって、$p_{jk}^{(2)}$ は状態 j から状態 k への 2 ステップ推移確率である。同様にして、一般に $\mathbf{P}^n$ は確率行列であり、その要素 $p_{jk}^{(n)}$ は n ステップ推移確率である。

一度その状態に入ったら抜け出すことのできない状態を**吸収状態**と呼ぶ。数式で表現すれば、状態 i が吸収状態とは $p_{ii} = 1$ が成立することをいう。吸収状態はいくつあっても構わないが、金融工学では一つの吸収状態をもつマルコフ連鎖(**吸収マルコフ連鎖**)を頻繁に利用する。

いま、状態空間を $\{1, 2, \cdots, m, m+1\}$ とし、状態 $m+1$ を吸収状態とする。このとき、推移確率行列(6.13)は以下のようになる。

$$\mathbf{P} = \begin{pmatrix} p_{11} & p_{12} & \cdots & p_{1k} & p_{1,m+1} \\ p_{21} & p_{22} & \cdots & p_{2k} & p_{2,m+1} \\ \vdots & \vdots & \ddots & \vdots & \vdots \\ p_{m1} & p_{m2} & \cdots & p_{mm} & p_{m,m+1} \\ 0 & 0 & \cdots & 0 & 1 \end{pmatrix} \tag{6.16}$$

ここで、$p_{m+1,k}$ ($k = 1, 2, \cdots, m$) の値が 0、$p_{m+1,m+1}$ の値が 1 となっていることが、状態 $m+1$ が吸収状態であることを表している。もちろん、この場合でも、$\mathbf{P}^n$ の各要素は n ステップ推移確率である。

例題 6.17(格付け推移確率)

企業の発行する社債の格付けは時間とともに変化し、その変化を完全に予測することはできない。また、デフォルトを格付けの一つの状態と捉えると、一度デフォルトした社債は再び別の格付けを得ることはないので、格付けの推移をデフォルトを吸収状態とする吸収マルコフ連鎖でモデル化するのが妥当である。実際、Moody's や S&P などの格付機関では表 6.18 にあるような格付けの推移確率データを公表しており、社債やクレジット・デリバティブなどの価格付けや信用リスク評価のためのインプットとして利用されている。この格付け

推移確率は、最高の格付けを 1、次の格付けを 2、…、最低の格付けを m、デフォルト状態を $m+1$ と捉えることで、吸収マルコフ連鎖の推移確率行列とみることができる。

表 6.18 年間の格付け推移確率の例 （Moody's より）

	Aaa	Aa	A	Baa	Ba	B	Caa	Default
Aaa	0.9340	0.0594	0.0064	0.0000	0.0002	0.0000	0.0000	0.0000
Aa	0.0161	0.9055	0.0746	0.0026	0.0009	0.0001	0.0000	0.0002
A	0.0007	0.0228	0.9244	0.0463	0.0045	0.0012	0.0000	0.0001
Baa	0.0005	0.0026	0.0551	0.8848	0.0476	0.0071	0.0008	0.0015
Ba	0.0002	0.0005	0.0042	0.0516	0.8691	0.0591	0.0024	0.0129
B	0.0000	0.0004	0.0013	0.0054	0.0635	0.8422	0.0191	0.0681
Caa	0.0000	0.0000	0.0000	0.0062	0.0205	0.0408	0.6919	0.2406
Default	0.0000	0.0000	0.0000	0.0000	0.0000	0.0000	0.0000	1.0000

演習 6.19

表 6.18 に示されている 1 年間の格付け推移確率の実績値を用いて、5 年間の格付け推移確率を計算せよ。また、この計算結果から、現在の格付けが A である企業が、5 年以内にデフォルトする確率はいくらになるか。さらに、5 年後に格付けが A 以上となる確率はいくらか。

例題 6.17 で示したように、Moody's などの格付機関が公表している格付け推移確率は 1 年を単位時間としているケースが多い。しかし、実務ではリスク評価期間が 1 週間などということもあり、このような場合には公表されている推移確率行列を直接利用できない。そこで、より短い期間を単位とする格付け推移確率を推定する必要があるが、これには数学的にやっかいな問題が含まれている。

いま、1 年を単位とする推移確率行列を $\mathbf{P}$ とし、$1/n$ 年を単位とする推移確率行列を $\mathbf{P}_{1/n}$ とする。問題は次式を満たす推移確率行列 $\mathbf{P}_{1/n}$ が常に存在するかということである。

$$\left(\mathbf{P}_{1/n}\right)^n = \mathbf{P} \tag{6.17}$$

数学的には答えは「ノー」である。特に、格付け推移確率行列のように 2 段

階以上の変化が少ない場合には（表 6.18 を参照）、推移確率行列 $\mathbf{P}$ はほぼ三重対角行列になり、三重対角行列の場合には(6.17)式を満たす $\mathbf{P}_{1/n}$ は存在しないことが知られている。そこで、少々乱暴であるが、次の例題に示す粗い近似を考えてみよう。

例題 6.20

$\{X(t)\}$ を斉時的な吸収マルコフ連鎖とし、短い区間 Δt（例えば 1 週間）での格付け推移確率を $\widetilde{p}_{ij}$ で表す（**ベースライン格付け推移確率**と呼ぶ）。つまり

$$\mathbf{P}_0 = \begin{pmatrix} \widetilde{p}_{11} & \widetilde{p}_{12} & \cdots & \widetilde{p}_{1,m} & \widetilde{p}_{1,m+1} \\ \widetilde{p}_{21} & \widetilde{p}_{22} & \cdots & \widetilde{p}_{2,m} & \widetilde{p}_{2,m+1} \\ \vdots & \vdots & \ddots & \vdots & \vdots \\ \widetilde{p}_{k1} & \widetilde{p}_{k2} & \cdots & \widetilde{p}_{m,m} & \widetilde{p}_{m,m+1} \\ 0 & 0 & \cdots & 0 & 1 \end{pmatrix} \tag{6.18}$$

Δt を 1 週間としたベースライン格付け推移確率が 1 年間にわたって適用可能であると仮定し、表 6.18 に示されるような 1 年間の格付け推移確率行列 $\mathbf{P}$ が

$$\mathbf{P} = (\mathbf{P}_0)^{52} \tag{6.19}$$

で計算可能であるとする。このとき、$(\mathbf{P}_0)^{52}$ の要素を p_{jk}^*、公表されている 1 年間の格付け推移確率を p_{jk} とすれば、例えば以下の非線形計画問題を解くことでベースライン格付け推移確率を推定することができる。

$$\begin{cases} \text{最小化} & \displaystyle\sum_{j=1}^{m}\sum_{k=1}^{m+1} \frac{(p_{jk} - p_{jk}^*)^2}{p_{jk} + p_{jk}^*} \\ \text{制約条件} & \text{(6.19)式} \\ & \widetilde{p}_{jk} = 0 \quad \text{if} \quad p_{jk} = 0 \\ & \widetilde{p}_{jk} \geq p_{jk} \quad \text{if} \quad j = k \\ & \widetilde{p}_{j,m+1} \leq \widetilde{p}_{j+1,m+1} \end{cases} \tag{6.20}$$

ここで、$j = k$ のとき $\widetilde{p}_{jk} \geq p_{jk}$ であるという制約条件は、同一格付けとなる確率は期間が短いほど高くなるという実務的な観点を制約条件に取り込んだものである。また、$\widetilde{p}_{j,m+1} \leq \widetilde{p}_{j+1,m+1}$ という制約条件は、格付けが低いほどデフォルトする確率が高くなるという状況を表現したものである。

最適化によってパラメータを推定する場合にはモデルの定式化が重要であり、それによって結果も異なる。また、目的式が非線形である場合には最適解が一意とならない場合が多い。つまり、計算するときの初期値によって解が異なる場合があるので十分な注意が必要である。実務的には初期値を変化させたり、制約条件をコントロールすることで、解の安定性と、より良い解を試行錯誤で探すことになる。

演習 6.21

表 6.18 に示されている 1 年間の格付け推移確率行列から、1 カ月の格付け推移確率行列を推定したい。(6.20)式の定式化に従い Excel のソルバーを用いて計算せよ。

6.3.3 非斉時的マルコフ連鎖

斉時的でないマルコフ連鎖 $\{X_n\}$ の $(n-m)$ ステップ推移確率を
$$p_{jk}(m,n) = P\{X_n = k | X_m = j\} \quad , \quad m < n$$
と書くと、斉時的な場合と同様に、

$$p_{jk}(0,n) = \sum_{i=1}^{n} P\{X_{n-1} = i | X_0 = j\} P\{X_n = k | X_{n-1} = i\} \tag{6.21}$$

が示される(章末問題 6.8)。これを行列で表現すれば、

$$\mathbf{P}(0,n) = \mathbf{P}(0,n-1)\mathbf{P}(n-1,n)$$

したがって、繰り返し計算により、行列 $\mathbf{P}(0,n)$ は

$$\mathbf{P}(0,n) = \mathbf{P}(0,1)\mathbf{P}(1,2)\cdots\mathbf{P}(n-1,n) \tag{6.22}$$

で計算される。推移確率 $p_{jk}(0,n)$ は行列 $\mathbf{P}(0,n)$ の (j,k) 要素である。

例題 6.22 (JLT モデル)

実際の格付け推移が斉時的マルコフ連鎖に従うとしても、それは観測確率に関する推移であって、価格付けに必要なリスク調整された推移確率ではない。社債の価格付けのためにはリスク中立確率 P^* の下での推移確率が必要である。

いま、時点 t で格付け j をもつ満期 T の割引社債の価格を $v_j(t,T)$ とする。Jarrow, Lando and Turnbull（1997）によれば、この社債のデフォルト時点を表す確率変数を τ_j とすると、社債価格は

$$v_j(t,T) = v_0(t,T)\left[\delta_j + (1-\delta_j)P_t^*\{\tau_j > T\}\right], \quad t \leq T \tag{6.23}$$

で与えられる。ただし、$v_0(t,T)$ は信用リスクのない割引債（割引国債）の価格、δ_j は確定的な回収率、P_t^* は t までの情報が与えられたときの条件付確率で、格付け推移と金利は独立とする。(6.23)式の導出については木島・小守林（1999）を参照せよ。

価格式(6.23)における生存確率 $P_t^*\{\tau_j > T\}$ を求めるために、リスク中立確率 P^* の下での格付け推移は非斉時的マルコフ連鎖 $\{X_t^*\}$ に従うとする。その推移確率を

$$q_{ij}^*(m,n) = P^*\{X_n^* = j \mid X_m^* = i\}, \quad m < n$$

とすると、$q_{ij}^*(m,n)$ と観測ベースでの推移確率 p_{ij} をどのように関係づけるかがポイントになる。一般に、1ステップ推移確率に関して

$$q_{ij}^*(t,t+1) = \pi_{ij}(t)p_{ij} \tag{6.24}$$

という関係が成立する。(6.24)式の $\pi_{ij}(t)$ は**リスク・プレミアム調整率**と呼ばれる。この非斉時的マルコフ連鎖 $\{X_t^*\}$ を社債デリバティブの価格付けに利用するモデルを **JLT モデル**と呼ぶ。

リスク・プレミアム調整率の決定方法として、いくつかのモデルが提案されている。例えば、Kijima and Komoribayashi（1998）ではリスク・プレミアム調整率 $\pi_{ij}(t)$ は確定的な関数で

$$\pi_{ij}(t) = l_i(t), \quad j \neq m+1$$

と仮定し、理論価格(6.23)が現在の市場価格と整合的になるように $l_i(t)$ を決定するというモデルを提案した[4]。このとき、リスク調整後の推移確率は

$$q_{ij}^*(t,t+1) = \begin{cases} l_i(t)p_{ij}, & j \neq m+1 \\ 1 - l_i(t)(1-p_{i,m+1}), & j = m+1 \end{cases} \tag{6.25}$$

---

[4] 他に青沼・田辺（2001）によるモデルなどがある。

で与えられる。

さて、現在の割引社債の市場価格からリスク・プレミアム調整率 $l_j(t)$ を求める手順を説明しよう。現時点 $t=0$ で格付け j をもつ満期 t の割引社債の価格を $v_j(0,t)$ とする。割引社債の価格式 (6.23) から

$$P_0^*\{\tau_j \le T\} = 1 - P_0^*\{\tau_j > T\} = \frac{v_0(0,T) - v_j(0,T)}{(1-\delta_j)v_0(0,T)} \tag{6.26}$$

が成立する。特に $T=1$ のとき

$$P_0^*\{\tau_j = 1\} = q_{j,m+1}^*(0,1) = 1 - l_j(0)(1-p_{j,m+1})$$

であるから、

$$l_j(0) = \frac{v_j(0,1) - \delta_j v_0(0,1)}{(1-p_{j,m+1})(1-\delta_j)v_0(0,1)}, \qquad j = 1,2,\cdots,m \tag{6.27}$$

が得られる。

いま $(t-1)$ 以下のすべてのリスク・プレミアム調整率 $l_j(n)$ ($n=0,1,\cdots,t-1$) が計算されているとする。このとき、

$$P_0^*\{\tau_j > t+1\} = 1 - q_{j,m+1}^*(0,t+1)$$

であるが、(6.21)式より

$$q_{j,m+1}^*(0,t+1) = \sum_k q_{jk}^*(0,t) q_{k,m+1}^*(t,t+1)$$

したがって

$$P_0^*\{\tau_j > t+1\} = \sum_{k=1}^{m} q_{jk}^*(0,t)\left(1 - q_{k,m+1}^*(t,t+1)\right)$$

が成立する。(6.22)式から、推移確率 $q_{jk}^*(0,t)$ は行列

$$\mathbf{Q}^*(0,t) = \mathbf{Q}^*(0,1)\mathbf{Q}^*(1,2)\cdots\mathbf{Q}^*(t-1,t)$$

の (j,k) 要素であるから、この行列の逆行列の (j,k) 要素を $q_{jk}^{-1}(0,t)$ と書けば

$$l_j(t)(1-p_{j,m+1}) = \sum_k q_{jk}^{-1}(0,t) P_0^*\{\tau_j > t+1\}$$

が得られる。ただし、$Q^*(m,n)$ は吸収状態を除いた $q_{jk}^*(m,n)$ からなる行列である。したがって、リスク・プレミアム調整率 $l_j(t)$ は t に関して順番に

$$l_j(t) = \frac{1}{1-p_{j,m+1}} \sum_{k=1}^{m} q_{jk}^{-1}(0,t) \frac{v_k(0,t+1) - \delta_j v_0(0,t+1)}{(1-\delta_j)v_0(0,t+1)} \tag{6.28}$$

で計算される。

演習 6.23

格付け別の割引社債の価格と割引国債の価格が以下のように与えられているとする。表 6.18 の年間の格付け推移確率を用いて、上記の方法でリスク中立な推移確率行列を計算せよ。ただし $\delta_j = 0.2$ とし、必要な期間構造は線形補間によって求めること。なお、推定された確率が 1 を超えたり負になったりした場合には、適当な処理（例えば 0.99 や 0.01 と置き換えるなど）を行うこと。

満期（T）	0	1	2	3	5	7	10
割引国債	1	0.9653	0.9343	0.9024	0.8432	0.7910	0.7218
割引社債Aaa	1	0.9644	0.9324	0.8991	0.8376	0.7828	0.7107
割引社債Aa	1	0.9642	0.9320	0.8985	0.8366	0.7809	0.7089
割引社債A	1	0.9638	0.9311	0.8976	0.8351	0.7788	0.7064
割引社債Baa	1	0.9629	0.9294	0.8949	0.8318	0.7736	0.6986
割引社債Ba	1	0.9603	0.9231	0.8846	0.8130	0.7505	0.6712
割引社債B	1	0.9569	0.9171	0.8755	0.7988	0.7302	0.6474
割引社債Caa	1	0.9511	0.9032	0.8456	0.7451	0.6569	0.5598

6.4 ポアソン過程

ある社債のデフォルト時点を表す確率変数を τ とする。格付け推移をマルコフ連鎖でモデル化した前節の例では、最初に吸収状態（デフォルト状態）に推移する時点がデフォルト時点である。この節では、**ハザード過程**と呼ばれる確率過程を使って、デフォルト時点をどのようにしてモデル化するかを説明する(詳細については楠岡・青沼・中川(2001)などを参照)。

以下では、説明を簡単にするために離散時点だけを考える。連続時点のモデルは $\Delta t \to 0$ とすれば得られるが、実際に計算機でシミュレーションするためには離散時点のモデルを構築する必要がある。

$0 < h < 1$ に対して、以下のベルヌーイ試行を考える。すなわち、ベルヌーイ分布

$$P\{Y_n = 1\} = 1 - P\{Y_n = 0\} = 1 - h \quad , \quad n = 1, 2, \cdots \tag{6.29}$$

に従う独立な確率変数の列$\{Y_n\}$を定義する。さらに、時点tまでに失敗（$Y_n=0$）した回数を表す確率変数を$N(t)$とする。$N(t)$をtをパラメータとする確率過程とみたとき、$\{N(t)\}$を（離散時点）**ポアソン過程**と呼ぶ。ベルヌーイ確率変数の列$\{Y_n\}$とポアソン過程$\{N(t)\}$のサンプルパスを図6.24に描いた。

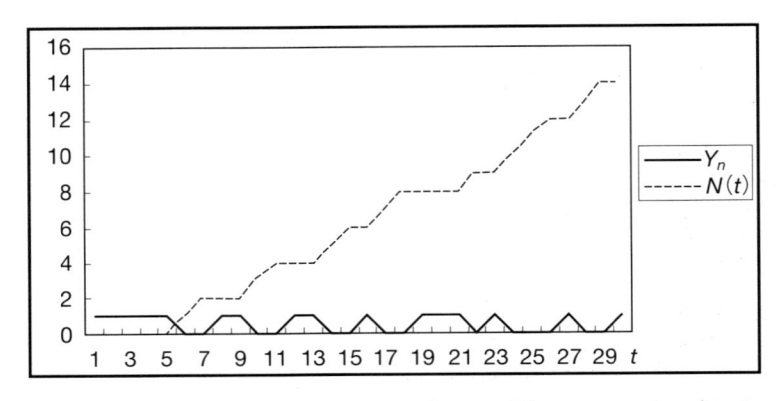

図6.24 ベルヌーイ確率変数の列$\{Y_n\}$とポアソン過程$\{N(t)\}$のサンプルパス

具体的には、ポアソン過程は以下のように定式化される。まず、
$$X_1 = \min\{n > 0 : Y_n = 0\}$$
とおけば、X_1は最初に0（失敗）が生起するまでの試行の回数である。次に、
$$X_2 = \min\{n > X_1 : Y_n = 0\} - X_1$$
とおけば、X_2は2回目の0が生起するまでの試行の回数である。以下、同様にX_kを定義し、
$$N(t) = \min\{n \geq 0 : X_1 + \cdots + X_n \leq t\} \tag{6.30}$$
とおく。ただし$X_1 > t$の場合には$N(t) = 0$である。ベルヌーイ試行の独立同一性から、X_kは独立で同一の分布に従うことがわかる。

6.4.1 幾何分布と指数分布

デフォルト時点のモデル化という観点からは、最初に0が生起する時点X_1だけに興味がある。ベルヌーイ試行の独立性から、

$$P\{X_1 > t\} = P\{Y_n = 1 \text{ for all } n \leq t\} = (1-h)^t, \quad t = 0, 1, \cdots \qquad (6.31)$$

であるから、

$$P\{X_1 = t\} = h(1-h)^{t-1}, \quad t = 1, 2, \cdots$$

が得られる。この離散分布を**幾何分布**と呼び、次の**無記憶性**と呼ばれる性質で特徴づけられる（章末問題6.9）。

$$P\{X_1 > x\} = P\{X_1 > x+y | X_1 > y\}, \quad x, y = 0, 1, \cdots \qquad (6.32)$$

すなわち、X_1をデフォルトまでの間隔とすれば、デフォルト時点がy以上であるという条件の下でさらにx以上デフォルトしないという確率は、時点yまでデフォルトしなかった（すなわち$\{X > y\}$）ということを忘れて、x以上デフォルトしないという確率に等しくなる。簡単な計算により、

$$E[X_1] = \frac{1}{h}, \quad V[X_1] = \frac{1-h}{h^2} \qquad (6.33)$$

が得られる（各自で確認せよ）。

ある$\lambda > 0$に対して、$\Delta t > 0$を十分小さく選べば$h = \lambda \Delta t$は$0 < h < 1$を満たす。さらに、$\tau = X_1 \Delta t$とおくと、(6.31)式から

$$P\{\tau > x\} = (1 - \lambda \Delta t)^{x/\Delta t}$$

したがって、$\Delta t \to 0$のとき、幾何分布の極限として次式が得られる。

$$P\{\tau > x\} = e^{-\lambda x}, \quad x \geq 0 \qquad (6.34)$$

この生存確率をもつ連続分布を**指数分布**と呼び、密度関数は次式で与えられる。

$$f(x) = \lambda e^{-\lambda x}, \quad x \geq 0$$

指数分布が無記憶性をもつことは簡単に確かめられる。また、(6.33)とλ, τの定義より、

$$E[\tau] = \frac{1}{\lambda}, \quad V[\tau] = \frac{1}{\lambda^2}$$

である（各自で確認せよ）。連続時点ポアソン過程$N(t)$は、独立で同一の指数分布に従うX_kに対して(6.30)式で定義される。

6.4.2 非斉時的ポアソン過程

前項では同一の h に対してベルヌーイ試行(6.29)を考えたが、失敗確率 h は時点に依存していてもかまわない。すなわち、$0 < h_n < 1$ に対して、

$$P\{Y_n = 1\} = 1 - P\{Y_n = 0\} = 1 - h_n \quad , \quad n = 1, 2, \cdots$$

に従う独立な確率変数列 $\{Y_n\}$ を定義する。この $\{Y_n\}$ に対して、前項と同様にして X_k を定義する。すなわち、

$$X_1 = \min\{n > 0 : Y_n = 0\}$$

は最初に 0(失敗)が生起するまでの試行の回数であり、以下同様である。このとき、(6.30)式で定義される確率過程 $\{N(t)\}$ を(離散時点)**非斉時的ポアソン過程**と呼ぶ。

Y_n は同一の分布に従わないので、一般の X_k の分布を求めるのは簡単ではないが、最初に 0 が生起する時点 X_1 の分布については以下のようにして簡単に計算できる。すなわち、ベルヌーイ試行の独立性から、X_1 の生存確率は次式で与えられる。

$$P\{X_1 > t\} = P\{Y_n = 1 \text{ for all } n \leq t\} = \prod_{n=1}^{t}(1 - h_n) \quad , \quad t = 0, 1, 2, \cdots \tag{6.35}$$

ただし、$\prod_{n=1}^{0}(1 - h_n) = 1$ とする。(6.31)式と比較せよ。

6.4.3 コックス過程

ここまで説明してきたフレームワークでは、失敗確率 h_n を確率過程としても同様の議論が可能である。すなわち、$\{h_n\}$ を $0 < h_n < 1$ を満たす確率過程とし、各 h_n の実現値を $h_n(\omega)$ とする。この実現値の列 $\{h_n(\omega)\}$ に対して、(6.29)に従ってベルヌーイ確率変数の列 $\{Y_n\}$ を定義する。この $\{Y_n\}$ を使えば、前項と同様にして非斉時的ポアソン過程を構築することができる。このようにして構築されたポアソン過程を**コックス過程**と呼んでいる。

特に、最初に 0 が生起する時点 X_1 の生存確率は、(6.35)式から次式で与えられる。

$$P\{X_1 > t \mid h_1(\omega), h_2(\omega), \cdots\} = \prod_{n=1}^{t}(1 - h_n(\omega))$$

ところで、この非斉時的ポアソン過程は$\{h_n\}$の実現値に依存していたので、全確率の公式から次式が成立する。

$$P\{X_1 > t\} = E\big[P\{X_1 > t \mid h_1, h_2, \cdots\}\big] = E\left[\prod_{n=1}^{t}(1 - h_n)\right], \quad t = 0,1,\cdots \tag{6.36}$$

事象$\{X_1 = t\}$は$\{Y_1 = 1, \cdots, Y_{t-1} = 1, Y_t = 0\}$に等しく、また

$$P\{Y_t = 0 \mid Y_1 = 1, \cdots, Y_{t-1} = 1\} = h_t \tag{6.37}$$

であるから、h_tは時点$t-1$まではデフォルトしていないという条件のもとで時点tでデフォルトする確率を表している。このため、確率過程$\{h_n\}$を**ハザード過程**（またはデフォルト過程）と呼ぶことが多い。

例題 6.25

経済の状態には、良い状態(1)と悪い状態(0)があり、マルコフ連鎖$\{Z_n\}$でモデル化されるとする。また、ある企業のデフォルト確率h_nは$Z_n = 1$ならば$h_n = h_G$、$Z_n = 0$ならば$h_n = h_B$で$h_G < h_B$が成立するとする。デフォルト時点がコックス過程に従うとして、デフォルト時点をシミュレートしてみよう。$Z_1 = 1$として、マルコフ連鎖$\{Z_n\}$のサンプルパスをシミュレートすると表6.26のようになった。

ただし、ここでは$p_{11} = 1 - p_{10} = 0.8$、$p_{00} = 1 - p_{01} = 0.6$とした。$Z_n$の値に応じてデフォルト確率$h_n$の値が定まるので、これも表6.26に書き込まれている（ただし、ここでは$h_B = 0.3, h_G = 0.1$とした）。この$\{h_n\}$の実現値に対して、(6.29)に従って得られたベルヌーイ確率変数Y_nの実現値がその下に記入されている。コックス過程の定義から、デフォルト時点τは最初に$Y_n = 0$となる時点である。こうして、デフォルト時点τの一つのサンプルが得られた（この場合には$\tau = 9$）。

表 6.26 各確率過程のサンプルパス

t	1	2	3	4	5	6	7	8	9	10	11	12	13	14	15
Z_n	1	1	0	0	0	0	1	0	0	0	1	0	0	1	0
h_n	0.1	0.1	0.3	0.3	0.3	0.3	0.1	0.3	0.3	0.3	0.1	0.3	0.3	0.1	0.3
Y_n	1	1	1	1	1	1	1	1	0	0	0	0	0	0	0

この実験を繰り返して十分多くのサンプル（標本）を抽出し、それを統計的に分析することで、コックス過程に従うデフォルト時点の確率分布の性質が得られる。

演習 6.27

例題 6.25 におけるマルコフ連鎖 $\{Z_n\}$ の推移確率行列を

$$\begin{pmatrix} 0.6 & 0.4 \\ 0.2 & 0.8 \end{pmatrix}$$

デフォルト確率をそれぞれ $h_B = 0.3$, $h_G = 0.1$ とする。$Z_0 = 1$ として、τ の標本を 100 個発生させて、そのヒストグラムを描け。

ヒント！
☆Excel の分析ツール⇒ヒストグラムを利用する方法もあるが、COUNTIF というコマンドで件数をカウントする方法もある。

章末問題

6.1 演習 6.4 で描いた株価 S_n のサンプルパスに対して

$$A_n = \frac{1}{n+1}\sum_{i=0}^{n} S_i, \quad n = 0,1,\cdots$$

とおく。A_n のサンプルパスを描け。

6.2 演習 6.4 と同じことを 100 回繰り返して株価のサンプルパスを 100 本作成する。時点 T における i 番目のサンプル（標本）を $S_T^{(i)}$ としたとき、$\log S_T^{(i)}$ の標本平均と不偏分散を計算せよ。また、尖りと歪を計算し、$\log S_T^{(i)}$ が正規分布に従っていると考えてよいか考察せよ。

6.3 例題 6.5 において $T = 1, N = 100$ とする。$W_N^{(i)}$ をランダムウォークの i 番目の標本とするとき、$W_N^{(i)}$ の標本平均と不偏分散を計算せよ。また、尖りと歪みを計算し、$W_N^{(i)}$ が正規分布に従っていると考えてよいか考察せよ。

6.4 X と Y を独立な確率変数で、密度関数をそれぞれ $f_X(x), f_Y(x)$ とする。このとき、$X + Y$ の従う密度関数は次式で与えられる。

$$f_{X+Y}(x) = \int f_X(y) f_Y(x-y) dy \quad , \quad x \in R$$

この事実を使って、$X \sim N(\mu_X, \sigma_X^2), Y \sim N(\mu_Y, \sigma_Y^2)$ で独立なとき、$X+Y$ は正規分布 $N(\mu_X + \mu_Y, \sigma_X^2 + \sigma_Y^2)$ に従うことを示せ。

6.5 章末問題 6.4 とは異なり、$X \sim N(0,1)$ に対して、Y は X の実現値に依存するとする。すなわち、$X = x$ のとき、Y は正規分布 $N(\mu(x), \sigma^2(x))$ に従うとする。このとき $X+Y$ の密度関数を計算せよ。

6.6 図 6.15 を利用して、マルコフ過程の性質（MP1）と（MP2）が成立することを直感的に説明せよ。

6.7 $\mathbf{P}$ が確率行列のとき $\mathbf{P}^2$ も確率行列になることを示せ。

6.8 (6.21)式が成立することを示せ。また、(6.28)式が成立することを確認せよ。

6.9 X の確率分布を
$$P\{X = n\} = (1-p)p^{n-1} \quad , \quad n = 1, 2, \cdots$$
とする。このとき、X は無記憶性(6.32)をもつことを示せ。逆に、無記憶性をもつ離散分布は幾何分布しかないことを証明せよ。

6.10 演習 6.27 で定義されるデフォルト時点を τ とし、$T = 10$ に対して $\tau_N = \min\{\tau, T\}$ とおく。τ_N のヒストグラムを描き、演習 6.27 の結果と比較せよ。この違いは平均や分散、歪みや尖りにどのように現れているか。これらの点について考察せよ。

6.11 演習 6.27 において、経済状態を表すマルコフ連鎖の推移確率が
$$\begin{pmatrix} 0.8 & 0.2 \\ 0.1 & 0.9 \end{pmatrix}$$
の場合に τ の標本を 100 個発生させて、そのヒストグラムを描き、その結果を演習 6.27 の場合と比較せよ。

第7章
モンテカルロ・シミュレーション

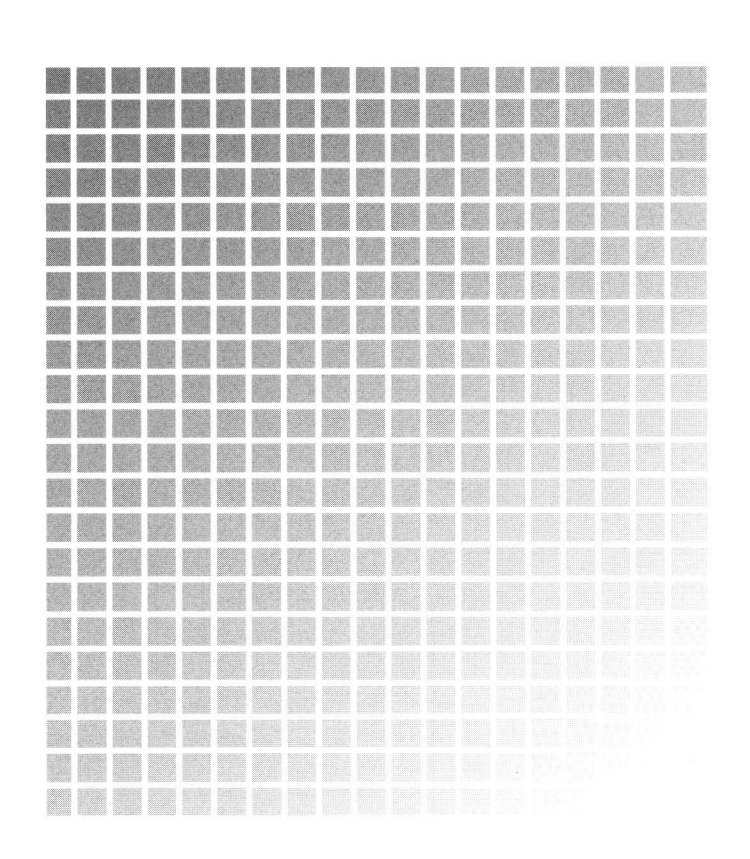

第7章　モンテカルロ・シミュレーション

　コンピュータの高速化により、計算機上での模擬実験（シミュレーション）が比較的簡単に行えるようになり、問題の定式化が複雑すぎて解析解が得られないような場合でも、モンテカルロ・シミュレーションによって金融商品のプライシングやリスク評価が可能となってきた。この章では、モンテカルロ・シミュレーションに必要となる乱数の生成と、実際の金融商品への適用方法などについて検討する。なお、金融商品の評価の基本は将来のキャッシュフローの期待割引価値を計算するということであり、モンテカルロ・シミュレーションでは、期待値を計算するために将来の確率分布をコンピュータ上で計算することになる。コンピュータの負荷を除けば、解析解を求める作業よりもモンテカルロ・シミュレーションを適用した場合のほうが実務的な負荷が軽減されることも少なくない。しかし、モデル自体の特徴やモデル・リスクを考えるためには、解析解があるほうが望ましいことは事実である。

7.1 乱数の生成

　ある確率分布に従う確率変数の実現値を乱数、その独立に生成された系列を**乱数列**と呼ぶ。正規分布、対数正規分布、一様分布については第2.2節で定義した。この節では、特定の分布に従う乱数の作成方法について検討する。

7.1.1 一様乱数

　確率変数 X が一様分布 $U(a,b)$ に従う乱数のことを**一様乱数**と呼び、Excel には RAND という関数名で、標準一様分布 $U(0,1)$ に従う疑似乱数を発生させるルーチンが組み込まれている[1]。ここで、疑似乱数という言葉を敢えて用いているのは、コンピュータ上で生成される乱数は、ある計算によって生成されるものであり、初期値が乱数系列をすべて決定することになり、本来の乱数とは意味が異なるからである。

---

[1] 疑似乱数の生成アルゴリズムとして、松本眞・西村拓士両氏によって開発された Mersenne Twister と呼ばれる手法がよく知られている。この方法は、従来の乱数生成法の欠点を改良した、非常に性質の良い（高周期、高次元均等分布を兼ね備えた）乱数の生成法である。このアルゴリズムと各種プログラムが
http://www.math.keio.ac.jp/~matumoto/mt.html
で公開されており、ダウンロードも可能である。

$U_1, U_2, \cdots$ を標準一様分布 $U(0,1)$ に従う独立な確率変数列とし、$u_1, u_2, \cdots$ をその実現値、すなわち一様乱数の系列とする[2]。$p_i(i=1,\cdots,n)$ を確率分布、すなわち

$$p_i > 0, \quad \sum_{i=1}^{n} p_i = 1$$

を満たす実数列とし、さらに $U_k \sim U(0,1)$ に対して

$$X_k = \begin{cases} y_1, & 0 \leq U_k \leq p_1 \text{ のとき} \\ y_i, & p_1 + \cdots + p_{i-1} < U_k \leq p_1 + \cdots + p_i \text{ のとき} \\ y_n, & p_1 + \cdots + p_{n-1} < U_k \leq 1 \text{ のとき} \end{cases}$$

とおくと、X_k は確率分布

$$P\{X_k = y_i\} = p_i, \quad i = 1, 2, \cdots, n \tag{7.1}$$

をもつ離散的な確率変数となる。これは、

$$P\{X_k = y_i\} = P\{p_1 + \cdots + p_{i-1} < U_k \leq p_1 + \cdots + p_i\}$$
$$= P\{U_k \leq p_1 + \cdots + p_i\} - P\{U_k \leq p_1 + \cdots + p_{i-1}\}$$

であるが、U_k は標準一様分布に従っているので

$$P\{U_k \leq x\} = x, \quad 0 \leq x \leq 1$$

となり、

$$P\{X_k = y_i\} = (p_1 + \cdots + p_i) - (p_1 + \cdots + p_{i-1}) = p_i$$

が成立するためである。したがって、一様乱数 u_k に対して

$$x_k = \begin{cases} y_1, & 0 \leq u_k \leq p_1 \text{ のとき} \\ y_i, & p_1 + \cdots + p_{i-1} < u_k \leq p_1 + \cdots + p_i \text{ のとき} \\ y_n, & p_1 + \cdots + p_{n-1} < u_k \leq 1 \text{ のとき} \end{cases}$$

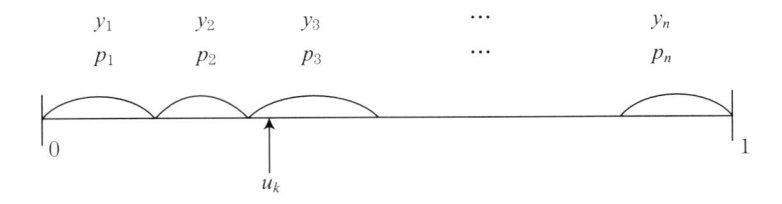

図7.1 離散分布に従う乱数

---

[2] 以下では、一様乱数といえば標準一様乱数を指す。

とおけば、(7.1)で与えられた離散分布に従う乱数系列$\{x_n\}$が得られる（可算無限個の場合も同様である）。イメージ図を図7.1に描いた。

例題 7.2

ポアソン分布$Po(\lambda)$に従う確率変数Xの平均と分散を計算する。$X \sim Po(\lambda)$のとき、$E[X] = V[X] = \lambda$となることは第2章で確認した。ここでは、ポアソン分布$Po(\lambda)$に従う乱数系列$\{x_n\}$に対して大数の法則に基づいて平均と分散を推定する。すなわち、

$$\frac{x_1 + \cdots + x_N}{N} \approx E[X] \quad , \quad \frac{x_1^2 + \cdots + x_N^2}{N} \approx E[X^2]$$

が得られる。分散$V[X]$は

$$V[X] = E[X^2] - (E[X])^2$$

で計算すればよい。

演習 7.3

ポアソン分布$Po(2)$に従う乱数を100個発生させ、$X \sim Po(2)$の平均と分散を推定せよ。

ヒント!

☆ポアソン分布は

$$p_n = \frac{\lambda^n}{n!} e^{-\lambda}, \quad n = 0, 1, 2, \cdots$$

で求められるが、$\sum_{n=0}^{20} p_n$で確率がほぼ1になるので、nとして0から20までの範囲を想定する。ポアソン分布の計算では階乗$n!$の計算が必要となるが、ExcelではFACT関数が用意されており、一様乱数はRANDという関数で発生させることができる。

次に、区間$[a,b]$上に定義された連続分布について検討する。その密度関数を$f(x)$とし、分布関数を

$$F(x) = \int_a^x f(y) dy, \quad a \leq x \leq b$$

とする。分布関数 $F(x)$ が（狭義）増加関数であるとき、逆関数 $F^{-1}(x)$ が定義可能となる。

$U_n \sim U(0,1)$ に対して

$$X_n = F^{-1}(U_n)$$

とおく。X_n の分布関数を求めてみると、

$$P\{X_n \leq x\} = P\{F^{-1}(U_n) \leq x\} = P\{U_n \leq F(x)\}$$

である。$U_n \sim U(0,1)$ の分布関数は $P\{U_n \leq x\} = x$ なので

$$P\{X_n \leq x\} = F(x)$$

が得られる。したがって、一様乱数 u_n に対して

$$x_n = F^{-1}(u_n) \tag{7.2}$$

とおけば、確率密度関数 $f(x)$ に従う乱数の系列 $\{x_n\}$ を得ることができる。この方法を**逆関数法**という[3]。イメージを図7.4に描いた。

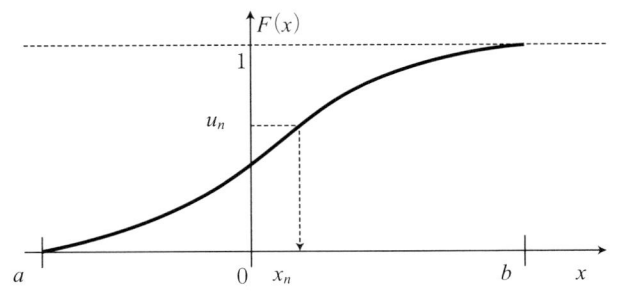

図7.4 連続分布に従う乱数

---

[3] 逆関数法は、分布関数の逆関数が解析的に求められる場合には簡単な方法であるが、そうでない場合には直接適用できない。これに対応して**ノイマンの方法**では、密度関数 $f(x)$ は区間 $[a,b]$ で定義されており $f(x) \leq M$ とする。このとき、以下の手順で連続分布に従う乱数を生成する。詳細については木島（1995）または湯前・鈴木（2000）を参照せよ。

手順(1)：二つの一様乱数 u_1, u_2 に対して

$$\phi_1 = a + (b-a)u_1 \quad , \quad \phi_2 = Mu_2$$

とおく。

手順(2)：$\phi_2 \leq f(\phi_1)$ ならば $x = \phi_1$、$\phi_2 > f(\phi_1)$ ならば ϕ_1 を乱数としない。

手順(3)：手順(1)と手順(2)を繰り返すことで、必要な数だけの乱数を発生させる。

例題 7.5（指数分布）

密度関数

$$f(x) = \lambda e^{-\lambda x}, \quad x \geq 0$$

に従う乱数系列を逆関数法で求めてみる。指数分布の分布関数は

$$F(x) = \int_0^x \lambda e^{-\lambda y} dy = 1 - e^{-\lambda x}, \quad x \geq 0$$

であるから、その逆関数を求めるために

$$y = F(x) = 1 - e^{-\lambda x}$$

とおく。x と y を入れ換えて

$$x = 1 - e^{-\lambda y}$$

とおき、これを y について解くと、逆関数

$$F^{-1}(x) = -\frac{1}{\lambda} \log(1-x), \quad 0 < x < 1$$

が得られる。したがって、一様乱数 u_n に対して、指数乱数 x_n は(7.2)式より

$$x_n = -\frac{1}{\lambda} \log(1 - u_n)$$

で計算される。平均と分散は、例題 7.2 と同様の手法で求められる。

演習 7.6

指数分布（$\lambda = 3$）に従う乱数を 100 個発生させ、その平均と分散を計算せよ。

7.1.2 正規乱数

正規分布 $N(\mu, \sigma^2)$ に従う乱数のことを**正規乱数**と呼ぶ。正規乱数を生成するためには、一様乱数からボックス・ミュラー法などによって標準正規乱数を生成し、それを(2.13)式によって変換することで平均 μ、分散 σ^2 の正規分布に従う乱数列を作るのが一般的である。

ボックス・ミュラー法は、二つの一様乱数 u_1, u_2 を以下の式に適用することで、標準正規分布に従う二つの独立な標準正規乱数 R_1, R_2 を計算する。

$$\begin{cases} R_1 = \sqrt{-2\log u_1}\cos(2\pi u_2) \\ R_2 = \sqrt{-2\log u_1}\sin(2\pi u_2) \end{cases} \tag{7.3}$$

ただし、ボックス・ミュラー法では sin や cos の計算に時間がかかることから、より計算時間の短い**渋谷の方法**がある。これは、

$$\lambda_1 = 2u_1 - 1, \quad \lambda_2 = 2u_2 - 1$$

によって二つの一様乱数 u_1, u_2 から λ_1, λ_2 を計算し、$\lambda = \lambda_1^2 + \lambda_2^2 > 1$ ならば別の一様乱数を用いて計算をやり直し、$\lambda \leq 1$ ならば

$$c = \left(-2\log(\lambda)/\lambda\right)^{0.5}, \quad R_1 = c\lambda_1, \quad R_2 = c\lambda_2$$

によって、二つの標準正規乱数 R_1, R_2 を計算するというものである。

次に、平均 μ、分散 σ^2 の正規分布 $N(\mu, \sigma^2)$ に従う正規乱数について検討する。(2.13)式より、X が標準正規分布 $N(0,1)$ に従うとき、線形変換 $Y = \mu + \sigma X$ は正規分布 $N(\mu, \sigma^2)$ に従う。よって、標準正規乱数 R_n に対して

$$x_n = \mu + \sigma R_n$$

とおけばよい。

例題 7.7

金融分野のモンテカルロ・シミュレーションでは、しばしば確率変数 Y が対数正規分布に従うと仮定される。第2.2節で述べたように、X が正規分布 $N(\mu, \sigma^2)$ に従うとするとき、$Y = e^X$ と変換して得られる Y の従う分布が対数正規分布である。

$Y = e^X$ の平均 μ_Y と分散 σ_Y^2 は、(2.31)式より

$$E[Y] = \exp\{\mu + \sigma^2/2\}, \quad E[Y^2] = \exp\{2\mu + 2\sigma^2\}$$

したがって

$$\mu_Y = \exp\{\mu + \sigma^2/2\}, \quad \sigma_Y^2 = \mu_Y^2\left(e^{\sigma^2} - 1\right)$$

となる。これを μ と σ^2 について解くと

$$\mu = E[X] = \log(\mu_Y) - \frac{1}{2}\log\left(1 + \sigma_Y^2/\mu_Y^2\right) \tag{7.4}$$

$$\sigma^2 = \text{Var}[X] = \log\left(1 + \sigma_Y^2/\mu_Y^2\right) \tag{7.5}$$

となり、対数正規分布の平均 μ_Y と分散 σ_Y^2 が与えられれば、もととなる正規分布の平均 μ と分散 σ^2 が、(7.4)式と(7.5)式からそれぞれ計算される。以上から、対数正規乱数を生成する手順は以下のとおりである。

① 二つの一様乱数 u_1, u_2 を発生
② 標準正規分布 $N(0,1)$ の乱数 R を発生
③ $z = \sigma R + \mu$ により $N(\mu, \sigma^2)$ の乱数 z を発生（この μ と σ^2 は対数正規分布の平均 μ_Y と分散 σ_Y^2 を基に、(7.4)式と(7.5)式で計算する）
④ $y = e^z$ により対数正規分布の乱数 y を発生

演習 7.8

100個の一様乱数列を作成したうえで、ボックス・ミュラー法によって標準正規乱数列を生成するプログラムを Excel-VBA で作成せよ。次に、これらの値から、平均 $\mu = 15,000$、分散 $\sigma^2 = 500^2$ とした場合の正規乱数列と対数正規乱数列を求めるプログラムを作成せよ。

ヒント！

☆乱数の生成であれば、Excel の RAND 関数を用いて一様乱数が生成できるので、この演習は VBA を使わなくても計算可能である。しかし、モンテカルロ・シミュレーションへの対応を意識して、ここでは VBA のプログラムで記述し、コマンド・ボタンを押すことで、VBA のプログラムが実行できるようにする。

☆まず、[表示(V)]⇒[ツールバー(T)]⇒[コントロール ツールボックス]を選択し、次のようなコントロール ツールボックスを立ち上げる。

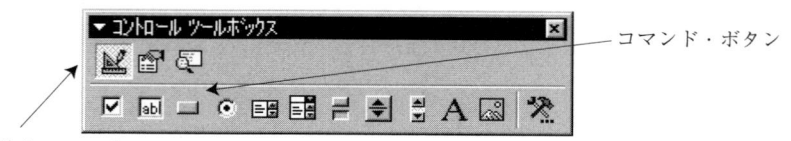

☆このボックスをツールバーの領域にドラッグすると、ツールバーの中に格納される。コマンド・ボタンは、コントロール ツールボックスのなかのコマンド・ボタンを押し、シートのなかでコマンド・ボタンを配置したい位置に、マウスの左ボタンを押しながらドラッグしてボタンの大きさを指定する。

[CommandButton1]

☆コントロールツールボックスのなかのデザインモード・ボタンが押されていることを確認し（押された状態になっていなければ押す）、このコマンド・ボタン内にカーソルを移動した上で、マウスの右ボタンを押し[コマンド ボタン オブジェクト(O)]⇒[編集(E)]を選択し、ボタンの名前を

[乱数の発生]

と登録する。

　逆関数法では、分布関数の逆関数に一様乱数を代入し、その確率分布に従う乱数を生成する。しかし、標準正規分布の場合には、分布関数

$$\Phi(x) = \frac{1}{\sqrt{2\pi}} \int_{-\infty}^{x} e^{-u^2/2} du$$

に解析的な表現が存在しないので、その逆関数を閉じた形で表現することはできない。ここでは、Beasley and Springer（1977）による逆関数 $\Phi^{-1}(x)$ の近似式を紹介する。

$$x(u) = u \frac{\sum_{j=0}^{3} a_j u^{2j}}{1 + \sum_{k=1}^{4} b_k u^{2k}} \tag{7.6}$$

ただし、$u \equiv U - 0.5$ で U は一様乱数、また各係数は以下で与えられる。

$a_0 = 2.50662823884$

$a_1 = -18.61500062529$

$a_2 = 41.39119773534$

$a_3 = -25.44106049637$

$b_1 = -8.47351093090$

$b_2 = 23.08336743743$

$b_3 = -21.06224101826$

$b_4 = 3.13082909833$

　Moro（1995）は、上記の近似式は、$U < 0.92$（つまり $u < 0.42$）の場合には

精度が高いが、$U \geq 0.92$（つまり $u \geq 0.42$）の場合には次の近次式を用いるべきであるとした。

$$x(u) = \sum_{j=0}^{8} c_j z^j \tag{7.7}$$

ここで、$z \equiv \log(-\log(1-U))$，$U \geq 0.92$ であり、各係数は以下のとおりである。

$c_0 = 0.3374754822726147$

$c_1 = 0.9761690190917186$

$c_2 = 0.1607979714918209$

$c_3 = 0.0276438810333863$

$c_4 = 0.0038405729373609$

$c_5 = 0.0003951896511919$

$c_6 = 0.0000321767881768$

$c_7 = 0.0000002888167364$

$c_8 = 0.0000003960315187$

演習 7.9

100個の一様乱数列を作成したうえで、Moro の方法によって標準正規乱数列を生成し、さらにそれを標準化（(2.12)式を参照）することで、平均 0、分散 1 の標準正規乱数列を作成するプログラムを Excel-VBA で作成せよ。次に、これらの値から、平均 $\mu = 15,000$、分散 $\sigma^2 = 500^2$ とした場合の正規乱数列と対数正規乱数列を求めるプログラムを作成せよ。

7.1.3 多変量正規乱数

定理 4.19 によれば、共分散行列 $\mathbf{\Sigma}$ が $\mathbf{\Sigma} = \mathbf{C}\mathbf{C}^T$ とコレスキー分解されている場合、n 変量正規分布に従う乱数列は以下の手順によって生成することができる。

<u>手順1</u>：n 個の独立な標準正規分布に従う乱数 r_i を発生させ、$\mathbf{X} = (r_1, r_2, \cdots, r_n)^T$ とおく。

<u>手順2</u>：$\mathbf{Y} = (y_1, y_2, \cdots, y_n)^T$ を

$$\mathbf{Y} = \mathbf{CX} + \boldsymbol{\mu}$$

とおく。ただし、$\boldsymbol{\mu}$ は平均ベクトルとする。

<u>手順3</u>: 手順1と手順2の処理を繰り返すことにより、必要数の乱数ベクトルを生成する。

ここで注意が必要なのは、どのような共分散行列でもコレスキー分解ができるわけではないという点である。コレスキー分解は、対象となる行列が正定値であることが条件であり、共分散行列（相関行列）のような対称行列の場合には、正定値であることと正則であることは同値である（定理 4.18 と(4.26)式を参照）。共分散行列（相関行列）が正定値とならないケースとしては、リスク・ファクター数よりも少ないデータで相関係数が計算されている場合などがある。正定値でない場合には、修正コレスキー分解などの手法が必要になるが、これについては専門書（佐藤・中村(2001)など）を参照されたい。

演習 7.10

5次元の正規分布に従う乱数ベクトル $\mathbf{Y} = (Y_1, Y_2, \cdots, Y_5)$ を生成するプログラムを Excel-VBA で作成せよ。なお、確率変数間の相関行列は次の表で与えられるものとし、各確率変数の平均は0、分散は1とする。

	確率変数Y1	確率変数Y2	確率変数Y3	確率変数Y4	確率変数Y5
確率変数Y1	1.00000	0.35263	0.18531	0.37867	0.25220
確率変数Y2	0.35263	1.00000	0.49689	0.28042	0.11739
確率変数Y3	0.18531	0.49689	1.00000	0.02436	0.15925
確率変数Y4	0.37867	0.28042	0.02436	1.00000	0.25444
確率変数Y5	0.25220	0.11739	0.15925	0.25444	1.00000

例題 7.11

配当のない米国株式を1単位購入し、この投資を円ベースで評価する場合について考える。この例では、株価 S ドル、スポットの為替レート F 円／ドルという二つの確率変数があるので、円ベースでこの投資を評価するモンテカルロ・シミュレーションを行う場合には、2種類の乱数系列が必要である。投資

金額を Y 円とすると、

$$Y = S \times F$$

となるが、S の変動と F の変動の間に相関がある場合には、相関を加味した乱数が必要となり、2変量のモンテカルロ法で対応しなければならない。

S の離散期間 Δt での変動 ΔS と、F の離散期間 Δt での変動 ΔF が 2 変量正規分布に従うと仮定する。$\Delta S/S$ の分散を σ_S^2、平均を μ_S とし、$\Delta F/F$ の分散を σ_F^2、平均を μ_F としたうえで、$\Delta S/S$ と $\Delta F/F$ の相関を ρ とおく。このとき、二つの独立な標準正規乱数 R_1, R_2 から、以下の式によって $\Delta S/S$ と $\Delta F/F$ を生成することができる（例題 3.17 を参照）。

$$\Delta S/S = \mu_S + \sigma_S R_1 \tag{7.8}$$

$$\Delta F/F = \mu_F + \sigma_F \left\{ \rho R_1 + \sqrt{1-\rho^2} R_2 \right\} \tag{7.9}$$

演習 7.12

2 変量正規分布 $N_2(\mu_X, \mu_Y, \sigma_X^2, \sigma_Y^2, \rho)$ に従う二つの正規乱数列 X と Y を生成するプログラムを Excel-VBA で作成せよ。次に、確率変数 X の平均を $\mu_X = 20$、分散を $\sigma_X^2 = 0.5^2$、確率変数 Y の平均を $\mu_Y = 100$、分散を $\sigma_Y^2 = 7^2$、確率変数 X と Y の相関を $\rho = 0.5$ として乱数ベクトルを 100 個作成し、その散布図を描け。また、各統計量を計算し、与えられたパラメータ値と比較せよ。

7.2 オプションの評価（満期の分布が既知の場合）

金融工学では、株価などの原資産の価格変動を確率微分方程式によって記述する。例えば、ブラック・ショールズのモデルでは、株価 $S(t)$ が幾何ブラウン運動に従うと仮定し、リスク中立確率のもとで

$$dS(t) = rS(t)dt + \sigma S(t)dz(t) \tag{7.10}$$

r ：無リスク金利
σ ：ボラティリティ
$z(t)$ ：ブラウン運動

という確率微分方程式で株価変動をモデル化している。ブラック・ショールズ

のモデルでは、無リスク金利とボラティリティの値が一定と仮定することで、配当のない株式オプションのプレミアムを解析解[4]で求めている（例題 1.1 を参照）。

ところで、ブラック・ショールズのモデル(7.10)で
$$Y(t) = \log S(t) - \log S(0)$$
とおいて伊藤の公式(1.34)を適用する。このために、$f(x,t) = \log x$ とおけば
$$f_t(x,t) = 0 \quad , \quad f_x(x,t) = \frac{1}{x} \quad , \quad f_{xx}(x,t) = -\frac{1}{x^2}$$
が得られる。(1.32)式において μ が rS 、σ が σS に対応していることに注意すれば、伊藤の公式(1.34)から
$$dY(t) = \left(r - \frac{\sigma^2}{2}\right)dt + \sigma\, dz(t) \quad , \quad Y(0) = 0 \tag{7.11}$$
が得られる。第 6.2 節でみたように、パラメータ r, σ が定数であるために、$Y(t)$ はドリフト $(r - \sigma^2/2)$ と拡散係数 σ をもつブラウン運動になる。実際、(7.11)の両辺を積分すると
$$Y(t) = \left(r - \frac{\sigma^2}{2}\right)t + \sigma\, z(t)$$
が得られるが、(6.8)式より、これはブラウン運動である。したがって、$Y(T)$ は平均 $(r - \sigma^2/2)T$ と分散 $\sigma^2 T$ をもつ正規分布に従い、ブラック・ショールズのモデル(7.10)における株価は次式で与えられることがわかった。
$$S(T) = S(0)\exp\left[(r - \sigma^2/2)T + \sigma \varepsilon \sqrt{T}\right] \tag{7.12}$$
ただし ε は標準正規分布に従う確率変数である。

後述するリスク中立化法によれば、ペイオフ関数 $h(S)$ をもつ満期 T のヨーロピアンタイプのデリバティブ価格は次式で与えられる。
$$c(S,T) = E^*\left[\frac{h(S(T))}{B(T)}\right] \tag{7.13}$$
ただし $S(0) = S$、E^* はリスク中立確率に関する期待値、

---

[4] 解析解とは、パラメータが与えられれば結果が計算できるということであり、派生証券の評価において期待値計算が不要な式の形になっているということである。

$$B(t) = \exp\left\{\int_0^t r(u)du\right\}$$

で $r(t)$ は時点 t における無リスク金利を表す。ブラック・ショールズのモデルでは無リスク金利は一定で $B(T) = e^{rT}$ となるから、例えば、行使価格が K のコール・オプションの価格は、

$$c(S,T) = e^{-rT} E^*\left[\max\{S(T) - K, 0\}\right] \tag{7.14}$$

を評価すればよいことになる。$S(T)$ は対数正規分布(7.12)に従うことがわかっているので、(7.14)式を計算することで解析解を導出することができるのである。

株価がブラック・ショールズのモデル(7.10)に従うとして、ペイオフ関数 $h(S) = (S-K)^2$ をもつデリバティブ[5]をモンテカルロ・シミュレーションで評価する。この場合には、満期 T における株価の分布(7.12)がわかっているので、その分布に従う乱数を発生させて、大数の法則に従って期待値(7.13)を推定すればよい。実際には、平均 $(r - \sigma^2/2)T$ と分散 $\sigma^2 T$ をもつ正規乱数 y_i を生成し、満期における株価を $s_T^{(i)} = Se^{y_i}$ とおく。このとき、大数の法則から、このデリバティブ価格の推定値は

$$c(S,T) \approx \frac{e^{-rT}}{N} \sum_{i=1}^{N} (s_T^{(i)} - K)^2$$

で与えられる．

例題 7.13

二つの株価過程はリスク中立確率の下で確率微分方程式

$$dS_i(t) = rS_i(t)dt + \sigma_i S_i(t)dz_i(t), \quad i = 1,2$$

に従うとする。ここで、無リスク金利 r とボラティリティ σ_i は定数で、ブラウン運動の相関を ρ （すなわち $dz_1(t)dz_2(t) = \rho\, dt$）とする。この確率微分方程式は上述の方法で解けて、

$$S_i(T) = S_i e^{Y_i(T)}$$

となる。ただし $S_i(0) = S_i$、

---

[5] このようなデリバティブをパワー・オプションと呼ぶ。

$$Y_i(T) = \left(r - \frac{\sigma_i^2}{2}\right)T + \sigma_i z_i(T)$$

とおいた。ブラウン運動は相関 ρ をもつので、$Y_1(T)$ と $Y_2(T)$ の共分散は $\rho\sigma_1\sigma_2 T$ である（章末問題 7.8）。したがって、$(Y_1(T), Y_2(T))$ は相関 ρ の 2 変量正規分布に従うことがわかる。

ここで、株価の高いほうの価格で行使できるコール・オプションを考える。行使価格を K、満期を T とすると、このヨーロピアン・オプションの価格は

$$c_M(K,T) = e^{-rT} E^*\left[\max\{M(T) - K, 0\}\right] \tag{7.15}$$

ただし $M(T) = \max\{S_1 e^{Y_1(T)}, S_2 e^{Y_2(T)}\}$ とおいた。前節で説明した方法で 2 変量正規分布に従う乱数を生成し、それを (y_i^1, y_i^2) とすれば、このコール・オプションの価格は

$$c_M(K,T) \approx \frac{e^{-rT}}{N} \sum_{i=1}^{N} \max\left\{\max\{S_1 e^{y_i^1}, S_2 e^{y_i^2}\} - K, 0\right\} \tag{7.16}$$

で推定される。

演習 7.14

例題 7.13 で示した二つの株価過程のパラメータが $r = 0.02$, $\sigma_1 = 0.1$, $\sigma_2 = 0.2$, $\rho = 0.6$ で与えられている。$S_1 = 500, S_2 = 300, K = 510, T = 1$ としたとき、(7.16)式によって、このコール・オプションの価格を計算せよ。

モンテカルロ・シミュレーションでオプション価格を評価する場合に必要となる乱数の数についてふれておく。一般に、モンテカルロ・シミュレーションでは、独立で同一の分布に従う確率変数の列 $\{X_n\}$ に対して

$$C_n = \frac{1}{n}\sum_{i=1}^{n} h(X_i)$$

でオプション価格を推定する。ここで $m = E[h(X_i)], \sigma^2 = V[h(X_i)]$ とおけば

$$E[C_n] = m, \quad V[C_n] = \frac{\sigma^2}{n}$$

が得られる。したがって、中心極限定理を適用すれば、十分大きな n に対して

$$S_n = \frac{C_n - m}{\sigma/\sqrt{n}} \sim N(0,1) \qquad (7.17)$$

が成立する。

ここで、100α%以上の精度で誤差を 100β%以内に抑えるには、乱数の系列がいくつ必要になるかについて検討する。(7.17)式より、必要な乱数の個数 n は、

$$P\{|C_n - m| \leq \beta\} = P\left\{|S_n| \leq \frac{\beta}{\sigma}\sqrt{n}\right\} \geq \alpha$$

を満たす最小の n である。例えば $\alpha = 0.95$ の場合には、$P\{|S_n| \leq \varepsilon\} = 0.95$ を満たす ε は 1.645 なので、

$$\frac{\beta}{\sigma}\sqrt{n} = 1.645$$

したがって、$n = (1.645\sigma/\beta)^2$ 以上の乱数が必要となる[6]。

このように、モンテカルロ・シミュレーションでは、試行回数 n に対して $1/\sqrt{n}$ のオーダーの誤差で求める解に収束する。これに対して、後述する low-discrepancy 列を用いる準モンテカルロ・シミュレーションでは、試行回数 n に対して $\frac{(\log n)^k}{n}$ のオーダーの誤差で求める解に収束する（k は問題の次元数）。したがって、準モンテカルロ・シミュレーションによるほうが、より少ない試行回数で正しい値に近い計算結果が得られる可能性がある[7]。

7.3 オプションの評価 （満期の分布が未知の場合）

オプションを評価するためには、将来の原資産価格の確率分布の推定が必要になるが、期待収益率やボラティリティが時点や状態によって異なるような場合には、ブラック・ショールズのモデルのような解析解を求めることは一般にはできない。しかし、モンテカルロ・シミュレーションでは株価の変動を確率

---

[6] $h(X_i)$ の平均 m と分散 σ^2 が前もってわからない場合には、乱数で生成したサンプルの標本平均 $\hat{m}$ と標本分散 $\hat{\sigma}^2$ で代替することになる。
[7] 解こうとしている問題が $[0,1]^k$ 上の積分で表現できるのであれば、通常のモンテカルロ・シミュレーションに適用する一様乱数列を low-discrepancy 列に置き換えるだけで、準モンテカルロ・シミュレーションを行うことができる。

微分方程式で表し、その振舞いを乱数によってシミュレートするので、解析解が得られない場合でも派生証券の評価は可能となる。以下の議論は一般の確率微分方程式に対しても同様であるが、記号を簡略化するために、ブラック・ショールズのモデルのみを考える。

前節では株価の変動を連続時点の確率微分方程式で表したが、コンピュータ上でモンテカルロ・シミュレーションを行うためには、これを離散時点に変更する必要がある。これは、確率微分方程式を確率差分方程式で近似するということであり、現時点を 0、満期時点を T とすると、期間 T を N 等分することで離散近似を考える。つまり、N 等分した期間の幅を $\Delta t = T/N$ とすると、(7.10)式は次式で近似される。

$$\Delta S(t) = rS(t)\Delta t + \sigma S(t)\varepsilon\sqrt{\Delta t}$$

ただし、

$dt \approx \Delta t = T/N$

$dS(t) \approx \Delta S(t) = S(t+\Delta t) - S(t)$

$dz(t) \approx \varepsilon\sqrt{\Delta t}$, $\varepsilon \sim N(0,1)$

したがって、次式が得られる。

$$S_{i+1} = (1+r\Delta t)S_i + \sigma S_i \varepsilon\sqrt{\Delta t} , \quad i=0,1,\cdots,N-1 \tag{7.18}$$

ただし、$t = i\Delta t$, $S_i = S(i\Delta t) \approx S(t)$ とおいた。

(7.18)式は、時点 $t = i\Delta t$ での株価 S_i がわかっていれば、その次の時点での価格 S_{i+1} は、無リスク金利 r、ボラティリティ σ、標準正規乱数 ε の値によって決定されることを意味している。N の大きさが大きいほどより精度の高いものとなるが、一方で、モンテカルロ・シミュレーションの計算負荷が増大するという問題もある。

株価が(7.18)式で示される過程に従うとすると、現在の株価 $S(0) = S_0$ が与えられれば、この式を順次計算することで $S_1, S_2, \cdots, S_N = S(T)$ を計算することができる。このように、将来に向かって各時点の株価を順次計算していく方法を**前進解**を求めるといい、この手順で得られた一つのパスが、1回のモンテカルロ・シミュレーションに対応する。

モンテカルロ・シミュレーションにおいて、i番目のパスに対する行使価格Kのヨーロピアン・コール・オプションの満期時点Tでのペイオフ$c_T^{(i)}$は次式で計算される。

$$c_T^{(i)} = \max\left[s_T^{(i)} - K, 0\right], \quad i = 1, 2, \cdots, n \tag{7.19}$$

ただし、nはモンテカルロ・シミュレーションの回数、$s_T^{(i)}$はi番目のパスにおける満期時点Tでの株価の値である。同様に、i番目のパスに対するプットオプションの満期時点Tでのペイオフ$p_T^{(i)}$は、

$$p_T^{(i)} = \max\left[K - s_T^{(i)}, 0\right] \tag{7.20}$$

で与えられる。

オプションにはさまざまな形のものがあるが、基本的には、これらのパスによって条件にマッチしたペイオフを計算することになる。以下にいくつかの例を述べるが、これらの商品にも行使条件などに変化をもたせることでいくつものバリエーションが存在する。しかし、モンテカルロ・シミュレーションでは、パスごとにこうした条件に適合しているかどうかを判断し、それぞれのペイオフを計算すればよい。

(1) ルックバック型の最大値オプション

スタートしてから満期Tまでの間に、株価が最大となった値を基準とするオプションであり、t日目の株価終値を$S(t)$とすると$\max_{0 \leq t \leq T}\left[S(t)\right]$が計算の対象となる。このコール・オプションの満期時点Tでのペイオフ$c_T^{(i)}$は

$$c_T^{(i)} = \max\left[\max_{1 \leq t \leq T}\left[s_t^{(i)}\right] - K, 0\right], \quad t = 1, 2, \cdots, T \tag{7.21}$$

で求められる。

(2) ルックバック型のアベレージ・オプション

スタートしてから満期Tまでの間の日々の株価終値$S(t)$の平均値$\dfrac{1}{T+1}\sum_{t=0}^{T} S(t)$を対象とするオプションであり、このコール・オプションの満期時点Tでのペイオフ$c_T^{(i)}$は

$$c_T^{(i)} = \max\left[\left[\frac{1}{T+1}\sum_{t=0}^{T}s_t^{(i)}\right] - K, 0\right] \tag{7.22}$$

で算出される。

(3) ルックバック型のデイ・カウント・オプション

スタートしてから満期 T までの間に、日々の株価終値 $S(t)$ が基準株価 $\hat{S}$ 以上の値となった日数が a 日以上ある場合、それらの日々における株価終値の平均値を対象とするオプションであり[8]、このコール・オプションの満期時点 T でのペイオフ $c_T^{(i)}$ は

$$c_T^{(i)} = \max\left[\left[\frac{\sum_{t=1}^{T}s_t^{(i)} \cdot 1_{\{s_t^{(i)} \geq \hat{S}\}}}{b}\right] \cdot 1_{\{b \geq a\}} - K, 0\right] \tag{7.23}$$

$$b = \sum_{t=1}^{T} 1_{\{s_t^{(i)} \geq \hat{S}\}}$$

$$1_{\{x\}} = \begin{cases} 1 &, \text{xが真であるとき} \\ 0 &, \text{xが偽であるとき} \end{cases}$$

で計算される。

デリバティブ評価の基本は、将来のキャッシュフローの割引期待値をリスク中立確率のもとで計算することであった。(7.10)式は、無リスク金利を固定した上で、リスク中立確率下における確率過程を表現したものである。モンテカルロ・シミュレーションでは、各パスのペイオフの平均値を計算することが期待値を計算することに対応する。したがって、上記のいずれの場合でも、オプションの価値 C は

$$C = E\left[e^{-rT}C_T\right] \approx e^{-rT}\frac{1}{n}\sum_{i=1}^{n}c_T^{(i)}$$

で求められる。

---

[8] 日数が a 日以上あるというのが行使条件であり、行使内容についてはさまざまなバリエーションがある。

演習 7.15

モンテカルロ・シミュレーションにより、
① ルックバック型の最大値オプション
② ルックバック型のアベレージ・オプション
を評価するプログラムを作成せよ。

モンテカルロ・シミュレーションによる価格評価の基本は、原証券の現在価格から将来の価格を次々に計算し、発生したそれぞれのパスについて価格評価を行い、その平均値を取ることでデリバティブ価格を算出しようというものである。これは前進法と呼ばれるもので、満期日のみに権利行使が可能なヨーロピアン・オプションの評価に対しては有効な手法である。

しかし、満期日以前に権利行使が可能なアメリカン・オプションの評価は難しい。それは、満期日以前のある時点において権利を行使すべきかどうかは、その時点で直ちに権利を行使したときに得られる「行使価値(本源的価値)」と、権利を行使しなかった場合に満期時点までの間に得られる利得の期待値である「保有価値」を比較しなければならないからである。

したがって、アメリカン・オプションの評価では、ある時点の原証券価格が知られていると仮定したうえで、その後の原証券の価格推移が与えられることが必要となる。これを通常のモンテカルロ法で求めようとすると、アメリカン・オプションの行使が可能な特定時点 t_1 での原証券の価格 $S(t_1)$ を与えたうえで、それ以降の原証券の価格のパスを非常に多く発生させる必要があることを示しており、なんらかの工夫が求められる。

これまで、いくつかのモンテカルロ・シミュレーションによるアメリカン・オプションの各種評価方法が研究されている。モンテカルロ・シミュレーションがアメリカン・オプションの評価に利用可能となれば、複雑なエキゾチック商品や多資産モデルへの応用が可能となり、今後の理論的発展が望まれている。詳細については湯前・鈴木(2000)を参照せよ。

7.4 準乱数

　モンテカルロ・シミュレーションを用いた派生商品の評価では、その不確実性を表現するために、なんらかの乱数列を用いた。そうした乱数列は、まず標準一様乱数を発生させ、なんらかの方法で目的とする分布関数に従う乱数列に変換するというものであった。ところが、数値積分[9]という立場に立てば、積分区間に等間隔に並ぶ数列を採取するということが、近似精度の向上につながることが知られている。

　準乱数列とは、low-discrepancy 性という、ある一様性の基準を満たす確定的な点列のことで、準モンテカルロ法とは、準乱数を使うことで少ないサンプル点での分布の一様性を高め、効率的に高次元の数値積分を行うことを目指したものである。

　準乱数列の代表的なものとして Halton 列、Sobol 列、Faure 列、一般化 Niederreiter 列、田村・白川列[10]などが知られている。こうした準乱数を用いる狙いは収束の高速化にあり、特にフロント系のプライシング・システムなどにおいてモンテカルロ・シミュレーションを適用する場合には有効である。

　しかし、準乱数は空間に一様に配置された点であり、確率的な散らばりをもっていない。したがって、リスク評価などの分野における準乱数の適用には、慎重な検討が必要になる。

章末問題

7.1 二項分布 $B(20, 0.3)$ に従う乱数を 100 個発生させ、$X \sim B(20, 0.3)$ の平均と分散をモンテカルロ法により推定せよ。

---

[9] 期待値計算も数値積分に帰着される。
[10] 田村・白川列は実用的かつ簡便な方法として知られており、計算ロジックなどが
http://www.craft.titech.ac.jp/s_lab/download/program.html
で公開されている。

7.2 幾何分布

$$p_n = h(1-h)^{n-1}, \quad n = 1, 2, \cdots$$

に従う乱数を 100 個発生させ、$h = 0.01$ の場合の平均と分散をモンテカルロ法により推定せよ。

7.3 二重指数分布の分布関数は

$$F(x) = \exp(-e^{-\lambda x}), \quad -\infty < x < \infty$$

で与えられる。$\lambda = 0.1$ のとき、二重指数分布の平均と分散をモンテカルロ法により推定せよ。

7.4 演習 7.9 で作成した標準正規乱数列の尖りと歪みを計算せよ。また、この乱数列の精度を第 2.3.3 節の方法を用いて検討せよ。

7.5 ボックス・ミュラー法で作成した標準正規乱数列の尖りと歪みを計算せよ。また、この乱数列の精度を検討せよ。

7.6 渋谷の方法で作成した標準正規乱数列の尖りと歪みを計算せよ。また、この乱数列の精度を検討せよ。

7.7 例題 7.11 において、

$$S = 100 \text{ ドル}, \quad F = 110 \text{ 円／ドル}, \quad \mu_S = 0.05,$$
$$\mu_F = 0.02, \quad \sigma_S^2 = 0.02^2, \quad \sigma_F^2 = 0.03^2, \quad \rho = 0.5$$

とする。期末における投資額 Y の平均と分散を推定せよ。

7.8 例題 7.13 における $Y_i(t)$ は

$$dY_i(t) = \left(r - \frac{\sigma_i^2}{2}\right)dt + \sigma_i dz_i(t)$$

で与えられる。$dY_1(t)dY_2(t) = \rho\sigma_1\sigma_2 dt$ であることを利用して

$$E[Y_1(T)Y_2(T)] = \rho\sigma_1\sigma_2 T$$

を示せ。$V[Y_i(T)] = \sigma_i^2 T$ であるから、$Y_1(T)$ と $Y_2(T)$ の相関は ρ になる。

7.9 Excel-VBA を用いて、ルックバック型のデイ・カウント・オプションを評価するプログラムを作成せよ。

第8章

金融工学の基礎

第8章　金融工学の基礎

この章では、デリバティブの価格付け理論を概説する。価格付け理論における根本原理は、「同一のキャッシュフローを生成する金融資産の現在価値は等しい」という一物一価の法則である。デリバティブのキャッシュフローを複製するポートフォリオを構築し、その複製ポートフォリオの価格が市場で観測可能ならば、当該デリバティブの価格は複製ポートフォリオの市場価格と一致しなければならない。本章では、この「無裁定理論」を説明するために、二項モデルとブラック・ショールズの偏微分方程式に焦点を当てる。価格付け理論の詳細については木島（1994b,1999）を参照せよ。

8.1 二項モデルによるオプション評価

実際の時間は連続的に経過しているが、ここでは時間を離散的に捉えた二項モデルを考える。二項モデルはオプション・プレミアムを計算する原理を理解するうえで役立つばかりでなく、その拡張モデルは実務でも実際に利用されている。また、時間間隔と状態の間隔を関係(6.7)をもたせて同時に無限小にすることで、次節で説明するブラック・ショールズのモデル（連続モデル）を導くことも可能である。

8.1.1　1期間モデル

まず、1期間モデルを使って行使価格 K 円のコール・オプションを評価する具体例を示す。ここでは、図 8.1(a) に示されているように、原資産の現在の市場価格を S 円とし、1期後の価格は確率 p で uS 円に、確率 $1-p$ で dS 円になるとする。このとき、対応するコール・オプションのペイオフはそれぞれ $C_u = \max\{uS - K, 0\}$ 円と $C_d = \max\{dS - K, 0\}$ 円になる（図 8.1(b)）。また、無リスク資産の収益率を $r-1$ とし、

$$d < 1 < r < u \tag{8.1}$$

と仮定する。

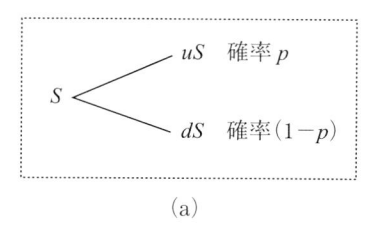

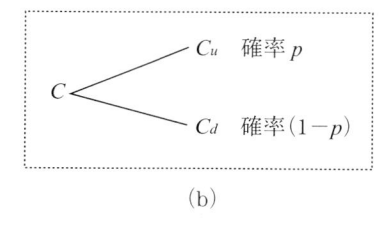

```
    uS   確率 p                          C_u  確率 p
S <                              C <
    dS   確率 (1−p)                      C_d  確率 (1−p)

       (a)                                   (b)
```

図 8.1 1 期間の二項モデル

定義 8.2

資産 X のキャッシュフローとポートフォリオ Y のキャッシュフローが完全に一致するとき、ポートフォリオ Y は資産 X を**複製する**といい、Y を**複製ポートフォリオ**と呼ぶ。

二項モデルで注目すべきことは、市場には原資産、オプション、無リスク資産の三つが存在するのに対して、不確実性のソースは原資産のそれ一つだけであるということである。したがって、二つの資産を使って残りの資産を複製することを考える。ここでは、コール・オプションのペイオフを原資産と無リスク資産を使って複製するが、他の組合せも同様に可能である。各自で確認せよ。

与えられたオプションのペイオフ C_u と C_d に対して、これらのキャッシュフローを複製するために、原資産 x 単位と無リスク資産 B 円分を保有するとする。このポートフォリオの 1 期後の価値は、原資産価格が上昇すれば $uSx + rB$ 円、下落すれば $dSx + rB$ 円になる。このポートフォリオがコール・オプションを複製するためには

$$uSx + rB = C_u, \quad dSx + rB = C_d \tag{8.2}$$

であればよい。つまり、原資産価格が上昇した場合でも下落した場合でも、コール・オプションの価値に一致するようにポートフォリオを組むのである。

(8.2)式には決めるべき未知数が二つあるが、方程式も 2 本あるので、これらを連立させて解くことができる。すなわち、

$$\begin{pmatrix} uS & r \\ dS & r \end{pmatrix} \begin{pmatrix} x \\ B \end{pmatrix} = \begin{pmatrix} C_u \\ C_d \end{pmatrix}$$

仮定(8.1)のもとで、この連立方程式は唯一の解をもち、

$$\begin{pmatrix} x \\ B \end{pmatrix} = \begin{pmatrix} uS & r \\ dS & r \end{pmatrix}^{-1} \begin{pmatrix} C_u \\ C_d \end{pmatrix} = \frac{1}{(u-d)rS} \begin{pmatrix} r & -r \\ -dS & uS \end{pmatrix} \begin{pmatrix} C_u \\ C_d \end{pmatrix}$$

したがって、

$$x = \frac{C_u - C_d}{(u-d)S}, \quad B = \frac{uC_d - dC_u}{(u-d)r}$$

が得られる。つまり、原資産を x 単位と無リスク資産を B 円保有することで、オプションのペイオフを複製することができる。この複製ポートフォリオの現時点における価値は

$$xS + B = \frac{C_u - C_d}{(u-d)} + \frac{uC_d - dC_u}{(u-d)r} \tag{8.3}$$

である。

この複製ポートフォリオの現在価値がオプション・プレミアムに一致することを主張するためには以下の概念が必要である。

定義 8.3

コスト 0 でスタートし、リスクなしに利益をあげられる投資機会を**裁定機会**と呼ぶ。

裁定機会が存在し続けると、投資家はいくらでも大きな利益をあげることができるので経済学的均衡は存在し得ない。摩擦のない市場[1]では、裁定機会がないように価格がついていなければならない。

定理 8.4

裁定機会のない市場では、複製ポートフォリオの現在価値と当該デリバティブのプレミアムは等しい。

[証明] 複製ポートフォリオの現在価値 C_p と当該デリバティブのプレミアム C_o が等しくないとする。例えば $C_p > C_o$ の場合には、現時点で割高な複製ポートフ

---

[1] 摩擦のない市場などの意味については木島 (2002) を参照せよ。

オリオを空売りし、デリバティブを購入する。このとき $C_p - C_o > 0$ の利益を得るが、複製ポートフォリオのキャッシュフローとデリバティブのキャッシュフローは完全に一致するので、1期後における損益は 0 である。したがって、コスト 0 でスタートし、リスクなしに利益をあげられたので、これは裁定機会がないという仮定に矛盾する。

逆の場合（$C_p < C_o$）には、逆のポジションを組むことで同じ結論に到達する。

したがって、$C_p = C_o$ でなければならない。

この定理から、1期間二項モデルにおけるオプション価値は複製ポートフォリオの現在価値(8.3)に等しいことがわかる。すなわち、オプション・プレミアム $C(0)$ は

$$C(0) = \frac{C_u - C_d}{u - d} + \frac{uC_d - dC_u}{(u-d)r} \tag{8.4}$$

で与えられる。

例題 8.5

原資産の現在の市場価格を 100 円とし、1 期後の価格は確率 $p = 0.5$ で 140 円（$u = 1.4$）に、確率 $1 - p = 0.5$ で 90 円（$d = 0.9$）になるとする。このとき、行使価格 100 円のコール・オプションのキャッシュフローは、それぞれ 40 円と 0 円である。また、無リスク資産の現在価格を 100 円、1 期後の価格を 110 円とすると、無リスク資産の収益率は 10%（$r = 1.1$）である。したがって、(8.4)式から、当該オプションの価値は、

$$C(0) = \frac{40 - 0}{1.4 - 0.9} + \frac{1.4 \times 0 - 0.9 \times 40}{(1.4 - 0.9) \times 1.1} = \frac{16}{1.1} \text{ 円}$$

となる。この計算には確率 $p = 0.5$ が使われていないことに注意しよう。

さて、コール・オプションを購入した場合の期待収益率（リターン）を計算すると、

$$\frac{0.5 \times 40 + 0.5 \times 0}{16/1.1} - 1 = 37.5\% \tag{8.5}$$

である。ここでの計算には確率 $p = 0.5$ が使われていることに注意せよ。これは原資産の期待収益率

$$\frac{0.5 \times 140 + 0.5 \times 90}{100} - 1 = 15\%$$

に比べると、ずっと大きな値である。つまり、コール・オプションには少ない元手で大きな収益をあげるチャンスがあり、これを**レバレッジ効果**と呼んでいる。

しかし、すでに確認したように、リターンの高い資産はリスクも高いので、オプションを投機に利用する場合のリスクは通常の資産よりも、ずっと大きくなる。実際、コール・オプションを購入した場合の収益率の分散は

$$0.5 \times (1.75)^2 + 0.5 \times (-1)^2 - (0.375)^2 = 1.891$$

であるから、ボラティリティは $\sqrt{1.891} = 137.5\%$ になる。一方、原資産の収益率の分散は

$$0.5 \times (0.4)^2 + 0.5 \times (-0.1)^2 - (0.15)^2 = 0.0625$$

であり、ボラティリティは、$\sqrt{0.0625} = 25\%$ に過ぎない。

ところで、第3章でみたように、均衡では、市場に存在する資産の単位リスク当たり超過収益率は等しくなければならない（(3.26)式を参照）。実際、原資産の単位リスク当たり超過収益率[2]は

$$\frac{0.15 - 0.1}{0.25} = 0.2$$

であり、これはオプションの単位リスク当たり超過収益率

$$\frac{0.375 - 0.1}{1.375} = 0.2$$

に一致する。

実は、一般に、原資産と、そのうえに書かれたデリバティブの単位リスク当たり超過収益率は一致する。この「法則」はデリバティブ理論における最も重要な結果の一つである。なぜならば、未知のデリバティブ価格を計算するためには、デリバティブの単位リスク当たり超過収益率が原資産のそれと一致する

---

[2] 資産の**シャープ測度**と呼ぶこともある。

ように価格を決定すればよいからである。原資産の単位リスク当たり超過収益率を**リスクの市場価格**と呼んでいる。

演習 8.6

1期間二項モデルにおいて、原資産の現在の市場価格を 860 円、1 期後の価格は確率 0.4 で 950 円、確率 0.6 で 720 円になるとする。また、無リスク資産の現在価格を 480 円、1 期後の価格を 520 円とする。行使価格 850 円のコール・オプションの現在価値を求めよ。また、原資産とオプションの単位リスク当たり超過収益率をそれぞれ計算し、これらが一致することを確認せよ。

上述の連立方程式を解く方法と等価な方法として、**マルチンゲール確率**を利用する方法がある。

例題 8.7

例題 8.5 におけるコール・オプションの価格を単なる期待利得の現在価値

$$\frac{0.5 \times 40 + 0.5 \times 0}{1.1} = \frac{20}{1.1}$$

とする。つまり、平均で 20 円の利得を得るために、現時点で 20/1.1 円を支払ってコール・オプションを購入したとする。しかし、この 20/1.1 円を無リスク資産に投資すれば次時点において「確実に」20 円の利得を得ることができるので、リスクを嫌う投資家は、平均の意味で得られる 20 円よりも確実に得られる 20 円を選好するであろう。したがって、リスク回避的な投資家が平均利得 20 円のコール・オプションを購入する場合には、なんらかのリスクプレミアムを要求するはずである。

一方、確率 $q = 0.4$ を使えば、コール・オプションの価格は将来のキャッシュフローの期待現在価値として計算される。具体的には

$$\frac{0.4 \times 40 + (1-0.4) \times 0}{1.1} = \frac{16}{1.1} \text{ 円} \tag{8.6}$$

となり、例題 8.5 で求めたプレミアムと一致する。したがって、原資産価格の実際の変動に関する確率 $p = 0.5$ を何らかの方法で $q = 0.4$ に変更することが、**リス**

ク調整に対応していると予想される[3]。この計算の正当性については章末問題8.1とする。

さらに、この確率 $q = 0.4$ を使えば、原資産の期待現在価値は

$$\frac{0.4 \times 140 + (1-0.4) \times 90}{1.1} = 100 \text{円}$$

となり、現在の市場価格に一致する。これは、勝った場合（確率 q）に 140 円の利得、負けた場合（確率 $1-q$）に 90 円の利得が得られる賭け（期待現在価値 100 円）において、100 円を元手にこの賭けに参加した場合には、平均の意味で損も得もしないということを示している。数学では、このような性質をもつ確率過程を**マルチンゲール**と呼んでおり、金融工学でも、この確率 q を**マルチンゲール確率**と呼ぶのである。

さて、マルチンゲール確率の求め方であるが、次時点で生起する実現値（140 円と 90 円）をそのままにして、原資産価格がマルチンゲールになるように、確率 q を定めればよい。つまり

$$\frac{q \times 140 + (1-q) \times 90}{1.1} = 100 \tag{8.7}$$

を q について解けばよい。コール・オプションのプレミアムは、このマルチンゲール確率に関するペイオフの期待現在価値(8.6)になる。

この考え方は重要なので整理しておく。すなわち、原資産価格がマルチンゲールになるようにマルチンゲール確率を求め、このマルチンゲール確率に関するペイオフの期待現在価値を求めればよい。この方法を**リスク中立化法**と呼び、現代デリバティブ理論において中心的な役割を果たしている。

演習 8.8

演習 8.6 の 1 期間二項モデルにおけるマルチンゲール確率を求め、当該オプションのプレミアムを決定せよ。

---

[3] 現実の確率 $p = 0.5$ を確率 $q = 0.4$ に変換することを**測度変換**と呼ぶ。

8.1.2 一般的な二項モデル

この項では、ここまで説明してきた1期間二項モデルを一般化する。つまり、原資産価格は図 8.9 に示されている二項モデルに従うとする。実際には、各期間における上昇ファクター u ($u-1$ が上昇率) と下落ファクター d ($1-d$ が下落率) が時点と状態に依存してもかまわないが、ここでは期間を通して一定とする。また、無リスク資産の収益率も一定で、$r = (1+$収益率$)$ とする。ただし、仮定(8.1)は満たされているものとする。この条件が必要な理由は章末問題 8.2 とする。

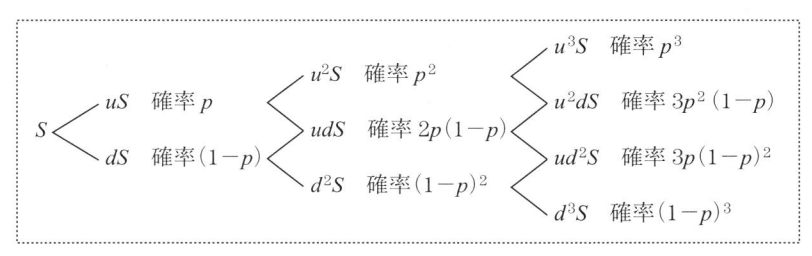

```
                                                    u³S    確率 p³
                       u²S    確率 p²
     uS    確率 p                          u²dS   確率 3p²(1-p)
S                      udS    確率 2p(1-p)
     dS    確率 (1-p)                      ud²S   確率 3p(1-p)²
                       d²S    確率 (1-p)²
                                                    d³S    確率 (1-p)³
```

図 8.9 多期間の二項モデル(3 期間の例)

以下、この項では行使価格 K、満期 T のヨーロピアン・コール・オプションを考えるが、本項で説明する方法はどのようなデリバティブに対しても適用可能である。

ここで重要なことは、一般的な二項モデルにおける一つの三角形は1期間二項モデルと同じ構造をもっているということである。つまり、一般的な二項モデルは1期間二項モデルの組合せにすぎないので、デリバティブ価格を求める際の考え方もまったく同じになる。

このために、まず必要な記号を準備する。n 時点における下から $(i-1)$ 番目のノードを (n,i) とし、このノードにおける原資産価格を $S(n,i)$、オプション価格を $C(n,i)$ とする。ノード (n,i) は、原資産価格が n 時点までに i 回上昇したことを表す。したがって、

$$S(n,i) = Su^i d^{n-i}, \quad i=0,1,\cdots,n; \quad n=0,1,\cdots,T$$

ただし $S(0,0) = S$ とおいた。

さて、ノード (n,i) における原資産の価格変動を考えると、次時点では上昇して $S(n+1,i+1) = uS(n,i)$ 円になるか、それとも下落して $S(n+1,i) = dS(n,i)$ 円になるかの二つの可能性がある。

一方、次時点におけるコール・オプションの価値は、対応して $C(n+1,i+1)$ 円になるか $C(n+1,i)$ 円になるかの2通りに変化する。この変化を原資産 x 単位と無リスク資産 B 円で複製するとすれば、前項とまったく同じ考え方で、

$$x = \frac{C(n+1,i+1) - C(n+1,i)}{(u-d)S(n,i)}, \quad B = \frac{uC(n+1,i) - dC(n+1,i+1)}{(u-d)r}$$

が得られる。オプションのノード (n,i) における価値は、この複製ポートフォリオのノード (n,i) における価値に等しく、

$$C(n,i) = \frac{C(n+1,i+1) - C(n+1,i)}{u-d} + \frac{uC(n+1,i) - dC(n+1,i+1)}{(u-d)r} \tag{8.8}$$

が成立する。

ところで、(8.8)式はオプション価格の2時点間における関係を表しているが、ヨーロピアン・オプションの場合には満期におけるペイオフが確定している。すなわち、コール・オプションの場合には、満期 T において

$$C(T,i) = \max\{S(T,i) - K, 0\} = \max\{Su^i d^{T-i} - K, 0\}$$

が成立する。したがって、満期 T から遡って、(8.8)式を使って現時点 $t=0$ におけるオプション価格 $C(0,0)$ を計算すればよい。

例題 8.10

例題 8.5 と同様に、$u=1.4, d=0.9, r=1.1$ とし $T=3$ の場合を考える。まず、満期においては

$$C(3,i) = \max\{Su^i d^{3-i} - K, 0\}$$

ただし $S = K = 100$ である。次に、1時点遡って $n=2$ においては、(8.8)式から

$$C(2,i) = \frac{C(3,i+1) - C(3,i)}{u-d} + \frac{uC(3,i) - dC(3,i+1)}{(u-d)r}, \quad i=0,1,2$$

であるから、これらを計算すれば

$$C(2,0) = 4.873 \quad , \quad C(2,1) = 35.091 \quad , \quad C(2,2) = 105.091$$

さらに1時点遡って$n=1$においては、ふたたび(8.8)式から

$$C(1,i) = \frac{C(2,i+1) - C(2,i)}{u-d} + \frac{uC(2,i) - dC(2,i+1)}{(u-d)r} \quad , \quad i = 0,1$$

であるから、これを計算すれば

$$C(1,0) = 15.418 \quad , \quad C(1,1) = 57.355$$

最後に、これらの値を使って、ふたたび(8.8)式から

$$C(0,0) = \frac{C(1,1) - C(1,0)}{u-d} + \frac{uC(1,0) - dC(1,1)}{(u-d)r} = 29.266$$

が得られる。

演習 8.11

演習8.6の1期間二項モデルを$T=10$期間に拡張した場合に、コール・オプションのプレミアムを計算せよ。プットオプションの場合はどうか。また、プット・コールパリティー(1.5)が成立していることを確認せよ。

一般の場合のマルチンゲール確率を求めよう。ノード(n,i)における原資産価格$S(n,i)$の次時点における実現値は$uS(n,i)$または$dS(n,i)$である。(8.7)式から、マルチンゲール確率qは、

$$\frac{quS(n,i) + (1-q)dS(n,i)}{r} = S(n,i)$$

をqについて解いて、

$$q = \frac{r-d}{u-d} \quad , \quad 1-q = \frac{u-r}{u-d} \tag{8.9}$$

で与えられる。仮定(8.1)から、このqは$0 < q < 1$を満たすことに注意しよう。

マルチンゲール確率qは現実の確率pには依存しない確率である。また、投資家の選好やリスクに対する態度にも依存しない。原資産価格の変化を定めるパラメータu,dと無リスク資産のパラメータrだけで決まっている。実務では、これらの値は比較的簡単に入手できるので、これらの値だけでマルチンゲール確

率が決定できるという事実は重要である。仮定から、各期におけるこれらのパラメータは同じなので、マルチンゲール確率は各期の各状態で同じ値をとることに注意しよう[4]。

次に、この q を使って以下の**リスク中立確率** P^* を定義する。

$$P^*\{S_1 = uS\} = 1 - P^*\{S_1 = dS\} = q$$

ここで、S_1 は次時点における原資産価格を表す確率変数である。すなわち、原資産価格が上昇する確率を q、下落する確率を $1-q$ とする。P^* に関する期待値を E^* とすれば、(8.8)式と(8.9)式から

$$E^*\left[\frac{C_{n+1}}{r}\right] = \frac{qC(n+1,i+1) + (1-q)C(n+1,i)}{r} = C(n,i) \tag{8.10}$$

が成立する。ここで、C_{n+1} は $(n+1)$ 時点におけるオプション価格を表す確率変数である。したがって、マルチンゲール確率 q に関して、オプション価格もマルチンゲールになっていることがわかる。

(8.10)式を繰り返し利用することで次式が得られる。

$$C(0,0) = E^*\left[\frac{C_T}{r^T}\right] \tag{8.11}$$

ここで、C_T は満期 T におけるオプション価値を表す確率変数である。オプションのペイオフは満期において

$$C_T = \max\{S_T - K, 0\}$$

で与えられるので、マルチンゲール確率 q に関する原資産価格 S_T の確率分布がわかれば、コール・オプションの価格を(8.11)式で評価することができる。二項モデルの場合には、S_T は二項分布に従い

$$P^*\{S_T = Su^i d^{T-i}\} = {}_T C_i q^i (1-q)^{T-i}, \quad i = 0, 1, \cdots, T \tag{8.12}$$

で与えられる。つまり、マルチンゲール確率 q を使うことで連立方程式(8.2)を解くことなしにオプション価格を求めることができるのである。これを**リスク中立化法**と呼んでいる。

---

[4] パラメータ u, d, r が各期・各状態で異なれば、当然、マルチンゲール確率も各期・各状態で異なる。

例題 8.12

この例題では、期待値(8.11)をモンテカルロ法によって推定する。すなわち、リスク中立化法では、次時点における原資産価格 S_{n+1} のサンプルを、(8.9)式のマルチンゲール確率 q を使って、S_n が与えられたとき

$$P^*\{S_{n+1} = uS_n\} = q, \quad P^*\{S_{n+1} = dS_n\} = 1-q$$

によって抽出する。$S_0 = S$ から始めて、これを T 回繰り返すことで、満期における原資産価格 S_T のサンプルが一つ得られる。この i 番目のサンプルを $s_T^{(i)}$ とすれば、十分大きな試行回数 N に対して

$$C(0,0) \approx \frac{1}{N} \sum_{i=1}^{N} \max\{s_T^{(i)} - K, 0\}$$

が成立する。この方法の利点は経路依存型のオプションや、マルチンゲール確率が時点と状態に依存する一般の場合に対しても利用できるということである。章末問題 8.3〜8.5 を参照せよ。

演習 8.13

演習 8.11 の T 期間二項モデルにおけるコール・オプションの価格を、例題 8.12 で説明したモンテカルロ・シミュレーションを用いて評価せよ。

8.1.3 アメリカン・オプションの評価

二項モデルを使えばアメリカン・オプションの価格を評価することができる。この項では原資産の価格過程が T 期間二項モデルに従うとし、ペイオフ関数 $h(S)$ をもつアメリカン派生証券を考える。二項モデルにおけるノード (n,i) の定義は前項と同じである。すなわち、原資産の価格 $S(n,i)$ は次式で与えられる。

$$S(n,i) = Su^i d^{n-1}, \quad i = 0,1,\cdots,n; \quad n = 0,1,\cdots,T$$

投資家は各ノードで行使するかしないかの二つの選択肢をもっているので、ノード (n,i) において、行使した場合の価値（この場合は利得）は

$$B(n,i) = h(S(n,i))$$

であり、行使しなかった場合の価値は(8.8)式、すなわち

$$C(n,i) = r^{-1}\bigl[qA(n+1,i+1) + (1-q)A(n+1,i)\bigr]$$

で与えられる。ここで $A(n,i)$ はノード (n,i) におけるこのアメリカン派生証券の価値である。合理的な投資家は価値の高い選択肢を選ぶので、

$$A(n,i) = \max\{B(n,i), C(n,i)\}$$

が成立する。格子を作り価格 $A(n,i)$ が得られれば、ヘッジ（複製）ポートフォリオはヨーロピアンの場合と同様にして計算される。

例題 8.14

例題 8.10 と同様に、$u = 1.4, d = 0.9, r = 1.1, T = 3$ としてアメリカン・プットを考える。まず、満期においてはヨーロピアン・プットと同じで、

$$A(3,i) = \max\{K - Su^i d^{3-i}, 0\}$$

ただし $S = K = 100$ である。次に、1 時点遡って $n = 2$ においては、(8.8)式から

$$C(2,i) = \frac{A(3,i+1) - A(3,i)}{u-d} + \frac{uA(3,i) - dA(3,i+1)}{(u-d)r}, \quad i = 0,1,2$$

であるから、これらを計算すれば

$$C(2,0) = 14.7818, \quad C(2,1) = 0, \quad C(2,2) = 0$$

これらと $B(2,i) = \max\{K - Su^i d^{2-i}, 0\}$ を比較することで

$$A(2,0) = 19, \quad A(2,1) = 0, \quad A(2,2) = 0$$

が得られる。したがって、ノード $(2,0)$ で権利行使されることになる。

さらに 1 時点遡って $n = 1$ においては、ふたたび(8.8)式から

$$C(1,i) = \frac{A(2,i+1) - A(2,i)}{u-d} + \frac{uA(2,i) - dA(2,i+1)}{(u-d)r}, \quad i = 0,1$$

であるから、これらを計算すれば

$$C(1,0) = 10.3636, \quad C(2,1) = 0$$

これらと $B(1,i) = \max\{K - Su^i d^{1-i}, 0\}$ を比較することで

$$A(1,0) = 10.3636, \quad A(1,1) = 0$$

したがって、ノード $(1,0)$ では権利行使されない。

最後に、これらの値を使って、ふたたび(8.8)式から

$$C(0,0) = \frac{A(1,1) - A(1,0)}{u-d} + \frac{uA(1,1) - dA(1,1)}{(u-d)r} = 5.6529$$

が得られ、これと $B(0,0)$ を比較することで
$$A(0,0) = \max\{B(0,0), C(0,0)\} = 5.6529$$
が求めるアメリカン・プットの価格である。

演習 8.15

演習 8.11 の T 期間二項モデルにおけるアメリカン・プットの価格を計算せよ。また、ヨーロピアン・プットとの価格差（**早期行使プレミアム**と呼ぶ）を求めよ。

8.2 ブラック・ショールズの偏微分方程式

ブラック・ショールズのモデルにおける危険資産の価格を $S(t)$ とし、これは次の確率微分方程式に従うとする。

$$\frac{dS(t)}{S(t)} = \mu dt + \sigma dz(t) \tag{8.13}$$

ここで、期待収益率 μ とボラティリティ σ は定数で既知とする。第 6 章でみたように、これは幾何ブラウン運動であり、二項モデルの極限として得られる。

一方、無リスク資産の価格を $B(t)$ とし、これは次式に従うとする。

$$\frac{dB(t)}{B(t)} = rdt$$

ここで収益率 r は定数で既知とする。これら二つの資産は市場で取引可能と仮定するが、これは重要な仮定である。

ところで、(7.10)式では期待収益率を無リスク金利 r に等しいとおいたが、(7.10)式はリスク中立確率に関する価格式であった。一方、(8.13)式は現実の市場で観測される価格式である。

さて、ブラック・ショールズが想定する市場において、$S(t)$ を原資産とするヨーロピアン・コール・オプションを考える。このオプションの時点 t における価格を $C(t)$ とし、オプション価格は以下の確率微分方程式に従うとする。

$$\frac{dC(t)}{C(t)} = \mu_C(t)dt + \sigma_C(t)dz(t) \tag{8.14}$$

ここで $\mu_C(t)$ と $\sigma_C(t)$ はそれぞれ「未知の」期待収益率とボラティリティで、一般に時間とともに変動する。ブラック・ショールズはこれら未知の $\mu_C(t)$ と $\sigma_C(t)$ を以下の方法で決定した。(8.14)式における標準ブラウン運動 $z(t)$ は、原資産 $S(t)$ のものと同じであることに注意しよう。

ブラック・ショールズのモデルには危険資産として $S(t)$ と $C(t)$ が存在し、不確実性のソースは標準ブラウン運動 $z(t)$ だけである。この市場における原資産の単位リスク当たり超過収益率（リスクの市場価格）は次式で与えられる。

$$\lambda = \frac{\mu - r}{\sigma}$$

右辺の μ, r および σ は既知で定数であるから、リスクの市場価格 λ も定数で、これら観測されるデータだけから計算できる。

一方、コール・オプションの単位リスク当たり超過収益率は

$$\lambda = \frac{\mu_C(t) - r}{\sigma_C(t)} \tag{8.15}$$

であるが、この式における未知数は $\mu_C(t)$ と $\sigma_C(t)$ だけである。リスクの市場価格 λ はすでに与えられている。

あとは、未知の期待収益率 $\mu_C(t)$ とボラティリティ $\sigma_C(t)$ をどのようにして決めるかという問題であるが、ここで初めて**伊藤の公式**が必要になる。証明は例題 1.24 を参照せよ。

定理 8.16（伊藤の公式）

$X(t)$ は確率微分方程式

$$\frac{dX(t)}{X(t)} = \mu(X(t), t)dt + \sigma(X(t), t)dz(t)$$

を満たすとする。このとき $Y(t) = f(X(t), t)$ は確率微分方程式

$$\frac{dY(t)}{Y(t)} = \mu_Y(X(t), t)dt + \sigma_Y(X(t), t)dz(t)$$

を満足する。ただし、

$$\mu_Y(x,t) = \frac{1}{f(x,t)}\left[f_t(x,t) + f_x(x,t)\mu(x,t)x + \frac{f_{xx}(x,t)}{2}\sigma^2(x,t)x^2\right]$$

$$\sigma_Y(x,t) = \frac{f_x(x,t)\sigma(x,t)x}{f(x,t)}$$

$f(x,t)$ は偏微分可能で、$f_x(x,t)$ は $f(x,t)$ の x に関する偏微分、$f_{xx}(x,t)$ は x に関する2次の偏微分、$f_t(x,t)$ は t に関する偏微分を表す。

伊藤の公式は、関数 $f(x,t)$ で変換された確率過程 $Y(t)$ の期待収益率 $\mu_Y(x,t)$ とボラティリティ $\sigma_Y(x,t)$ が、与えられた確率過程 $X(t)$ の期待収益率 $\mu(x,t)$ とボラティリティ $\sigma(x,t)$ および関数 $f(x,t)$ でどのように表現されるかを示した公式である。

デリバティブとは「原資産価格に応じて価値の変わる証券」と定義されるが、オプションの価値は満期までの時間の長さにも依存する。これを経済学では

　　オプション価値 ＝ 本源的価値 ＋ 時間価値

と解釈する。コール・オプションの場合には、図8.17のペイオフ関数（太い実線）が本源的価値で、時間価値はオプション価値と本源的価値の差になる。

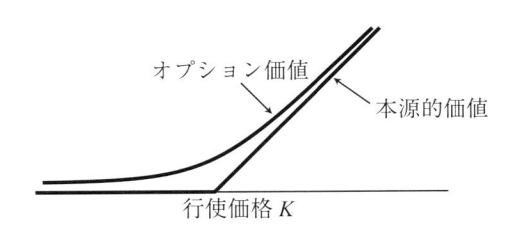

図 8.17 オプション価値の分解

オプション価値が原資産価格と時間（満期までの期間）に依存して決まるということを数学の言葉で表現すれば、「時点 t におけるオプション価値 $C(t)$ は原資産価格 $S(t)$ と時点 t の関数である」ということである。つまり、この関数を $f(S,t)$ とすれば、オプション価値は次のように書くことができる。

$$C(t) = f(S(t), t)$$

ただし、関数 $f(S,t)$ は未知なので、なんらかの方法でこれを求めることになる。

(8.14)式と伊藤の公式を比べれば、オプションの期待収益率とボラティリティを求めるために、伊藤の公式が使われることがわかる。与えられた原資産価格は確率微分方程式(8.13)に従うと仮定したが、これは伊藤の公式における $X(t)$ に対応する。

ブラック・ショールズのモデルでは原資産価格の期待収益率とボラティリティは既知の定数なので、伊藤の公式において $\mu(x,t) = \mu$,$\sigma(x,t) = \sigma$ とおくことになる。

一方、オプション価格は $Y(t)$ に対応するので、伊藤の公式から、オプションの期待収益率は

$$\mu_C(S,t) = \frac{1}{f(S,t)}\left[f_t(S,t) + f_S(S,t)\mu S + \frac{f_{SS}(S,t)}{2}\sigma^2 S^2 \right] \tag{8.16}$$

ボラティリティは

$$\sigma_C(S,t) = \frac{f_S(S,t)\sigma S}{f(S,t)} \tag{8.17}$$

となる。こうして未知の関数 $f(S,t)$ を使って、オプションの期待収益率とボラティリティが決定された。

未知の関数 $f(S,t)$ を定めるのがリスクの市場価格の公式(8.15)である。伊藤の公式で求めた期待収益率(8.16)と、ボラティリティ(8.17)を(8.15)式に代入すると

$$rSf_S(S,t) + f_t(S,t) + \frac{\sigma^2 S^2}{2} f_{SS}(S,t) = rf(S,t) \tag{8.18}$$

が得られる。各自で確認せよ。これが有名な**ブラック・ショールズの偏微分方程式**である。コール・オプションの価格 $f(S,t)$ はブラック・ショールズの方程式(8.18)を満たすように決められていなければならない。

ただし、この式には原資産の期待収益率 μ が入っていないことに注意しよう。これは、二項モデルの価格式に上昇確率 p が関係しないことに対応している。

さて、最初にヨーロピアン・コール・オプションの価格を求めることが目的だと書いたが、(8.18)式を導く際にコール・オプションという仮定を使っていない。実は、原資産 $S(t)$ から派生するデリバティブの価格はすべてブラック・ショールズの偏微分方程式(8.18)を満たさなければならないのである。

もちろん、デリバティブごとに価格は違うし、同じコール・オプションでも行使価格によって価格は異なる。このような違いはどこからくるのであろうか。デリバティブはペイオフ関数で特徴づけられることを想起してほしい。ペイオフ関数とは、デリバティブが満期で受け取る利得を決定する関数のことである。

例えば、行使価格が K のコール・オプションのペイオフ関数は $\max\{S-K,0\}$ である。価格は満期において（時間価値が 0 なので）ペイオフ関数と一致するので、満期では、価格関数は次式を満たしていなければならない。

$$f(S,T) = \max\{S-K,0\} \tag{8.19}$$

このような満期における条件を**境界条件**と呼ぶ。

実は、方程式(8.18)の解は境界条件を定めることで一つに決定される。つまり、すべてのデリバティブ価格はブラック・ショールズの偏微分方程式(8.18)を満足し、デリバティブを特徴付ける満期でのペイオフ関数を境界条件とすることで、デリバティブ価格は一意に決定されるのである。

満期が T で行使価格が K のヨーロピアン・コール・オプションの価格は、境界条件(8.19)のもとでブラック・ショールズの偏微分方程式(8.18)を解くことで、次のようになることが知られている（章末問題 8.6 をみよ）。

$$f(S,t) = S\Phi(d) - Ke^{-r(T-t)}\Phi\left(d - \sigma\sqrt{T-t}\right) \tag{8.20}$$

ただし $S(t) = S$、

$$d = \frac{\log(S/K) + r(T-t)}{\sigma\sqrt{T-t}} + \frac{\sigma\sqrt{T-t}}{2}$$

また、$\Phi(x)$ は標準正規分布の分布関数(2.10)である。導出方法については蓑谷（2000）などを参照せよ。

ブラック・ショールズ方程式(8.18)とリスク中立化法を結びつけているのが次の**フェインマン・カックの公式**である。証明については Kijima （2002）の 209 ページを参照せよ。

定理 8.18

境界条件 $C(x,T) = h(x)$ をもつ偏微分方程式

$$C_t(x,t) + \mu(x,t)C_x(x,t) + \frac{\sigma^2(x,t)}{2}C_{xx}(x,t) = r(x,t)C(x,t), \quad 0 \leq t < T \tag{8.21}$$

の解は、ある正規化条件のもと、

$$C(S,t) = E\left[e^{-\int_t^T r(S(u),u)du} h(S(T)) \middle| S(t) = S\right]$$

で与えられる。ただし、$S(t)$ は確率微分方程式

$$dS(t) = \mu(S(t),t)dt + \sigma(S(t),t)dz(t), \quad 0 \leq t \leq T$$

に従っているものとする。

例題 8.19

ブラック・ショールズ方程式(8.18)と、フェインマン・カックの公式に現れる偏微分方程式(8.21)を比べると、係数の対応関係は

$$\mu(x,t) = rx, \quad \sigma(x,t) = \sigma x, \quad r(x,t) = r$$

である。したがって、原資産の価格過程を

$$dS(t) = rS(t)dt + \sigma S(t)dz^*(t), \quad 0 \leq t \leq T \tag{8.22}$$

としたとき、コール・オプションの価格は

$$C(S,0) = E^*\left[e^{-rT}\max\{S(T) - K, 0\} \middle| S(0) = S\right]$$

で与えられる。ただし、本節の最初に与えた原資産の価格過程

$$dS(t) = \mu S(t)dt + \sigma S(t)dz(t), \quad 0 \leq t \leq T$$

と(8.22)式を区別するために、標準ブラウン運動を $z^*(t)$、それに対応する期待値を E^* と書いた。(8.22)式は(7.10)式と同じである。

演習 8.20

原資産価格の期待収益率を $\mu(x,t) = rx^{\beta+1}$、ボラティリティを $\sigma(x,t) = \sigma x^\alpha$、無リスク金利を $r(x,t) = rx^\beta$ とおく。このとき、リスク中立確率に関する確率微分方程式を求めよ。また、その確率微分方程式により $S(T)$ をモンテカルロ・シミュレーションすることでヨーロピアン・コール・オプションの価格を推定せよ。ただし、

$$\alpha = 0.3, \quad \beta = 0.5, \quad S(0) = K = 1000, \quad r = 0.02, \quad \sigma = 0.05, \quad T = 90 \text{日}$$

とする。また、$\alpha = 0.2$ とした場合はどうか。

8.3 有限差分法

最後に、偏微分方程式の数値解法の一つである**有限差分法**について説明する。有限差分法の基本的な発想は、偏微分方程式における偏微分の項を（有限な）差分で近似することである。偏微分の定義は

$$\frac{\partial f}{\partial t}(t,x) = \lim_{\Delta t \to 0} \frac{f(t+\Delta t, x) - f(t,x)}{\Delta t}$$

であるから、絶対値の小さな Δt に対して

$$\frac{\partial f}{\partial t}(t,x) \approx \frac{f(t+\Delta t, x) - f(t,x)}{\Delta t}$$

と近似される。1変数の場合（第1章を参照）と同様に、$\Delta t > 0$ に対して、

$$\frac{\partial f}{\partial t}(t,x) \approx \frac{f(t+\Delta t, x) - f(t,x)}{\Delta t} \tag{8.23}$$

を前方差分、

$$\frac{\partial f}{\partial t}(t,x) \approx \frac{f(t,x) - f(t-\Delta t, x)}{\Delta t} \tag{8.24}$$

を後方差分、

$$\frac{\partial f}{\partial t}(t,x) \approx \frac{f(t+\Delta t, x) - f(t-\Delta t, x)}{2\Delta t} \tag{8.25}$$

を**中心差分**と呼び、これらの差分を偏微分の近似として適宜利用することになる。x の1次の偏微分についても同様である。x の2次の偏微分に関しては、中心差分近似

$$\frac{\partial^2 f}{\partial x^2}(t,x) \approx \frac{f(t, x+\Delta x) - 2f(t,x) + f(t, x-\Delta x)}{(\Delta t)^2} \tag{8.26}$$

を用いる。理由は、中心差分近似が対称性という観点から優れているからである。

以下この節では、時間間隔 $[t,T]$ を M 等分し

$$t_i = t + i\Delta t, \quad i = 0,1,\cdots,M; \quad \Delta t = \frac{T-t}{M}$$

とおく。証券価格に関しては、状態空間は$[0,\infty)$であるが、ここでは有限な区間$[S_{\min}, S_{\max}]$を考えて、それをN等分し

$$S_j = S_{\min} + j\Delta S, \quad j = 0,1,\cdots,N; \quad \Delta S = \frac{S_{\max} - S_{\min}}{N}$$

と定義する。したがって、偏微分方程式(8.18)の解を離散近似によって求める場合の解の状態空間は

$$\{(t_i, S_j) : i \in \{0,1,\cdots,M\}, j \in \{0,1,\cdots,N\}\}$$

となり、これは$(M+1) \times (N+1)$個の**グリッド**からなる空間である。

以下では、状態(t_i, S_j)に対応するグリッドを(i,j)と呼び、グリッド(i,j)における離散近似解の値をf_{ij}と書く。偏微分方程式を有限差分法により解くということは、すべてのグリッドにおける離散近似解の値、すなわち

$$\{f_{ij} : i = 0,1,\cdots,M; j = 0,1,\cdots,N\}$$

を求めるということである。

8.3.1 陽的有限差分法

各グリッドにおける偏微分係数の差分近似として、$\partial f/\partial S$と$\partial^2 f/\partial S^2$については中心差分、$\partial f/\partial t$については後方差分を使えば

$$\frac{\partial f}{\partial S}(t_i, S_j) \approx \frac{f_{i,j+1} - f_{i,j-1}}{2\Delta S}$$

$$\frac{\partial f}{\partial t}(t_i, S_j) \approx \frac{f_{i,j} - f_{i-1,j}}{\Delta t}$$

$$\frac{\partial^2 f}{\partial S^2}(t_i, S_j) \approx \frac{f_{i,j+1} - 2f_{ij} + f_{i,j-1}}{(\Delta S)^2}$$

となるので、これらを(8.18)式に代入して整理すると

$$f_{i-1,j} = a_j f_{i,j+1} + b_j f_{ij} + c_j f_{i,j-1}, \quad i = 1,\cdots,M; \quad j = 1,\cdots,N-1 \tag{8.27}$$

が得られる。ただし

$$a_j = \frac{\Delta t}{2\Delta S}\left(rS_j + \frac{\sigma^2 S_j^2}{\Delta S}\right)$$

$$b_j = 1 - \sigma^2 S_j^2 \frac{\Delta t}{(\Delta S)^2} - r\Delta t$$

$$c_j = \frac{\Delta t}{2\Delta S}\left(-rS_j + \frac{\sigma^2 S_j^2}{\Delta S}\right)$$

とおいた。また、初期条件は

$$f_{Mj} = h(S_j), \quad j = 0, 1, \cdots, N$$

で与えられる[5]。

漸化式(8.27)を解くためには、初期条件$h(S_j)$からf_{Mj}を求め、以下、順次iに関して後方からf_{ij}を求めることになる。このとき、未知の変数$f_{i-1,j}$が既知の値

$$\{f_{i,j+1}, f_{i,j}, f_{i,j-1}\}$$

によって陽に表されていることから、(8.27)を**陽的有限差分法**と呼んでいる。

例題 8.21

ブラック・ショールズの偏微分方程式(8.18)を直接差分方程式に置き換えるよりも、以下のように変数変換を施した後で有限差分法を適用したほうが効率的である。理由は、$S(t)$は幾何ブラウン運動に従うので、ΔSを等間隔にとるよりも$\Delta \log S$を等間隔にとったほうが原資産の変動過程をより正確に反映できるからである。いま

$$x = \log \frac{S}{K}, \quad \tau = \frac{\sigma^2}{2}(T-t), \quad s = \frac{2r}{\sigma^2}$$

とおき、

$$g(\tau, x) = \frac{e^{(s-1)x/2 + (s+1)^2 \tau/4}}{K} f(t, S) \tag{8.28}$$

を定義することで(8.18)式を以下の**標準拡散方程式**に変換する（章末問題 8.10）。

---

[5] ただし、無リスク金利rとボラティリティσが状態に依存する場合には、それぞれ$r_j = r(S_j)$と$\sigma_j = \sigma(S_j)$を用いる必要がある。以下の議論はrとσが時間と状態に依存する場合にも容易に拡張できるが、記号が複雑になるのでここでは扱わない。

$$\frac{\partial g}{\partial \tau} = \frac{\partial^2 g}{\partial x^2} \tag{8.29}$$

変換後の初期条件と境界条件は、ヨーロピアンコールではそれぞれ

$$g(0, x) = \max\left\{e^{(s+1)x/2} - e^{(s-1)x/2}, 0\right\} \equiv h(x)$$

$$\lim_{x \to -\infty} g(\tau, x) \equiv v(\tau); \quad \lim_{x \to +\infty} g(\tau, x) \approx e^{(s+1)x/2 + (s+1)^2\tau/4} \equiv u(\tau)$$

で与えられる。各自で確認せよ。もちろん $v(\tau) = 0$ である。

ここで、$[0, \tau]$ を M 等分、$[x_{\min}, x_{\max}]$ を N 等分し、

$$\tau_i = i\Delta\tau, \quad i = 0,1,\cdots,M; \quad \Delta\tau = \frac{\tau}{M}$$

$$x_j = x_{\min} + j\Delta x, \quad j = 0,1,\cdots,N; \quad \Delta x = \frac{x_{\max} - x_{\min}}{N}$$

とおく。このとき、状態空間は

$$\left\{(\tau_i, x_j) : i \in \{0,1,\cdots,M\}, j \in \{0,1,\cdots,N\}\right\}$$

となる。状態 (τ_i, x_j) に対応するグリッド (i, j) における離散近似解を g_{ij} と書くことにする。

標準拡散方程式(8.29)の辺々を

$$\frac{\partial g}{\partial \tau} \approx \frac{g_{i+1,j} - g_{ij}}{\Delta\tau}, \quad \frac{\partial^2 g}{\partial x^2} \approx \frac{g_{i,j+1} - 2g_{ij} + g_{i,j-1}}{(\Delta x)^2}$$

と近似して整理すると

$$g_{i+1,j} = g_{ij} + \frac{\Delta\tau}{(\Delta x)^2}(g_{i,j+1} - 2g_{ij} + g_{i,j-1})$$

となる。ここで、初期条件が $\tau = 0$ で与えられているので、$\partial g/\partial \tau$ に前方差分を用いることが陽的有限差分法に対応していることに注意しよう。初期条件と境界条件は、それぞれ

$$g_{0j} = h(x_j), \quad j = 0,1,\cdots,N$$

$$g_{i0} = 0, \quad g_{i,N} = u(\tau_i), \quad i = 0,1,\cdots,M$$

で与えられる。**格子比率**を

$$R = \frac{\Delta\tau}{(\Delta x)^2} \tag{8.30}$$

で定義すると、上記の差分方程式は
$$g_{i+1,j} = g_{ij} + R(g_{i,j+1} - 2g_{ij} + g_{i,j-1}), \quad i = 0,1,\cdots,M-1; j = 1,\cdots,N-1 \qquad (8.31)$$
と書くことができる。

演習 8.22

標準拡散方程式(8.29)を例題 8.21 の有限差分法を用いて解け。ただし $\Delta x = 0.5$，$x_{\min} = -5, x_{\max} = 5, \tau = 1$ とし、$R = 0.1, 0.2, 0.4$ の場合について計算せよ。これらの近似解を厳密解
$$g(\tau, x) = \frac{1}{\sqrt{4\pi\tau}} e^{-x^2/4\tau}, \quad \tau > 0$$
と比較せよ。ただし、初期条件を
$$g_{0j} = \begin{cases} (\Delta x)^{-1}, & -\dfrac{\Delta x}{2} < x_j \leq \dfrac{\Delta x}{2} \text{のとき} \\ 0, & \text{その他} \end{cases}$$
$$g_{i0} = \frac{1}{\sqrt{4\pi\tau_i}} e^{-x_0^2/4\tau_i}, \quad g_{iN} = \frac{1}{\sqrt{4\pi\tau_i}} e^{-x_N^2/4\tau_i}, \quad i = 1,\cdots,M$$
とする。

8.3.2 陰的有限差分法

$\partial f/\partial t$ について後方差分の代わりに前方差分を使えば
$$\frac{\partial f}{\partial S}(t_i, S_j) \approx \frac{f_{i,j+1} - f_{i,j-1}}{2\Delta S}$$
$$\frac{\partial f}{\partial t}(t_i, S_j) \approx \frac{f_{i+1,j} - f_{i,j}}{\Delta t}$$
$$\frac{\partial^2 f}{\partial S^2}(t_i, S_j) \approx \frac{f_{i,j+1} - 2f_{i,j} + f_{i,j-1}}{(\Delta S)^2}$$
となり、これらを(8.18)式に代入して整理すると
$$f_{i+1,j} = a_j f_{i,j+1} + b_j f_{i,j} + c_j f_{i,j-1}$$
が得られる。ただし

$$a_j = -\frac{\Delta t}{2\Delta S}\left(rS_j + \frac{\sigma^2 S_j^2}{\Delta S}\right)$$

$$b_j = 1 + \sigma^2 S_j^2 \frac{\Delta t}{(\Delta S)^2} + r\Delta t$$

$$c_j = -\frac{\Delta t}{2\Delta S}\left(-rS_j + \frac{\sigma^2 S_j^2}{\Delta S}\right)$$

とおいた。この差分法は陽的な場合とは異なり、未知変数 $f_{i+1,j}$ が既知の値によって陽に表されないことから**陰的有限差分法**と呼ばれる。

例題 8.23

標準拡散方程式(8.29)式の辺々を

$$\frac{\partial g}{\partial \tau} \approx \frac{g_{ij} - g_{i-1,j}}{\Delta \tau}, \quad \frac{\partial^2 g}{\partial x^2} \approx \frac{g_{i,j+1} - 2g_{ij} + g_{i,j-1}}{(\Delta x)^2}$$

と近似して整理すると

$$g_{i-1,j} = g_{ij} - R(g_{i,j+1} - 2g_{ij} + g_{i,j-1}); \quad R = \frac{\Delta \tau}{(\Delta x)^2} \tag{8.32}$$

が得られる。初期条件と境界条件は例題 8.21 と同じである。(8.32)式から明らかなように、未知変数 $g_{i-1,j}$ を既知の値を使って陽に表現することはできない。

そこで、$(N-1)$ 次の三重対角行列

$$\mathbf{T} = \begin{pmatrix} 1+2R & -R & & & \mathbf{0} \\ -R & 1+2R & -R & & \\ & -R & 1+2R & \ddots & \\ & & \ddots & \ddots & -R \\ \mathbf{0} & & & -R & 1+2R \end{pmatrix}$$

と、$(N-1)$ 次のベクトル

$$\mathbf{g}_i = \begin{pmatrix} g_{i,N-1} \\ g_{i,N-2} \\ \vdots \\ g_{i2} \\ g_{i1} \end{pmatrix}, \quad \mathbf{b}_i = R\begin{pmatrix} g_{iN} \\ 0 \\ \vdots \\ 0 \\ g_{i0} \end{pmatrix}$$

を定義する。このとき(8.32)は、行列表現で

$$\mathbf{Tg}_i = \mathbf{g}_{i-1} + \mathbf{b}_i$$

と書くことができる。木島（1994a）によると、$\mathbf{T}$ は正則なので、初期条件と境界条件から

$$\mathbf{g}_i = \mathbf{T}^{-1}(\mathbf{g}_{i-1} + \mathbf{b}_i), \quad i = 1, 2, \cdots, M \tag{8.33}$$

が成立し、これを繰り返し使うことにより

$$\mathbf{g}_M = \mathbf{T}^{-1}\mathbf{g}_0 + \sum_{i=1}^{M} \mathbf{T}^{-i}\mathbf{b}_{M-i+1}$$

が得られる。

演習 8.24

標準拡散方程式(8.29)を、例題 8.23 の有限差分法を用いて解け。ただし $\Delta x = 0.5$, $x_{\min} = -5$, $x_{\max} = 5$, $\tau = 1$ とし、$R = 0.1, 0.2, 0.4$ の場合について計算せよ。これらの近似解を厳密解

$$g(\tau, x) = \frac{1}{\sqrt{4\pi\tau}} e^{-x^2/4\tau}, \quad \tau > 0$$

と比較せよ。

8.3.3 クランク・ニコルソン法

$\partial f/\partial t$ については前方差分を使い、$\partial f/\partial S$ と $\partial^2 f/\partial S^2$ についてはグリッド (i,j) とグリッド $(i, j+1)$ における中心差分の平均値を使えば

$$\frac{\partial f}{\partial S}(t_i, S_j) \approx \frac{1}{2}\left(\frac{f_{i,j+1} - f_{i,j-1}}{2\Delta S} + \frac{f_{i+1,j+1} - f_{i+1,j-1}}{2\Delta S} \right)$$

$$\frac{\partial f}{\partial t}(t_i, S_j) \approx \frac{f_{i+1,j} - f_{i,j}}{\Delta t}$$

$$\frac{\partial^2 f}{\partial S^2}(t_i, S_j) \approx \frac{1}{2}\left(\frac{f_{i,j+1} - 2f_{i,j} + f_{i,j-1}}{(\Delta S)^2} + \frac{f_{i+1,j+1} - 2f_{i+1,j} + f_{i+1,j-1}}{(\Delta S)^2} \right)$$

となる。これらの式を(8.18)式に代入し、整理すると、

$$a_j f_{i,j+1} + b_j f_{ij} + c_j f_{i,j-1} = a_j f_{i+1,j+1} + d_j f_{i+1,j} - c_j f_{i+1,j-1} \tag{8.34}$$

$$a_j = -\frac{\Delta t}{4\Delta S}\left(rS_j + \frac{\sigma^2 S_j^2}{\Delta S} \right)$$

$$b_j = 1 + \sigma^2 S_j^2 \frac{\Delta t}{2(\Delta S)^2} + r\Delta t$$

$$c_j = -\frac{\Delta t}{4\Delta S}\left(-rS_j + \frac{\sigma^2 S_j^2}{\Delta S}\right)$$

$$d_j = 1 - \sigma^2 S_j^2 \frac{\Delta t}{2(\Delta S)^2}$$

が得られる。この有限差分法を**クランク・ニコルソン法**と呼び、近似精度と解の安定性が良い差分近似の手法として知られている。

章末問題

8.1 例題 8.5 における原資産の「リスク調整後の期待収益率」を計算せよ。ただし

リスク調整後の期待収益率

= 期待収益率－リスクの市場価格×ボラティリティ

また、マルチンゲール確率を使った期待収益率はリスク調整後の期待収益率に一致することを示せ（したがって，マルチンゲール確率への測度変換がリスク調整に対応している）。コール・オプションの場合についても同様であることを確認せよ。

8.2 二項モデルにおいて、裁定が起きないためには、条件(8.1)が必要であることを示せ。つまり

$$d < 1 < r < u$$

ならば裁定機会は存在しない。

8.3 例題 8.12 において、i 番目の時点 t におけるサンプルを $s_t^{(i)}$ とし

$$a_T^{(i)} = \frac{1}{T+1}\sum_{t=0}^{T} s_t^{(i)}$$

とおく。アベレージ・コール・オプションとは $a_T^{(i)}$ を行使価格とするコール・オプションである。すなわち、i 番目のサンプルにおける利得は

$\max\{s_T^{(i)} - a_T^{(i)}, 0\}$ で与えられる。このアベレージ・コール・オプションのプレミアムを計算せよ。ただし $u=1.2, d=0.9, r=1.05, T=10, S=100$ とする。

8.4 例題 8.12 において、i 番目の時点 t におけるサンプルを $s_t^{(i)}$ とし
$$L_T^{(i)} = \max_{0 \leq t \leq T}\{s_t^{(i)}\}$$
とおく。ルックバック・コール・オプションとは $L_T^{(i)}$ を原資産とするコール・オプションである。すなわち、行使価格を K とすれば、i 番目のサンプルにおける利得は $\max\{L_T^{(i)} - K, 0\}$ で与えられる。このルックバック・コール・オプションのプレミアムを計算せよ。ただし $u=1.2, d=0.9$, $r=1.05, T=10, S=K=100$ とする。

8.5 例題 8.12 において、時点 t における上昇ファクターを $u_t = u(1+\alpha t)^\beta$、下落ファクターを $d_t = u(1-\alpha t)^\beta$ とする。無リスク資産の収益率は一定として、コール・オプションのプレミアムを計算せよ。ただし $u=1.2$, $d=0.9, r=1.05, T=10, S=K=100, \alpha=0.02, \beta=0.5$ とする。

8.6 標準正規分布の密度関数 $\phi(x)$ において、
$$\phi(d) = \frac{K}{S} e^{-r(T-t)} \phi\left(d - \sigma\sqrt{T-t}\right), \quad d = \frac{\log\left(Sr^{T-t}/K\right)}{\sigma\sqrt{T-t}}$$
が成立することを示せ。また、この式を用いて、(8.20)式で示されるブラック・ショールズ価格式 $f(S,t)$ が、ブラック・ショールズの偏微分方程式 (8.17)と(8.18)式の境界条件を満たすことを確認せよ。

8.7 $S^*(t) = S(t)e^{-rt}$ とおくと、伊藤の公式と(8.22)式から、$S^*(t)$ は
$$dS^*(t) = \sigma S^*(t) dZ^*(t), \quad 0 \leq t \leq T$$
を満たすことを示せ。したがって、割引原資産価格 $S^*(t)$ はマルチンゲールであり、E^* に対応する確率はマルチンゲール確率である。

8.8 演習 8.20 と同じ条件で、上で定義したアベレージ・コール・オプションのプレミアムをモンテカルロ・シミュレーションにより計算せよ。

8.9 演習 8.20 と同じ条件で、上で定義したルックバック・コール・オプションのプレミアムをモンテカルロ・シミュレーションにより計算せよ。

8.10 (8.28)式を(8.18)式に適用することで、(8.29)式が得られることを示せ。

8.11 例題 8.21 の変換をしないで、直接、ブラック・ショールズ偏微分方程式 (8.18)に陽的有限差分法を適用することでコール・オプションの価格を計算せよ。ただし、パラメータは演習 8.22 のものと同じとする。陰的有限差分法の場合はどうか。

8.12 (8.34)式で示したクランク・ニコルソン法が得られることを確認せよ。

付録A　微分に関する公式

微分に関する重要な公式について、証明なしに記載しておく。

A.1 基本関数の導関数

(1) $(c)' = 0$ 　　　　　　（c は定数）

(2) $(x^n)' = nx^{n-1}$ 　　　　（n は整数）

(3) $(\sin x)' = \cos x$, 　$(\cos x)' = -\sin x$, 　$(\tan x)' = \dfrac{1}{\cos^2 x}$

(4) $(\log_a |x|)' = \dfrac{1}{(\log a)|x|}$, 　$(\log x)' = \dfrac{1}{x}$

(5) $(a^x)' = a^x \log a$, 　$(e^x)' = e^x$

(6) $(\log |x|)' = \dfrac{1}{x}$

(7) $(\sin^{-1} x)' = \dfrac{1}{\sqrt{1-x^2}}$, 　$(\cos^{-1} x)' = \dfrac{1}{\sqrt{1-x^2}}$, 　$(\tan^{-1} x)' = \dfrac{1}{1+x^2}$

(8) $(\cosh x)' = \sinh x$, 　$(\sinh x)' = \cosh x$

　　ただし、

$$\cosh x = \dfrac{e^x + e^{-x}}{2} = \sum_{n=0}^{\infty} \dfrac{x^{2n}}{(2n)!} \qquad \text{（双曲線余弦函数）}$$

$$\sinh x = \dfrac{e^x - e^{-x}}{2} = \sum_{n=0}^{\infty} \dfrac{x^{2n+1}}{(2n+1)!} \qquad \text{（双曲線正弦函数）}$$

A.2 微分法の公式

(1) $\{cf(x)\}' = cf'(x)$

(2) $\{f(x) \pm g(x)\}' = f'(x) \pm g'(x)$ 　　　（複合同順）

(3) $\{f(x)g(x)\}' = f'(x)g(x) + f(x)g'(x)$

(4) $\left\{\dfrac{g(x)}{f(x)}\right\}' = \dfrac{g'(x)f(x) - g(x)f'(x)}{f(x)^2}$, 　$\left\{\dfrac{1}{f(x)}\right\}' = -\dfrac{f'(x)}{f(x)^2}$,

$f(x) \neq 0$

A.3 合成関数の微分

$y = f(u)$, $u = g(x)$ のとき、合成関数 $y = f(g(x))$ の微分の公式

$$\frac{dy}{dx} = \frac{dy}{du} \cdot \frac{du}{dx} = f'(g(x))g'(x)$$

とくに、$y = u^n$, $u = g(x)$ の場合には

$$\{g(x)^n\}' = ng(x)^{n-1}g'(x)$$

A.4 逆関数の微分法

関数 $y = f(x)$ の逆関数を、$x = g(y)$ で表した場合

$$\frac{dy}{dx} \cdot \frac{dx}{dy} = 1, \quad f'(x) \cdot g'(y) = 1$$

A.5 媒介変数で表わされた関数の微分

関数が $y = f(t), x = g(t)$ と表されているとき

$$\frac{dy}{dx} = \frac{dy}{dt} \bigg/ \frac{dx}{dt} = \frac{f'(t)}{g'(t)}, \quad g'(t) \neq 0$$

A.6 対数微分

関数 $y = f(x)$ の導関数を計算するために、両辺の対数をとって対数関数に直してから微分する方法。

$$y = \frac{f_1 f_2 \cdots f_n}{g_1 g_2 \cdots g_m} \text{ のとき}$$

$$\frac{y'}{y} = \frac{f_1'}{f_1} + \frac{f_2'}{f_2} + \cdots + \frac{f_n'}{f_n} - \frac{g_1'}{g_1} - \frac{g_2'}{g_2} - \cdots - \frac{g_m'}{g_m}$$

A.7 ライプニッツの公式

二つの関数の積の n 次の導関数は

$$\{f(x)g(x)\}^{(n)} = \sum_{k=0}^{n} {}_nC_k f^{(k)}(x) g^{(n-k)}(x) \quad ; \quad {}_nC_k = \frac{n!}{k!(n-k)!}$$

付録B　積分に関する公式

積分に関する重要公式について、証明なしに記載しておく。

B.1 基本関数の不定積分（積分定数を省略）

(1) $\int x^a dx = \dfrac{x^{a+1}}{a+1} \quad (a \neq -1), \quad \int \dfrac{1}{x} = \log|x|$

(2) $\int \sin x dx = -\cos x \ , \quad \int \cos x dx = \sin x$

(3) $\int \tan x dx = -\log|\cos x| \ , \quad \int \dfrac{1}{\cos^2 x} dx = \tan x$

(4) $\int e^x dx = e^x \ , \quad \int a^x dx = \dfrac{a^x}{\log a}$

(5) $\int \sinh x dz = \cosh x \ , \quad \int \cosh x dx = \sinh x$

$a \neq 0$ として

(6) $\int \sin ax dx = -\dfrac{\cos ax}{a} \ , \quad \int \cos ax dx = \dfrac{\sin ax}{a}$

(7) $\int e^{ax} dx = \dfrac{e^{ax}}{a}$

(8) $\int \dfrac{dx}{a^2 + x^2} = \dfrac{1}{a} \tan^{-1} \dfrac{x}{a}$

(9) $\int \dfrac{dx}{\sqrt{a^2 - x^2}} = \sin^{-1} \dfrac{x}{a} = -\cos^{-1} \dfrac{x}{a}$

(10) $\int \dfrac{dx}{x^2 - a^2} = \dfrac{1}{2a} \log \left| \dfrac{x-a}{x+a} \right|$

B.2 不定積分の公式

(1) $\int cf(x)dx = c\int f(x)dx$

(2) $\int \{f(x) \pm g(x)\}dx = \int f(x)dx \pm \int g(x)dx$ （複号同順）

B.3 置換積分

$\int f(x)dx$ において、$x = g(t)$ とおくと

$\int f(x)dx = \int f(g(t))\, g'(t)dt$

特に、$a \neq 0$ とし積分定数を省略すると以下の式が得られる。

(1) $\int (ax+b)^n dx = \dfrac{(ax+b)^{n+1}}{a(n+1)}$, $n \neq -1$; $\int \dfrac{dx}{ax+b} = \dfrac{1}{a}\log|ax+b|$

(2) $\int f(x)^n f'(x)dx = \dfrac{f(x)^{n+1}}{n+1}$, $n \neq -1$; $\int \dfrac{f'(x)}{f(x)}dx = \log|f(x)|$

B.4 部分積分

$\int f(x)g'(x)dx = f(x)g(x) - \int f'(x)g(x)dx$

B.5 定積分の性質

(1) $\int_a^a f(x)dx = 0$

(2) $\int_b^a f(x)dx = -\int_a^b f(x)dx$

(3) $\int_a^b cf(x)dx = c\int_a^b f(x)dx$ （c は定数）

(4) $\int_a^b \{f(x) \pm g(x)\}dx = \int_a^b f(x)dx \pm \int_a^b g(x)dx$ （複号同順）

(5) $\int_a^b f(x)dx = \int_a^c f(x)dx + \int_c^b f(x)dx$

付録C 数列の和に関する公式

C.1 等差数列

初項に一定値を次々に加えて得られる数列を**等差数列**と呼び、その一定値を**公差**という。

初項 a、公差 d の等差数列 $\{a_n\}$ では

$$a_n = a_{n-1} + d = a_{n-2} + 2d = \cdots = a + (n-1)d$$

C.2 等比数列

初項に一定値を次々に掛けて得られる数列を**等比数列**と呼び、その一定値を**公比**という。

初項 a、公比 r の等比数列 $\{a_n\}$ では

$$a_n = a_{n-1} r = a_{n-2} r^2 = \cdots = a r^{n-1}$$

C.3 重要な和の公式

(1) $\quad 1 + 2 + 3 + \cdots + n = \dfrac{n(n+1)}{2}$

(2) $\quad 1^2 + 2^2 + 3^2 + \cdots + n^2 = \dfrac{n(n+1)(2n+1)}{6}$

(3) $\quad 1^3 + 2^3 + 3^3 + \cdots + n^3 = \left\{\dfrac{n(n+1)}{2}\right\}^2$

(4) $\quad 1 + x + x^2 + \cdots + x^{n-1} = \begin{cases} \dfrac{1-x^n}{1-x} & (x \neq 1) \\ n & (x = 1) \end{cases}$

(5) $\quad 1 + 2x + 3x^2 + \cdots + nx^{n-1} = \dfrac{1 - (n+1)x^n + nx^{n+1}}{(1-x)^2} \quad (x \neq 1)$

索　引

■あ行

- 赤池情報量基準 ･･････････････････ 153
- 一様分布 ････････････････････････ 46
- 一様乱数 ････････････････････････ 192
- 伊藤の公式 ･････････････････ 25, 228
- 陰的有限差分法 ･･････････････････ 238
- インプライド・ボラティリティ ･･････ 5
- 上三角行列 ･･････････････････････ 104

■か行

- 階乗 ･･･････････････････････････ 40
- カイ2乗分布 ････････････････････ 139
- 拡散係数 ････････････････････････ 169
- 確率関数 ････････････････････････ 39
- 確率行列 ････････････････････････ 176
- 確率測度 ････････････････････････ 38
- 確率微分方程式 ･･････････････････ 170
- 確率分布 ････････････････････････ 39
- 空売り ･････････････････････････ 80
- 関数 ･･･････････････････････････ 2
- 関数関係 ････････････････････････ 2
- ガンマ ･････････････････････････ 16
- ガンマ関数 ･･････････････････････ 139
- 奇置換 ･････････････････････････ 105
- 期待値 ･････････････････････････ 49
- 逆関数 ･････････････････････････ 5
- 逆関数法 ････････････････････････ 195
- 逆行列 ･････････････････････････ 110
- 逆行列の公式 ････････････････････ 113
- 共分散 ･････････････････････････ 70
- 境界条件 ････････････････････････ 231
- 共線性 ･････････････････････････ 155
- 行ベクトル ･･････････････････････ 95
- 行列 ･･･････････････････････････ 93
- 行列のサイズ ････････････････････ 94
- 行列の積 ････････････････････････ 97
- 行列式 ･････････････････････････ 102
- 極限値 ･････････････････････････ 6
- 曲線的 ･････････････････････････ 80
- 寄与率 ･････････････････････････ 146
- 偶置換 ･････････････････････････ 105
- 区間推定 ････････････････････････ 148
- クラス ･････････････････････････ 129
- グラフ ･････････････････････････ 2
- クラメルの公式 ･･･････････････ 102, 106
- クランク・ニコルソン法 ･･････････ 240
- グリッド ････････････････････････ 234
- 結合法則 ････････････････････････ 99
- 決定係数 ････････････････････････ 146
- 減少関数 ････････････････････････ 4
- 交換法則 ････････････････････････ 99
- 公差 ･･･････････････････････････ 247
- 格子比率 ････････････････････････ 236
- 合成関数 ････････････････････････ 10
- 公比 ･･･････････････････････････ 247
- 固有ベクトル ････････････････････ 114
- 固有方程式 ･･････････････････････ 114
- 固有値 ･････････････････････････ 114
- コレスキー分解 ･･････････････････ 120

■さ行

- 最小2乗法 ･･････････････････････ 87
- 裁定機会 ････････････････････････ 216

残差	87
残差項	20
算術平均	135
散布図	132
サンプル	126
時系列	156
時系列データ	156
自己回帰モデル	157
市場ポートフォリオ	84
下三角行列	104
実現値	39
渋谷の方法	196
資本市場線	84
収益率	76
重回帰モデル	151
重相関係数	146
収束する	6
従属変数	2
自由度	139
自由度調整済み決定係数	153
周辺分布関数	63
順列	105
条件付き確率	64
条件付き期待値	66
冗長な確率変数	72
シンプソンの公式	27
推移確率	176
推移確率行列	176
酔歩	165
数値微分	14
スペクトル分解	116
正の相関	70
正規分布	43
正規乱数	196
正規性	150
斉時的	176
正則	106,110
生存関数	44
正定値	116
正方行列	94
積分	42
積分可能	26
積分定数	30
積率母関数	57
接点ポートフォリオ	84
線形変換	113
線形性	50
前進解	207
増加関数	4
早期行使プレミアム	227
相対度数	129
増分	9
測度	38
存在する	48

■た行

対角行列	94
対角要素	94
台形公式	27
対称行列	114
対数収益率	76
対数正規分布	45,138
大数の法則	135
代表値	129
単位行列	94
単回帰モデル	143
単調	4
チェビシェフの不等式	54
置換	105
中心極限定理	137
中心差分	233
直交	100

定積分	26
テイラー展開	20
デルタ	12
転置行列	95
導関数	9
統計的推定	136
等差数列	247
同時確率	62
投資比率	78
同時分布関数	62
同時密度関数	63
等比数列	247
等分散性	149
特異	106
特性値	47
独立	67, 68
独立増分	168
独立変数	2
ドモアブル・ラプラスの定理	137
ドリフト	169
トレランス	156

■な行

内積	100
2変量標準正規分布	73
二項分布	39, 134
二項モデル	166
2次形式	116

■は行

排反	36
バシチェック・モデル	172
外れ値	150
パラメータ	2
非対角要素	94
左極限値	6

非負定値	116
微分	9
微分可能	9
微分する	9
標準一様分布	46
標準拡散方程式	235
標準誤差	147
標準正規分布	43
標準ブラウン運動	169
標準偏回帰係数	153
標準偏差	51
標準化	43
標準的な回帰モデル	150
標準的な正規回帰モデル	150
標本	126
標本共分散	88, 132
標本尖度	127
標本相関係数	134
標本の大きさ	126
標本標準偏差	126
標本分散	88, 126
標本平均	88, 126
標本歪度	127
負の相関	70
フェインマン・カックの公式	231
複製する	215
複製ポートフォリオ	215
プット・コール・パリティ	4
不定積分	30
不偏標本標準偏差	127
不偏標本分散	127
不偏性	149
ブラック・ショールズの公式	2
ブラック・ショールズの偏微分方程式	230
分散	51
分布関数	38

平均	47
平均分散モデル	76
平均平方	147
平方和	146
ベースライン格付け推移確率	179
ベータ	86
ベルヌーイ試行	134
ベルヌーイ分布	39
偏回帰係数	153
偏導関数	17
偏微分	17
変化率	9
変動係数	147
ポアソン分布	41
ポートフォリオ	77
母集団	126

■ま行

マクローリン展開	20
マルコフ過程	174
マルコフ連鎖	174
マルコフ性	174
マルチンゲール	220
マルチンゲール確率	219,220
右極限値	6
密度関数	42
無作為抽出	126
無作為標本	126
無相関	72
無リスク資産	83

■や行

有意水準	148
有限差分法	233
有効フロンティア	81
余因子	108

余因子展開	108
要素	93
陽的有限差分法	235

■ら行

乱数列	192
ランダムウォーク	164
利回り	76
離散分布	39
リスク	79
リスク・プレミアム調整率	181
リスク指標	11
リスク中立確率	224
リスク中立化法	220,224
リスク調整	219
リスクの市場価格	85,219
リスク分散効果	79
リターン	79
列ベクトル	94
レバレッジ効果	218
連続	8
連続微分可能	14
連続分布	42
ロピタルの定理	7

参考文献

[1] アネット J.ドブソン(1993), 統計モデル入門, 共立出版株式会社
[2] 青沼君明・田辺隆人(2001), イールド・スプレッドの期間構造の推定モデル, ジャフィージャーナル[2001]金融工学の新展開, 高橋一編,東洋経済
[3] 岡太彬訓・木島正明・守口剛(2001), マーケティングの数理モデル, 朝倉書店
[4] 木島正明(1995), Excelで学ぶファイナンス 金融数学・確率統計, 金融財政事情研究会
[5] 木島正明(1994a), ファイナンス工学入門, 第Ⅰ部:ランダムウォークとブラウン運動, 日科技連
[6] 木島正明(1994b), ファイナンス工学入門, 第Ⅱ部:派生証券の価格付け理論, 日科技連
[7] 木島正明編(1998), バリュー・アット・リスク, 金融財政事情研究会
[8] 木島正明(1999), 期間構造モデルと金利デリバティブ, 朝倉書店
[9] 木島正明(2002), 日経文庫:金融工学, 日本経済新聞社
[10] 木島正明・岩城秀樹(1999), 経済と金融工学の基礎数学,クレジット・リスク, 朝倉書店
[11] 木島正明・小守林克哉(1999), 信用リスク評価の数理モデル, 朝倉書店
[12] 木島正明・長山いづみ・近江義行(1996), ファイナンス工学入門, 第Ⅲ部:数値計算法, 日科技連
[13] 楠岡成雄・青沼君明・中川秀俊(2001), クレジット・リスク・モデル,金融財政事情研究会
[14] 佐藤次男・中村理一郎(2001), 数値計算, 日刊工業新聞社
[15] 田村勉・白川浩(1999), 一般化Faure列による準乱数とそのオプション評価への応用, ジャフィージャーナル[1999]金融技術とリスク管理の展開, 今野浩編, 東洋経済
[16] 蓑谷千凰彦(2000), ブラック・ショールズ・モデル, 東洋経済新報社

[17] 武藤眞介(1983), 統計解析入門, 東洋経済新報社

[18] 森村英典・木島正明(1991), ファイナンスのための確率過程, 日科技連

[19] 湯前祥二・鈴木輝好(2000), モンテカルロ法の金融工学への応用, 朝倉書店

[20] 山下智志(2000), 市場リスクの計量化と VaR, 朝倉書店

[21] Beasley, J.D and S.G. Springer, "The percentage points of the normal distribution," *Applied Statistics*, No.26, 118-121, 1977.

[22] Jarrow, R.A., D. Lando and S.M. Turnbull, "A Markov model for the term structure of credit risk spread," Review of Financial Studies, Vol. 10, 481-523, 1997.

[23] Kijima, M.(2002), Stochastic Processes with Applications to Finance, Chapman & Hall.

[24] Kijima, M. and K. Komoribayashi, "A Markov chain model for valuing credit risk derivatives," Journal of Derivatives, Vol. 6, 97-108, 1998.

[25] Moro, B., "The Full Monte," *Risk*, Vol.8, No.2, February, 1995.

Excel & VBA で学ぶファイナンスの数理

平成15年4月21日　第1刷発行	
平成24年4月5日　第5刷発行	
	著　者　木島正明、青沼君明
	発行者　倉田　勲
	印刷所　文唱堂印刷株式会社
発行所	社団法人 金融財政事情研究会
	〒160-8519　東京都新宿区南元町19
編集部	TEL 03(3355)2251　FAX 03(3357)7416
販　売	株式会社 きんざい
販売受付	TEL 03(3358)2891　FAX 03(3358)0037
	URL　http://www.kinzai.jp/

※本書の内容の一部あるいは全部を無断で、複写・複製・転訳載すること、および磁気または光記録媒体・コンピュータネットワーク上等へ入力することは、法律で認められた場合を除き、著作者および出版社の権利の侵害となります。

※落丁・乱丁本はお取替えいたします。価格はカバーに表示してあります。

ISBN978-4-322-10407-3